아직 성취되지 않은
예언의 말씀

아직 성취되지 않은 예언의 말씀

첫판 1쇄 | 2012년 04월 25일

지은이 | 빌 해몬
옮긴이 | 장용기
편집·발행인 | 김은옥
펴낸곳 | 올리브북스

주소 | 부천시 원미구 중동 1152-3 메트로팰리스 1차 B동 328호
전화 | 032-233-2427
이메일 | kimeunok@empal.com

출판등록 | 제387-2007-00012호

ISBN 978-89-94035-18-5 03230

■ 총판 소망사 | 02-392-4232(전화), 392-4231(팩스)

PROPHETIC SCRIPTURES YET TO BE FULFILLED

| 마지막 제3 개혁 기간 동안 |

아직 성취되지 않은
예언의 말씀!

빌 해몬 지음 | 장용기 옮김

올리브북스
Olive Books

헌사

이 책을 내 자녀들과 손자들, 증손자와 마지막 제3 교회개혁을 향한 하나님의 목적을 이루려는 모든 지체에게 바친다. 그리고 사랑하는 아내와 크리스천 인터내셔널Christian International 지도자들에게 바치고 싶다. 그들은 내가 그리스도의 지체들에게 이 중요한 계시를 쓰기위해 시간을 내는 동안 CI의 사역과 소명을 이루기 위해 매우 효과적으로 사역을 감당해 주었다. 제3의 개혁은 예수 그리스도에게 매우 중요하며 흥미로운 것이다. 이는 예언자들과 사도들이 예언했던 만물의 회복을 가져오며 예수께서 불멸하는 새 신부와 영원히 연합하고 새로운 땅을 상호 통치하시기 전에 틀림없이 성취되어야 하기 때문이다.

당신은 오늘날 성령의 역사하심이 과거 하나님의 역사하심 위에 진실로 세워졌는지 알기를 갈망하는가? 당신은 인류와 그리스도의 신부를 향한 하나님의 거대한 계획을 알기 원하는가? 당신은 십자가의 완성된 사역 안에 기초한 믿음보다 두려움에 기초한 부정적 종말론 때문에 피곤한가? 그렇다면 더 이상 찾지 마라. 빌 해몬 박사는 우리를 위해 위대한 호의를 베풀었다. 그는 진리와 계시를 갈구하는 모든 이들에게 그리스도의 신부와 하나님의 목적에 관한 영향력 있고 깊이 있는 책을 저술했다.

실제적이며 역사적이며 계시적인 이 책은 다음 수로로 방향을 바꾸려는 교회에 큰 도움이 될 것이다. 하나님의 손길은 오늘날까지 그분의 모든 완전한 사역으로 우리를 이끄시기 위해 해몬 감독과 함께하신다.

55년 사역의 경험을 통해 얻어진 이 정열적인 책을 추천할 수 있어서 매우 영광스럽다. 나는 빌 해몬의 주님께 감사드리고, 주님께 감사를 드린다. 그는 우리에게 충격이 될 만한 주 예수 그리스도의 그림자를 알려주었다. 당신은 《아직 성취되지 않은 예언의 말씀》을 사랑하게 될 것이다. | 제임스 골

하나님의 때와 시기, 그분께서 교회와 인류에게 역사하심에 관한 세계적이고 역사적인, 그리고 균형 잡힌 전망을 제공하는 예언 사역의 권위자는 소수이다. 《아직 성취되지 않은 예언의 말씀》은 멋진 고전이 될 것이다. | 마일즈 E. 먼로

《아직 성취되지 않은 예언의 말씀》은 우리가 하나님의 선물과 다가올 교회개혁을 이해하는 데 도움을 준다. 나는 많은 시간 동안 지도자들과 교회들을 훈련하면서, 성공적인 사람들과 그렇지 않은 사람들을 나누는 명확한 요소가 있음을 발견했다. 교회 회복을 위한 하나님의 계획을 이해한 사람들은 성공적이며 긍정적으로 나아간 이들이다. 이것을 이해하지 못한 사람들은 대개 현상을 유지하다가 결국 고여 썩게 된다. 이 책에 드러난 놀랄 만한 계시는 진일보를 위한 엄청난 영향력을 제공한다. | 로날드 W. 사카

교회의 시기를 규정한 책은 많다. 그러나 시기를 규정하기에 필요한 정보를 지적으로 모을 수 있는 사람은 매우 드물다. 빌 해몬 박사는 역사적으로 교회를 이해할 뿐만 아니라, 하나님의 사람들이 어떻게 이 땅에서 영향력을 미쳐야 하는지 예언자의 눈으로 미래를 간파할 수 있는 사람이다. 두 번에 걸친 교회개혁과 교회의 미래를 이해할 수 있도록 요약된 역사를 제공하는 더 좋은 책은 없었다. 《아직 성취되지 않은 예언의 말씀》은 지난 개혁과 다가올 개혁의 새로운 시대를 보여 준다. 이 책은 어떻게 미래를 지배할 수 있는지에 대한 좋은 안내서다. 그리고 그들의 피를 통해 흐르고 있는 주 예수 그리스도의 유전자와 다가

오는 시기를 통치하기 위해 우리를 어떻게 모으시는지 알기 원하는 이들은 반드시 읽어야만 한다. | 척 피어스

해몬 박사는 종말에 나타날 사건에 관해 하나님의 보좌로부터 의미심장한 계시를 받았다. 내가 그랬듯이 당신도 쉽게 알 수 있을 것이다. 이 책은 독자들의 마음을 사로잡으며, 교회의 미래와 하나님의 역사하심과 이와 관련된 복잡한 질문에 해답을 제공한다. 그는 교회 역사가 오늘날 우리와 어떻게 상호작용하는지, 그분의 몸에 생명을 불어넣으신 하나님의 의도에 관해 쏟아지는 비평적 질문들을 말끔히 해소해 준다. 이 책에서 밝히는 하나님 나라의 조망은 종말에 부르심을 받은 이들이 사탄에게 놓여질 것을 담고 있다. 나는 열성적이며 진심 어린 마음으로 변혁을 갈망하는 모든 사람에게 이 책을 추천한다.

"감독님, 당신은 그리스도의 몸이 보내신 선물이며 다시 한 번 마지막 제3 개혁으로 우리를 이끄시는 하나님의 새로운 역사하심을 개척하셨습니다." | 벤스 D. 러셀

나는 항상 하나님의 예언의 때와 목적에 관해 빌 해몬이 예언하거나 글을 쓸 때마다 주목했다. 빌은 예언자로 기름 부음을 받아 교회의 회복과 부르심에 관한 사역과 글쓰기를 55년 동안 해왔기 때문에 마지막 제3 교회개혁의 때를 계시하는 권위를 그에게 주어도 충분하다.

| 오랄 로버츠

빌 해몬은 우리를 향한 하나님의 완벽한 계획의 때와 시기에 관해 정열적이며 광범위한 설명을 한다. 이 책은 위대한 전 세계적인 제3 교회개혁에 참여하기를 원하는 이 시대의 목회자들과 그리스도인들에게 반드시 필요하다. | **길레르모 말도나도**

마침내 부정하게 추락하는 사회와 도덕의 상태보다 그 이상을 제공하는 책이 출간되었다. 빌 해몬 박사는 하나님의 전망과 계획하심을 지난 55년간의 사도의 지혜와 예언 사역에서 하나의 관점을 제공한다. 이 책은 계시를 가져오며, 적절한 때를 불러오고, 그리스도의 몸에 참여하도록 이끄는 잠재력이 있다. 이 책은 모든 사람이 꼭 읽어야 한다. | **샤론 스톤**

빌 해몬 감독의 모두를 아우르는 개요는 그분의 피조물, 특별히 교회를 향하신 목적에 관한 하나님의 마음과 가슴을 평생 조사한 결과다. 그는 이 문제에 관해서 최고로 존경받는 개척자로서, 55년을 사역한 사람으로, 이 세대를 향해 말씀하도록 부름받았다. 교회가 마지막 제3 개혁에 참여할 때 교회는 부르심 가운데 나아갈 것이다. 성령께서 그분의 종을 통해 말씀하시는 것을 우리 모두는 간절히 듣기 원한다. | **에드 실보소**

그리스도의 몸 안에서 한 걸음 내딛는 것보다 개척하도록 선택되는 일은 흔하지 않다. 그러나 빌 해몬 감독은 아주 드문 예외다. 나는 그가 강연할 때마다 가까이에서 들었는데 그는 정통한 교회사와 예언자

의 인식을 오늘에 맞게 결합시켰기 때문이다. 이것은 그에게 그 일이 존재했었고 존재하려 한다는 것을 선포할 수 있는 우선적 위치를 부여했다. 역사가 막 시작된 것처럼 이 책을 꼭 읽기 바란다. | **랜스 월나우**

이 책은 획기적이다. 빌 해몬 감독은 독창적이며, 하나님께서 교회에 말씀하신 것—문자적으로 우리의 생각을 새로운 시기로 전환하는 것—을 전하도록 부르신 예언자로서 그분께서 주신 능력을 부여받았다. 《아직 성취되지 않은 예언의 말씀》은 오늘날 그 어떤 책도 성취하지 못한 이 세대의 예언자적 소명 앞으로 우리를 인도한다.

| **신디 제이콥스**

목차

PROPHETIC SCRIPTURES *R*ET TO BE FULFILLED

아직 성취되지 않은
예언의 말씀

서문

 하나님께서는 과거, 현재, 미래를 포함하여 만물을 그분의 손안에
두셨다. 그분을 섬기는 자들 중에 누군가는 이 세 가지를 충분히 인식
해야 한다. 그동안 읽었던 수많은 책 중에서, 이 책만큼 과거, 현재, 미
래를 단순하고 이해하기 쉽게 쓴 책은 없었다.

 빌 해몬은 특별한 유형의 교회 역사가다. 그는 교회 역사를 완전히
이해하고 책을 완성했지만, 그의 관심은 대부분의 역사책이 '날짜나
죽은 사람들'에 관한 한정된 기술이라고 규정한 사람들의 생각을 훨
씬 상회한다. 나는 이런 용어가 사용된 경우를 들어 본 적이 없지만
《아직 성취되지 않은 예언의 말씀》을 '예언 역사서'라고 이름 붙이고
싶다. 처음 들으면 모순처럼 들리겠지만 역사history가 과거를 언급하
듯이 예언Prophecy은 미래를 언급하기 때문이다. 하지만 이 경우는 모
순이 아니다. 그는 과거 역사를 기술함에 있어 예언자의 재능과 직무
를 인정받은 사람으로, 지금과 미래를 소생시키기 때문이다.

 역사 전반에 나타난 하나님의 운동에 관해 10년간의 노고 어린 조사
와 끊임없는 해몬의 관찰은 그에게 큰 그림을 그릴 수 있는 능력을 부

여했다. 그는 교회의 제1 개혁과 제2 개혁을 묘사하는데 있어 거장답게 큰 붓으로 일필휘지一筆揮之했다. 그리고 우리가 지금 있는 곳과 미래에 어느 곳으로 나아가야 적합한지 큰 그림으로 자세한 방법을 알려준다. 만약 우리가 종말에 대해서 관찰자가 아닌 하나님의 능력 있는 운동에 실제 참여하는 자가 되기 원한다면 이것은 매우 중요하다. 최근 하나님의 운동은 명백히 제3의 개혁이며, 우리는 하나님께서 각자에게 주신 은혜와 소명에 따라 참여하도록 부르심을 받았다. 당신은 이 책을 읽으면서, 당신이 있어야 할 자리를 발견하게 될 것이다.

나는 개인적으로 이 위대한 작품의 서문을 쓰게 된 것을 무한한 영광으로 생각한다. 나는 이 책이 널리 퍼져 오랫동안 출판되리라 확신한다. 단지 시간이 말해 주겠지만 나에게 있어 이 책은 고전의 느낌을 갖게 한다. 나는 개인적으로 여기에 기록된 것들에 공감한다. 나 역시 빌 해몬의 경험과 변화와 패러다임의 변화를 수없이 겪었기 때문이다. 그렇다. 나는 현실 도피자들의 종말론이, 우리의 유일한 임무는 세상이 재난에 휩싸이고, 교회가 하늘로 휴거되고, 적그리스도가 일어나기 전에 영혼을 구원하는 것이라고 했던 때를 기억한다.

이제 해몬과 나는 우리가 생각했던 것보다 훨씬 큰 하나님께 받은 명령을 믿고 가르친다. 하나님 나라의 복음은 사회적 개혁과는 비교할 수 없을 만큼 영혼 구원과 교회 확장을 새로운 단계로 끌어올린다. 우리의 목적은 여기 이 땅의 우리 사회가 가진 모든 관점을 통과하여 하나님의 가치를 바라보는 것이다.

대위임The Great Commission은 남녀 개인의 영혼을 구원하는 것이 항상 중요한 것처럼 모든 민족을 제자 삼으라고 말씀하신다. 만약 이 일이 당신에게 낯설다면, 제3 개혁에 관한 부분을 먼저 읽기 바란다. 당신이 또 한 명의 개혁자가 될 것이라고 빌 해몬이 확신하지 않았다면 난 정말 놀랐을 것이다.

몇 년 동안 나는 일선에서 빌과 협력하기를 원하면서 잠시 떠나 있었다. 성경에 은퇴는 없다. 우리 생각도 마찬가지다. 하나님께서는 우리에게 사탄이 동산에서 아담과 하와로부터 빼앗아 간 그분의 창조의 주권을 회복하라고 명령하셨다. 제3 개혁의 진보는 흔들의자로 인도하지 않고, 하나님의 갑옷으로 무장한 이들이 섬광이 가득 찬 눈으로 성령의 검을 손에 쥐고 전투에 임하도록 한다.

사탄은 패배하며 "세상 나라가 우리 주와 그의 그리스도의 나라가 되어 그가 세세토록 왕 노릇 하시리로다"(계 11:15) 할 때 그곳에 있기를 바란다. 마찬가지로 당신 역시 그곳에 있기 원한다는 것을 나는 알고 있고, 이 책을 읽음으로 당신에게 가장 적합한 곳과 하나님 나라 최후의 공격이 있을 때 가장 큰 공헌을 할 수 있는 장소를 발견하도록 도울 것이다.

| 피터 와그너

서론

모든 그리스도의 몸 된 지체에게는 고유한 자신의 사역이 있다.[1] 사도, 예언자, 복음 전도자, 목사와 교사의 오중 사역은 각자의 성사聖事와 능력이 있다.[2] 예를 들어, 모든 사도가 같은 종류의 계시, 성사 혹은 전문성(나머지 사역도 마찬가지다)을 갖는 것은 아니다. 55년의 사역 중 지난 50년간, 나의 특별한 계시와 성사는 교회의 회복이었다.[3] 나는 1959년부터 교회 회복에 대해 가르치기 시작했다. 1981년에 《영원한 교회》를 썼는데,[4] 이 책은 교회의 기원, 퇴보, 회복, 부르심에 관한 것이다.

《영원한 교회》 1부는 교회를 향한 하나님의 소망과 목적을 담고 있고, 2부는 교회의 기원으로 채워져 있다. 이 책에서는 제1 교회개혁으로 그것을 언급할 것이다. 본래, 첫 번째 개혁은 교회의 형성formation으로 얻어진 결과다. 개혁reformation은 누가 하나님께서 선택하신 지구라는 행성의 백성이었는지를 결정하는 전체의 기준을 변화시킨 때다.

교회는 이스라엘이 그들의 메시아를 반대한 후 두 번째로 선택한 것이 아니다. 교회는 영원 전부터 하나님께서 마음에 품으셨다. 세상을 창조하신 때부터 그리스도 안에서 존재하도록 계획하셨고 정하셨다.[5] 하나님께서 인류와 그분의 아들을 하나 되도록 계획하셨을 때 하나님은 교회를 마음에 품으셨다.[6] 나의 여덟 번째 책인 《나는 누구이고 왜 여기 있는가?》에는 인류를 창조하신 여덟 가지 이유와 목적이 적혀 있다. 하나님께서 인류를 창조하신 주요 이유 중 하나가 교회를 세우시기 위함이다.

예수님은 교회를 너무 사랑하시고 원하셨기에 십자가에서 죽으시고 자신의 생명의 피로 교회를 사기 위해 죽을 수밖에 없는 인간이 되셨다.[7] 또한 죽음에서 부활하셔서 교회를 위임하셨고 교회는 성령으로 말미암아 온 세상에 나타났다.[8] 예수님은 교회가 부활 승천해서 불멸한 후에 이루어야 하는 한시적 목적과 영원한 목적 사이에 이 땅에서 이루어야 하는 교회를 향한 목적을 갖고 계신다.[9]

교회가 탄생했을 때, 교회는 이 땅의 그리스도의 몸과 연합했다.[10] 예수 그리스도는 교회의 유일한 머리가 되셨다.[11] 그리스도의 머리와 몸은 하나가 되었다.[12] 성경은 명확히 그리스도께서 이전에 되시고 행하시고 이루신 모든 것을 이제 그분의 몸 된 교회 안에서, 교회와 함께, 교회를 통해 행하실 것을 가르친다. 이 진리는 제3 교회개혁 동안 이루게 될 하나님의 목적을 이해하는데 매우 중요하다. 예수 그리스도께서 그분의 교회와 하나 되신 후에 다시는 홀로 어떤 것도 행하지 않을 것이다. 교회는 하나님께서 이제부터 영원까지 예수님을 위해 되시고 행하기로 계획하신 모든 것 안에서 예수 그리스도와 공동 상속자다.[13]

이 책은 하나님의 모든 피조물—육적이든 영적이든, 하늘에 있든 땅에 있든—을 향한 하나님의 영원한 목적을 다룰 것이고[14] 만물을 구원하는 교회 사명의 일부를 드러낼 것이다. 제3 개혁은 인간이 불멸의 시기로 변천하기까지 죽을 수밖에 없는 만물을 회복하고 완성하고 성취할 것이다.[15] 그때 가장 높으신 하나님의 성도인 교회는 하나님의 새 하늘과 새 땅에서 영원히 그리스도와 함께 다스리고 통치할 것이다.[16]

이 책은 교회가 진보적 목적 가운데 바로 서 있어야 할 곳과 제3 교회개혁의 일부가 되기 위해 요구되는 것과 예수 그리스도와 함께 만물을 정복하고 성취할 자들이 받을 보상을 드러낼 것이다.[17]

예수께서 이 땅에서 행하시는 모든 것은 그분의 교회를 통해 완성된다. 우리는 개 교회나 어떤 종파를 말하는 것이 아니라 유일하며 보편적이며, 수많은 사람이 모인, 그리스도와 한 몸이 된 교회를 말하는 것이다. 우리는 다니엘이 지존하신 분의 성도로 언급한 것을 토의했는데, 그들은 하나님 나라를 소유하며 쓰인 대로 판결을 내릴 정치적 권력을 부여받는다.[18]

하나님 나라가 될 이 세상 일곱 산 왕국과 관련한 모든 논의는 성도들에 의해 이루어질 것이다. 생명의 길을 걷는 모든 성도는 하나님 나라의 증거자 또는 주창자가 될 것이다.[19] 그들은 도시와 국가와 민족에 변혁을 가져올 수 있는 그리스도의 성숙과 사역으로 변화될 것이다. 마지막 제3 개혁을 가져오는 위대한 자각이 발생할 것이다. 제3 개혁의 사역은 만물을 회복하고 성취한다.[20] 이것은 거룩한 예언자들이 말한 만물의 회복 때까지 하늘에 계셨던 그리스도를 자유하게 할 것이다.[21] 만물이 회복되고 모든 것이 하나님의 때와 시기와 일치할 때 구원

을 위한 마지막 행동이 일어나게 된다.[22]

가브리엘은 나팔을 울릴 것이다. 예수님은 죽음으로 잃어버린 성도들의 몸을 부활시키실 때 승리의 함성과 함께 하늘에서 내려올 것이다.[23] 그리고 성도들을 죽을 몸에서 죽지 않을 몸으로 변화시킬 것이다.[23] 그분에 의해 조직되고, 기름 부음받고, 임명된 그들은 그분과 연합하여 악한 사탄 마귀를 결박하고 전멸시키기 위해 모일 것이다.[24] 예수님과 성도, 천사들의 군대는 그들을 무저갱으로 몰아넣고 천 년 동안 봉인할 것이다.[25] 이기는 성도들은 그분의 나라를 온 땅에 세우는데 예수 그리스도와 함께 일하는 자들이 될 것이다.

이 책의 주요 목적 중의 하나는 이 책을 읽는 사람들이 하나님의 때와 목적을 이해하여 그리스도와 함께 통치하고 지배하는 승리자의 상급을 받아 누리도록 하는 것이다.

주

1. 고린도전서 12장 12절, 27절
2. 에베소서 4장 11절
3. 사도행전 3장 21절
4. 빌 해몬, 《영원한 교회》
5. 에베소서 1장 4절
6. 베드로전서 1장 20절
7. 에베소서 5장 25절; 사도행전 20장 28절
8. 로마서 1장 4절; 사도행전 2장 4절
9. 에베소서 3장 10절, 20절
10. 에베소서 1장 22-23절; 골로새서 3장 15절
11. 에베소서 1장 22절

12. 에베소서 2장 16절, 3장 6절, 4장 4절; 골로새서 3장 15절
13. 로마서 8장 17절
14. 에베소서 3장 11절
15. 사도행전 3장 21절
16. 요한계시록 5장 10절
17. 고린도후서 3장 18절; 로마서 8장 18절
18. 다니엘 7장 18절, 22절, 27절; 시편 149편 6-9절
19. 요한복음 14장 12절; 마태복음 10장 7-8절
20. 로마서 8장 29절
21. 사도행전 3장 21절
22. 로마서 8장 23절
23. 데살로니가전서 4장 14-17절; 고린도전서 15장 51-54절
24. 요한계시록 19장 1-21절
25. 요한계시록 20장 1-3절

1

하나님의 때와 목적

이 책의 목적은 현 시대를 살아가는 우리를 위해 하나님의 때와 시기를 세계 교회에 드러내기 위함이다.[1] 주된 내용과 설명은 2008년에 시작된 제3 교회개혁이 사실이라는 것이다.[2] 우리는 교회를 위해 하나님께서 행하시는 제3 개혁의 주된 목적을 드러내고자 한다. 예수님은 친히 교회를 사셨고,[3] 교회는 그분과 결합체가 되고, 결혼한 남자와 함께 일하는 자가 되고, 한 몸인 신부와 같다. 예수님은 아직 이루어야 할 뜻과 사역이 있다. 그분은 모두와 하나 되기 위해 교회를 세우셨고 여전히 일하시며 지금이며 영원이시다.

그리스도와 그분의 교회를 향한 하나님의 제3의 목적은 제3 교회개혁의 성취다. 제3 개혁은 제1 개혁, 제2 개혁의 목적과 마찬가지로 성취하고 이루어야 할 많은 목적이 있다. 이 책은 제1 개혁과 제2 개혁이 성취한 하나님의 목적이 무엇인지와 제3의 교회개혁이 성취해야만 하는 목적을 밝힐 것이다.

사건을 정하시는 하나님의 때와 목적

이 땅에서 사건의 발생과 성취는 대부분 하나님의 때와 목적의 결과다. 수백 년 동안 유대인들은 그들을 구원할 메시아가 나타나기를 고대했다. 유대 여성들은 메시아로 약속된 사내아이의 어머니가 되기를 고대했다.

수세기 동안, 메시아의 도래에 관한 율법을 알았던 독실한 제사장들은 그들 생전에 그리스도가 나타나기를 간절히 염원하며 금식하고 기도했다. 그들은 특별히 압제받을 때 간절히 기도했다. 그들은 위대한 구원자가 와서 그들의 적들로부터 구원하고 땅을 회복하도록 부르짖었다. 하나님은 번영과 개혁을 가져온 다윗과 히스기야, 요시야 같은 왕들을 보내셨다. 하지만 메시아 도래에 관한 그들의 기도와 금식과 간구와 더욱이 예언조차 그들이 사는 날 동안 성취되지 않았다.

하나님의 때가 되어

"때가 차매 하나님이 그 아들을 보내사 여자에게서 나게 하시고 율법 아래에 나게 하신 것은" -그리스도, 메시아.[4] 예수님은 때가 되기까지 이 땅에 내려오지 않고, 메시아의 사명을 모두 마치기 전에는 하늘로 올라가지 않으신다.[5] 메시아는 사흘 동안 무덤에 계시고, 때가 되어 부활하시고 하늘로 올라간다고 성경은 기록한다. 예수님은 지금 하나님의 하늘 보좌 오른편에 앉아 계시지만,[6] 교회 회복의 때times가 되고 모든 적이 그분의 발 앞에 굴복한 후에 이 땅에 다시 오신다.[7] 영원한 하나님은 이 땅에 낮과 밤, 달과 해, 때와 시기가 공존하도록 창조하셨다. 하나님의 섭리에 맞추어 예수님은 이 땅에서 예정된 목적을 성취하시기 위한 특별한 때와 시기를 갖고 계신다.

성경은 범사에 시기season와 때time가 있다고 선포한다. 날 때가 있고, 죽을 때가 있으며, 심을 때가 있고, 심은 것을 뽑을 때가 있으며, 울 때가 있고, 웃을 때가 있으며, 전쟁할 때가 있고, 평화할 때가 있느니라.[8]

더욱이 하나님의 목적은 특별한 때와 시기에 이루어진다. "범사에 기한이 있고 천하 만사가 다 때가 있나니." "모든 목적한 것에는 때와 판단이 있어 지혜로운 사람의 마음은 때와 판단을 분별하느니라."[9]

하나님은 이스라엘에게 안식일과 같은 거룩함을 지킬 수 있는 특별한 날을 주셨다. 그분은 이스라엘을 위해 유월절과 오순절 같은 특별한 축제를 기념할 수 있는 때를 정하셨다. 그렇지만 "때가 되어fullness of the time"라는 언급은 어떤 특별한 날이나 달과 해를 말하는 것이 아니다.[10] 그것은 함께 오는 모든 것이며, 성숙과 충만의 도달이며, 성취되어지는 어떤 상황이며 사건이 적절히 일어날 수 있도록 필요한 모든 것이 정돈된 상태를 말한다. 때와 상황은 정확히 일치하여 사건을 통해 하나님의 목적은 정확히 실행되고 성취된다.

그리스도의 목적과 때가 되어

사도 바울은 하나님 아버지께서 자기가 기뻐하시는 뜻대로 친히 계획하신 비밀을 그에게 알려 주셨는데 그것은 때가 되면 경륜 가운데 하늘과 땅에 있는 모든 것이 그리스도 안에서 하나가 되기 위함이라고 밝혔다. 하나님은 때가 되어 성숙과 성취가 완성되도록 예정하셨는데, 그때 모든 것이 회복되고 하늘에서도 땅에서도 정확히 하나님과 일치하여 예수 그리스도 안에서 통일되며 완성될 것이다.[11]

예수님의 때

마가복음 1장 15절에서 예수님은 때가 찼고time is fulfilled 하나님의 나라가 가까이 왔다고 선포하셨다. 예수님은 하나님의 때가 마치 파종과 추수 때의 과정과 같다고 설명하셨다. 씨에서 싹이 트면, 성숙을 향해 성장하기 시작하고, 때time가 되면 열매를 수확한다. "열매가 익으면 곧 낫을 대나니 이는 추수 때가 이르렀음이라"(막 4:29).

나는 목화와 땅콩, 옥수수가 자라는 농장에서 자랐다. 옥수수를 재배할 때 언제 추수할지 그날을 정할 수 없다. 그것은 옥수수가 자라고 익어가는 과정에 달려 있기 때문이다. 잘 익을 때를 기다려야 한다. 예수님은 재림의 때를 처음부터 정해 놓은 것이 아니라, 모든 것이 충분히 성숙하고 회복되고 성취를 이룰 때까지 점진적인 성장에 달려 있다고 말씀하셨다.

그리스도의 재림의 때

예수님, 바울, 요한이 그리스도의 재림에 관해 말하고 쓴 이래로, 그리스도인들은 사는 날 동안 그분이 오시기를 고대했다. 박해받을 때, 전쟁을 겪을 때, 큰 재앙이나 개인적인 고통을 당할 때 더욱 간절했다. 그리스도인들은 "주 예수여, 어서 오소서"라고 부르짖었다. 수세기 동안 설교자들도 그리스도가 다시 오신다는 수백 개의 날을 정했다.

그러나 예수님은 어느 누구도 재림의 날과 시를 알지 못한다고 말씀하셨다. 그것은 임의대로 정해 놓은 날과 시가 아닌 어떤 특별한 일이 먼저 일어나는 전조에 기초하기 때문이다. (영원한 하나님, 모든 것의 시작과 끝을 아시는 그분은 마지막으로 일어날 그 순간까지 아신다.)

사도 베드로는 계시를 말하면서 예수님은 아무 때나 하늘에서 재림하지는 않을 것이라 선포했다. 왜냐하면 그분은 예언자들의 예언대로 만물을 회복하기까지until, 마땅히 하늘에 계시기 때문이다(행 3:21).

'만물' 은 교회의 완전한 회복과 아담의 원죄와 루시퍼의 타락으로부터 잃어버린 모든 것을 말한다. 예수님은 잃어버린 자를 찾고 구원하기 위해 오셨고, 하나님은 이 세상을 너무나 사랑하셔서 그분의 유일한 아들을 인류의 대속과 땅의 회복과 이 세계를 처음 창조한 목적을 회복하기 위해 보내주셨다.[12]

찾아오시는 때

그러나 우리가 알아야만 하는 때와 시기가 있다. 우리는 이제 하나님께서 예정하신 때와 시기의 일원으로 참여한다. 사도 바울은 우리 모두가 "빛의 자녀들이며 낮의 자녀들"이라고 선포했다. 그러므로 우리는 하나님의 때와 시기를 알아야만 한다.[13]

예수님은 성전이 무너지고 수백만이 죽임을 당하는 예루살렘의 파괴를 예언하셨다. 그분은 그 도시를 위해 우셨다. 만약 그들이 예루살렘의 파괴가 오랫동안 기다렸던 메시아의 날day임을 알았더라도 이 엄청난 파멸에서 구원될 수 있다고 유대인에게 전하셨다. 그러나 예수님은 이제 곧 모든 것이 일어날 것을 예언하셨다. "이것은 하나님께서 너를 찾아오신 때를 네가 알지 못했기 때문이다."[14] 예루살렘과 성전 파괴의 예언은 약 40년 후인 주후 70년에 성취되었다.[15] 우리를 찾아오시는 하나님의 때를 아는 것이 무엇보다 중요하다. 하나님의 때와 목적을 알고 정확히 반응하는 것은 우리의 성공과 삶에 엄청난 영향을 미친다.

때를 분별하는 예언자

예언자 다니엘은 유대인 포로들과 함께 바벨론으로 끌려갔다. 그들은 모세 오경과 예언서를 가져갔고, 다니엘은 예레미야의 예언을 연구했다. 그는 유대인들이 70년간 포로생활을 한 후 고향으로 돌아갈 수 있다는 예레미야의 예언을 발견했다.[16]

그는 예언자의 계시를 통해 하나님의 때를 알게 되었다.[17] 그리고 그 예언이 정확한 계시임을 확인하기 위해 힘썼다. 다니엘은 하나님께서 예언을 성취하기 위해 인간을 도구로 사용하신다는 것을 이해했다. 다니엘 9장은 예언을 실현하기 위해 활동하는 다니엘의 걸음을 묘사한다. 백성들의 죄를 고백하며 기도하고, 말씀으로 충만하기 위해 하나님께 금식으로 탄원하며 고향으로 돌아가 유대인을 회복하는 과정을 시작한다. 타국에서 하나님의 유일한 예언자는 홀로 계시를 받고 적절한 조치를 취하여, 하나님 백성들의 회복과 성전 중건이라는 결과를 가져왔다.

다니엘은 다리우스 왕 첫 해(주전 538년)에 계시를 받았지만, 이사야 44장 28절과 45장 1-13절은 유대인들을 고향으로 돌아가도록 만든 왕이 고레스가 될 것이라고 선포한다. 2년 후에, 고레스는 왕이 되었고(주전 536년) 고향으로 돌아가기를 희망하는 이스라엘 백성에게 예루살렘과 하나님의 성전을 재건할 수 있다는 조서를 내린다. 다니엘은 그의 기도가 응답받고 예레미야의 예언이 성취되기까지 2년간 쉬지 않고 기도했다.

예언의 시기와 용어

하나님께서 이것 혹은 저것이 지금now 일어나리라고 말씀했을 때, 예언의 말씀으로 하신 것이지, 문자적으로 곧 일어남을 의미하지는 않는다. 사무엘은 사울에게 자신의 예언에 복종하지 않았음으로 지금 그의 나라가 그로부터 떠나 다른 사람에게 갈 것이고, 그는 하나님의 말씀을 올바른 길과 올바른 시간과 장소에서 충실히 수행하는 자임을 예언했다. 지금은 왕의 나라가 길지 못할 것이라 하나님께서는 그의 마음에 맞는 사람을 구하셨다(삼상 13:13-14).

사울이 왕을 그만두기까지 38년이 지난 후에, 하나님의 마음에 합한 사람, 다윗이 이스라엘의 왕이 되기까지 또 7년이 지났다. 예언은 지금now 선포되었지만, 그것이 실제로 일어나기까지는 45년의 시간이 걸렸다. 우리의 시간 개념으로 보면, 하나님께서 우리에게 지금 어떤 것이 되라고 하셨을 때, 우리는 그분께서 즉시immediately, 24시간 이내에within 24hours 하라는 말씀으로 이해한다. 하나님께서 사용하시는 오늘today이라는 말씀의 또 다른 예를 들어보자.

몇 년 후에, 사울은 다시 그에게 내려진 하나님 훈계의 말씀을 모두 이행하지 않았다. "사무엘이 그에게 이르되 여호와께서 오늘 이스라엘 나라를 왕에게서 떼어 왕보다 나은 왕의 이웃에게 주셨나이다"(삼상 15:28). 하나님은 "오늘 왕국을 너에게서 떼어"라고 말씀하셨지만, 이것이 문자 그대로 일어난 것은 약 30년 후다.

예언 성취의 원리

이사야는 젊었을 때 다음과 같이 예언했다. "이는 한 아기가 우리에게 났고 한 아들을 우리에게 주신 바 되었는데 그의 어깨에는 정사를 메었고 그의 이름은 기묘자라, 모사라, 전능하신 하나님이라, 영존하시는 아버지라, 평강의 왕이라 할 것임이라."[18]

예수 그리스도께서 이 땅에 태어나고 하나님의 아들이 인류를 구원하기까지 약 700년이 걸렸다. 비록 하늘에서 만들어진 예언의 말씀이 예언자 이사야를 통해 그 시대에 예언되고 기록되었지만 문자적으로 수백 년이 지난 후까지 이루어지지 않았다.

만약 예언자들의 예언과 예수님 예언의 말씀에 성취의 날짜와 연수를 부여하지 않았다면, 우리는 그것이 일어날 특별한 시간대를 추측하지 못한다. 예언의 말씀 가운데 지금, 짧게 지나갈 일, 곧, 더욱이, 이 세대 같은 용어들이 있을지라도 모든 예언은 반드시 성취되어야만 하는 한정된 시간대를 고정시킬 수 없다.

예를 들어, 기독교 종말론에 기초한 예언의 말씀을 믿는 기독교 단체가 있다. 그들은 예수께서 다음과 같이 말씀하셨다고 선언한다. "이 세대가 지나가기 전에 이 일이 다 일어나리라."[19] 그리고 속히 일어날 일들[20] 모든 예언의 말씀은 마태복음 24장 1절, 고린도전서 15장 1절, 데살로니가전서 4장 17-18절에 기록되어 있고, 요한계시록 전체가 1

세기 혹은 교회 시대에 성취되었다.

이것은 첫 부활, 글자 그대로 그리스도의 재림, 그리고 새 하늘과 새 땅의 창조를 포함한다. 사실, 요한계시록에 언급된 모든 것은 정확한 성경의 해석과 적용에 기초하여 이미 성취되었다. 예언의 말씀 위에 기초하여 전적으로 교리적 신앙을 세운 그들은 예언의 본성, 예언의 용어, 성경 해석학의 원리들을 충분히 이해하지 못한다. 인류는 인간의 논리, 사고, 이해를 바탕으로 성경을 해석하려고 노력했지만, 하나님은 그분의 생각과 행하심이 인간의 생각과 표현에 의존하지 않음을 선언하셨다. "이는 내 생각이 너희의 생각과 다르며 내 길은 너희의 길과 다름이니라 여호와의 말씀이니라 이는 하늘이 땅보다 높음 같이 내 길은 너희의 길보다 높으며 내 생각은 너희의 생각보다 높음이니라"(사 55:8-9).

예를 들어, 세대generation라는 단어를 보자. 사람들이 생각하는 세대는 말씀의 시점에 살아 있거나 혹은 40-100년의 시간이다. 세대의 성경 예언의 적용을 찾아보자. 시편 22편에서 다윗은 고통, 찬송, 오실 메시아의 후손에 관한 예언의 말씀을 했다. 메시아가 행하고 성취할 모든 것을 묘사한 후에, 그는 다음과 같은 예언의 말씀을 남겼다. "한 씨가 그분을 섬기리니 주께서 그것을 한 세대로 여기시리라"(시 22:30 KJV). 사도 바울은 예언으로 하나님께서 이삭이 아닌 예수 그리스도라고 정확히 말씀하셨다고 말함으로 아브라함에 대한 약속이 그의 자손이었음을 선언했다. 그는 그때 성령이 오심으로 그리스도의 후손이 되고 아브라함의 후손으로 우리, 즉 교회가 약속되었다고 확언했다.[21]

한 세대를 위해 계수된 교회 시대

마태복음 1장 17절은 아브라함부터 다윗까지 14세대이고, 다윗부터 바벨론으로 시로잡혀 간 때까지 14세대라고 기록한다. 그런데 바벨론으로 잡혀 갈 때부터 그리스도까지 14세대이지만, 적어 놓은 이름을 보면 13세대다. 이것이 실수가 아닌 것은 그리스도의 몸이 14번째 세대이기 때문이다. 교회는 그 후손으로 주님께서 한 세대로 계수되셨다. 사도 베드로는 교회가 선정된 세대chosen generation요, 거룩한 나라라고 선언했다(벧전 2:9). 교회는 이제 하나님의 거룩한 나라이며 선정된 세대다. 성경은 하나님께서 교회를 탄생부터 '한 세대'로 삼아 영원하기까지 계수하셨음을 보여 주고, 그것은 그리스도의 십자가 죽음에서 축자주의 재림까지 모든 기간을 포함한다. 그래서 예수께서 '이 세대'라고 말씀하셨을 때 그분의 교회요, 그리스도의 몸이신 한 세대를 예언적으로 염두에 두고 하신 것이다.

우리가 예언자적인 표현 위에 전체적인 믿음 체계를 기초하는 노력은 어리석어 보일 수 있다. 특별히, 믿음 체계에서 다음과 같은 진정한 그리스도인들의 신앙에 몇 가지 근본적인 진리를 폐기하는 어리석음을 본다. 그리스도의 육체적 부활, 죽은 자의 몸의 부활, 예수 그리스도의 축자주의 재림.

하나님이 때라는 용어를 쓰실 때 그 의미는 우리의 것과 아주 다르다. 성경 마지막 장에서 예수님은 세 번 말씀하셨다. "보라 내가 속히 오리라." 이 말씀은 2000년 전에 하셨다. 사도 베드로는 다음과 같이 선포했다. "주께는 하루가 천 년 같고 천 년이 하루 같다."[22] 주님의 생각에 기초하면, 그분께서 떠나신 지 이틀이 지났을 뿐이다. 만일 예수님이 사흘 만에 다시 오신다면 그분의 재림은 속히 올 것이다. 선지자 호세아는 다음과 같이 예언했다. 여호와께서 "이틀 후에 우리를 살리시며(온전한 회복) 셋째 날에 우리를 일으키시리니(부활)."[23] 또한 예수님은 요한에게 그가 쓴 요한계시록의 예언을 봉인하지 말라고 하셨다. 왜냐하면 성취의 "때가 가까이 왔기" 때문이다.[24] 예수님은 때가 찼고 하나님의 나라가 가까이 왔다고 말씀하심으로 사역을 시작하셨다.[25] 그리고 그분은 때가 가까이 왔다고 말씀하심으로 끝마치셨는데 요한계시록의 예언이 성취되었지만 예언이 성취될 정확한 시간과 때는 주시지 않으셨다.

예언으로 말씀하신 제3 개혁의 때

나는 2008년에 공식적으로 시작된 마지막 제3 교회개혁의 명령이 하늘에서 창조되어 예언자들에 의해 이 땅에 울려 퍼지고 있음을 말했다. 이것은 때가 찼고, 교회는 충분히 회복되었고, 지금 하나님의 나라가 요한계시록 11장 15절이 문자 그대로 성취되기까지 교회가 그것을 증명할 것이라고 계시했다. 이 예언의 명령이 역사적 사실이 되기까지 몇 년이 지나야 밝혀질지 아무도 모른다. 그것은 교회가 예언의 말씀을 성취함에 있어서 얼마나 순종하는가에 달려 있다.

언제 그 일이 일어날까

수십 년 안에 그 일이 일어날지도 수세기가 걸릴지도 모르겠다. 그럼에도 불구하고, 교회 시대가 약 2000년의 기간이 될 것임을 암시한 성경의 명확한 예징豫徵으로 보아 나는 그 일이 내 자식들이나, 손자들이나, 혹은 증손자들이 사는 때에 일어나리라 믿는다. 이 책을 쓰게 된 동기 중의 하나는 이 계시를 내 자녀들과 사역자들에게 알리기 위해서다. 그들은 내가 사도의 감독이 되기를, 우리가 사는 때와 시기를 이해하기를 소망했다. 많은 사람들이 제3 교회개혁을 열매 맺는 그분의 목적을 수행함으로 그리스도와 함께 일하는 자가 되는 계시와 비전을 받게 되기를 바란다.

미래의 때가 과거와 같다고 가정하지 마라

우리는 그것이 정확한 시간에 일어날 수 없다고 말해서는 안 된다. 왜냐하면 예수님은 일어날 일들을 속히 감행하시기 때문이다. 일례로, 수태受胎부터 수난受難과 부활까지, 예수께서 이 땅에 계신 시간은 대략 34년, 1,786주 혹은 12,500일이다. 더욱이, 예수님은 이 땅에 사셨던 기간보다 생애의 마지막 주간에 메시아로서의 예언적인 삶을 수행하셨다.

삼손은 머리카락 일곱 가닥이 다시 자라나자, 살아 있을 때보다도 죽을 때 더 많은 이스라엘의 적들을 죽였다. 예언자들과 사도들은 하나님께서 마지막 때에 서둘러 일을 행하시며 단축하여 행하신다고 선언했다. "그분께서 그 일을 끝마치시고 의 안에서 그것을 단축시키시리니 이는 단축된 일을 주께서 땅 위에서 이루실 터이기 때문이다"(롬 9:28, 마 24:22 참조).

우리는 그 일이 이전에 행해진 적이 없었다고 말해서는 안 된다. 왜냐하면 하나님은 이전에 결코 행하신 적이 없는 것을 행하시는 전문가이기 때문이다. 숙고해 보라. 홍수로 땅의 거민을 쓸어 버리심, 홍해를 가르시고 3백만이 마른 땅을 걸어감, 그분의 백성들이 외침으로 철옹성이 무너짐, 인간이 물 위를 걸음 등등. 하나님은 이전에 결코 행하신 적이 없는 많은 일을 행하셨다.

하나님은 그분의 교회가 이전에 결코 행한 적이 없는 일들을 행하시려 한다. 주님은 말씀하신다. "보라 내가 새 일을 행하리라"(사 43:19).

우리의 성공과 부르심은 하나님의 때와 목적을 정확히 분별함에 달렸다. 모든 교회는 교회가 마지막 제3 개혁을 시작했음을 이해하고 확신해야만 한다. 이제 우리는 모험을 떠나서 이전의 세대에서 수행되어진 하나님의 제1, 제2 개혁의 목적을 발견할 것이다. 그러나 우리의 세대는 마지막 제3 개혁과 그리스도 교회의 사명을 위해 하나님의 목적을 수행하기 위한 책임과 특권을 부여받았다. 우리가 그것을 경청하고, 수용하고, 믿는다면 우리는 그 예언의 사명을 수행하는 하나님의 개척자들이 될 것이다.

주

1. 데살로니가전서 5장 1-6절; 에베소서 5장 16-17절
2. 에베소서 3장 3-5절
3. 사도행전 20장 28절; 고린도후서 5장 17절
4. 갈라디아서 4장 4절
5. 사도행전 3장 18절
6. 에베소서 1장 20절
7. 사도행전 3장 21절; 히브리서 1장 13절
8. 전도서 3장 1-17절
9. 전도서 3장 1절, 17절, 8장 5-6절

10. 갈라디아서 4장 4절

11. 에베소서 1장 10절; 사도행전 3장 21절

12. 디모데전서 1장 15절; 로마서 8장 19-22절; 누가복음 19장 10절

13. 데살로니가전서 5장 1-10절

14. 누가복음 19장 41-44절

15. 빌 해몬, 《영원한 교회》

16. 예레미야 25장 11절; 역대하 36장 21-22절; 다니엘 9장 2절

17. 다니엘 9장 2절

18. 이사야 9장 6절

19. 마태복음 24장 34절

20. 요한계시록 1장 1절

21. 갈라디아서 3장 14-29절

22. 베드로후서 3장 8절

23. 호세아 6장 2절

24. 요한계시록 22장 10절

25. 마가복음 1장 15절

2

PROPHETIC SCRIPTURES YET TO BE FULFILLED

계시와 예비

제1 교회개혁은 인간을 창조한 이래 발생한 가장 중요한 사건이고 하나님과 화해하기 위한 인류의 구원을 가져왔다. 또한 인류를 창조한 하나님의 주된 목적의 성취를 가져왔다. 나는 《나는 누구이고 왜 여기 있는가?》[1]에서 하나님께서 왜 인류를 창조하셨는지에 대한 여덟 가지 이유를 서술했다. 여덟 가지 중 네 가지 이유는 제1 교회개혁 기간 동안 성취되었다. 다음에서는 제1 교회개혁 동안 성취된 네 가지 이유에 관해 각각의 사실을 이해하기 쉽도록 간단히 설명하겠다.

첫 번째 이유 : 사랑

첫째, 하나님은 그리스도를 죽을 수밖에 없는 인간이 되게 하시고, 몸을 갖게 하심으로 영원한 하나님의 핵심적 본성의 동기를 드러내도록 십자가에 달리게 하셨다. — 아가페 사랑

하나님은 세상을 창조하실 때부터 이 모든 것을 계획하셨다. 하나님은 사랑이지만 물질로는 그들이 영원한 존재임을 피조물에게 알릴 방법이 없었다. 그래서 그분은 신이 사랑이 무엇인지 증명할 방법을 고안하셨다.[2] 이 땅과 시간의 창조, 죽어야만 하는 인간이 그 계획을 실행했다. 하나님 사랑은 물질을 줌으로 증명될 수 없고 오직 하나님 자신을 줌으로 가능했다. 예수님은 이 땅 위에 고통과 피 흘림, 죽을 수밖에 없는 인간을 창조하시고, 성자聖子로서 하나님의 죽을 몸이 되셨고, 전능하신 하나님이 사랑이심을 증명하셨다. 하나님은 너무 사랑하셔서 그분을 주셨다. 하나님은 우리를 위해 죽으심으로 사랑을 증명하셨다.[3] 분명히 하나님은 그분의 본질과 죽을 수밖에 없는 몸을 갖지 않고는 사랑이 무엇인지를 증명할 방법이 그분 외에는 없다는 것을 알고 계셨다. 그래서 천지 모든 피조물을 사랑하심을 스스로 증명할 주된 목적으로 이 땅을 창조하시고 인류를 만드셨다. 그것은 천사, 지품智品 천사, 치품熾品 천사들에게는 하나의 계시였지만 수용하고 믿는 인류에게는 구원이며 영원한 생명이었다.

누군가는 왜 하나님은 타락한 천사를 죽임으로 그 사랑을 증명하실 수 없는지 묻는다. 이유는 두 가지다. 첫째, 천사는 영적 존재라서 죽지 않기 때문에 되살리지 못한다. 둘째, 영원한 하나님은 죽지 않으신다. 그 이유를 성경은 다음과 같이 말한다. "나를 위하여 한 [죽을] 몸을 예비하셨도다."[4] 이제 모든 피조물은 하나님은 사랑이라는 살아 있는 계시와 증명을 갖게 되었다.[5]

두 번째 이유 : 아버지 되심

둘째, 인간은 피조물이기에 하나님은 생물학적 아들의 아버지가 되신다. 아담은 하나님의 아들로 창조되었다.[6] 하지만 그것은 아버지의 심정과 하나님의 본성을 충분히 만족시키지 못한다. 성경은 몇 번씩이나 예수님께서 하나님의 독생자이심을 밝히고 있다.[7] 하나님께서 실제로 낳으신 유일하신 아들. 처녀 마리아의 난자와 결합하여 잉태된 정자는 하나님 아버지이시다.[8] 모든 기독교는 예수께서 하나님의 생물학적 아들이라는 사실에 의존한다. 하나님의 아버지 되심의 본성은 단지 자신의 자녀들의 생물학적 아버지가 되심으로도 충분히 만족시키며, 그분이 그렇게 하시기 전에도, 하나님은 형상과 모습이 자신과 같은 생물학적 존재가 되시어 출산의 능력을 부여하셨다. 예수님은 육체를 입어 십자가에 달려 죽으시고, 장사되어 생명으로 부활하신 이름이 되셨고 이제 하나님 아버지의 하늘 보좌 오른편에 앉아 계신다.

세 번째 이유 : 신부

셋째, 하나님 아버지께서 유일하신 아들, 예수 그리스도를 위해 많은 분화된 신부를 제공하기 위해 인간을 창조하셨다. 하나님은 아들을 인간의 몸으로 태어나게 하시기 위해 인간이라는 종을 계획하셨다. 아버지 하나님은 태초부터 아들에게 하늘과 땅을 모두 통치하고 다스리도록 계획하셨다. 그러나 하나님은 홀로 통치하고 다스리기 원하지 않으셨다. 하나님은 예수님과 공동 상속자가 되고 그분의 신부로서 함께 통치하고 다스리도록 인간의 몸을 대속하는 계획을 하셨다. 예수님은 특별한 존재가 아닌 단지 그와 같은 많은 사람 중에 첫 열매가 되셨다.

예수님은 아버지 보좌에서 그분과 함께 앉아 만물을 영원히 통치하고 다스리는 흠과 주름이 없는 영광스러운 신부를 맞이하기까지 인류를 구원하고 성별하고 성숙하도록 자신을 죽음에 내어 주셨다.

네 번째 이유 : 함께 일하는 교회

넷째, 하나님은 영원한 하나님의 목적을 수행하는 공동 상속자로 예수 그리스도와 함께 일하는 이 땅에 그리스도의 몸이신 교회를 세우기 위해 인간을 창조하셨다.

하나님은 이 땅과 인류를 창조하실 때 교회를 계획하셨다. 실제로, 에베소서 1장 4절에 보면 창세 전에 그리스도 안에서 우리 곧 교회를 택하셨다고 말씀하셨다. 예수님은 교회를 너무나 사랑하시고 원하셔서 친히 피 값으로 사시고자 인간의 몸으로 이 땅에 오셨다. 성령강림절에 성령께서 교회를 세우실 때, 예수님은 교회와 연합하여 머리가 되시고 교회는 이 땅에서 그분의 결합체가 되었다. 에베소서 2장 22절은 이 땅에서 그리스도의 몸은 하나님께서 거하시는 처소로 지어졌다고 말한다.

예수님의 몸은 하나님께서 거하시는 처소이며, 이 땅에 존재하고 행하기를 원하는 모든 것의 충만한 표현이고 성취의 도구다. 교회는 그리스도의 몸이며 이 땅에 그리스도께서 사시며 본부로 정하신 곳이다. 그리스도는 우주적인 결합체, 즉 교회를 통해 모든 것을 성취하신다. 예수님은 교회와 하나이시며 어떤 것도 홀로 행하지 않으신다. 하나님 아버지는 예수님을 위해 존재하시고, 행하시고, 성취하시기로 계획하신 모든 것을 그분의 교회 안에서, 교회를 통해서, 교회와 함께 행하실 것이다. 이것은 우리가 마지막 제3 교회개혁을 향한 하나님의 목적을 성취하기 위해 반드시 이해해야 하는 본질적인 요소다.

교회를 향한 하나님의 목적

교회는 '그리스도의 유일하고 우주적인 무수히 분화된 결합체'이며,[9] 하나님 나라와 개혁은 이 책의 주된 주제다. 왜냐하면 교회만이 세 번의 개혁을 통해 하나님의 목적을 성취하기 때문이다. 예수께서 행하실 모든 것은 교회를 통해 완성된다. 내가 대문자 'C'로 교회 Church를 언급할 때, 우주적인 교회, 그리스도의 몸을 말한다. 소문자로 언급할 때는 하나의 지역 교회나 몇몇 특정 종파의 교회를 말한다.

교회 일원들과 관련하여 성경에서 가장 일반적으로 사용한 단어는 성도saints다.[10] 성도는 신구약에서 하나님의 백성을 묘사하기 위해 사용되었다. 왜냐하면 하나님께서 야곱의 이름을 이스라엘로 바꾸셨기에, 그의 후손들은 이스라엘의 자녀로 알려지게 되었고, 지금도 그들은 이스라엘인으로 불린다. 예수께서 교회를 세우실 때 이스라엘과 이방인 둘 다 같은 방법으로 교회의 일원이 되기를 요구하셨다. 모든 사람은 예수 그리스도의 피로 정죄함을 받고, 믿음으로 의롭게 되며, 성령으로 거듭남을 통해 하나님 만나는 유일한 길[11]이신 예수 그리스도를 믿어야만 한다.[12] 유대인과 비유대인은 같은 방법으로 그리스도 몸의 일원이 되었다.[13] 그리스도의 몸은 이 땅에서 하나님이 거하시는 처소다.[14] 하나님의 성도들은 하나님께서 이 땅에서 이루시기를 원하는 모든 성취의 주된 수단이 되었다. 이것이 성도들을 하나님 나라를 소유하고 기록한 대로 심판을 실행할 권세를 받게 된 존재로 성경이 언

급한 것이 실제 교회에 관한 말임을 드러낸 이유다.[15]

이 세상의 일곱 산 왕국과 관련해서 이 책에서 논의될 모든 것은 교회의 성도로 이루어질 하나님의 왕국이다. 모든 단체의 성도들과 인류의 활동은 왕국 증명자이고 주창자다. 최후의 신성한 과정은 그들을 그리스도의 장성한 분량과 사명을 따르게 하며 그들이 도시와 나라를 변화시키는 사람이 되게 하는 것이다. 제3의 위대한 각성이 일어나 마지막 제3 개혁의 사명을 수행하여 인류를 구원하시고 새 땅을 통치하실 하나님께서 거처할 제3의 성전이 세워질 것이다.[16]

제3의 개혁을 향한 하나님의 목적은 예언자들의 예언대로 만물을 회복시키기 위함이다.[17] 예언자들과 사도들은 예수 그리스도께서 불멸의 교회가 되기 위해 성도들의 몸을 구속하기 위해 다시 오시듯 만물의 궁극적인 종말에 관해 예언했다. 예언자들이 전한 주님의 음성은 염소와 양의 나라를 확언하고 단언하는데 도움을 준다.

제3 개혁의 사명은 이 세상 왕국에 충분한 변화를 가져 올 하나님 나라를 성도들이 증명하도록 기여한다. 루시퍼의 타락과 인간의 죄로 말미암아 부정하였던 만물이 회복될 때, 예수 그리스도는 왕 중의 왕이요, 주 중의 주로 이 땅에 다시 오신다. 예수님은 모든 성도를 하늘과 땅으로부터 불러 모아 하늘의 천군 천사와 함께 싸울 위대한 그분의 군대로 결성할 것이다. 예수님은 성도들의 총사령관으로, 사탄과 모든 악한 천사들과 마귀들을 결박하여 첫째 하늘과 둘째 하늘에서 소탕하고, 그들을 무저갱으로 던져 넣어 천 년 동안 봉하도록 성도들을 이끄시는 분이다. 그때 그리스도와 함께 싸워 이기는 성도는 새로운 땅 모든 곳에 그분의 나라를 세울 것이다.[18]

예수님은 반드시 성취될 예언의 말씀을 주셨다

예수님은 몇 가지 예언을 주셨는데 그것은 조건적 예언이 아니라 특정한 시간에 특정한 사람들과 특정한 장소에서 반드시 성취될 예언의 말씀이다.

《성도의 날 *The Day of the Saints*》[19]은 교회, 이스라엘, 민족, 지구별, 모든 피조물, 마귀와 악한 사람들에 관해 성경에 나타난 예언의 말씀에 대해서 기술했다. 여기서는 교회와 관련한 몇 가지만을 다룰 것이다. 성도들은 그리스도의 충만하심과 사명에 이르기까지 오중 사역자로 섬기게 될 것이다.[20] 승리하는 성도들은 만물을 물려받고 그리스도와 함께 이 땅을 통치하고 다스릴 것이다.[21] 그리고 열방에 변화를 앞당기는 왕국 증거자가 될 것이다.[22] 이 땅의 나라들이 우리 하나님의 나라가 될 것임은 예언의 말씀으로 기록되어 있다.[23]

성경에 기록된 예언의 최후의 결과로 나타날 묘사를 읽어보면, 매우 헤아리기가 어렵다. 우리가 이 예언을 사실로 이루실 그리스도와의 공동 상속자로 핵심적인 역할을 수행해야 하는 것이 우리, 즉 교회라는 것을 깨달을 때, 우리의 본성을 압도할 것이다.[24] 선포된 것은 반드시 성취된다. 우리는 이것이 어떻게 성취되는지 이해를 돕는 많은 것을 안내할 것이다. 그렇지만 지금은 이 세상 어느 누구도 그 일을 마칠 수 있는 모든 해답과 권세와 전략을 갖고 있지 않지만, 하나님께서는 이 모든 예언의 말씀을 성취할 지혜와 능력을 주시기 위해 선지자와 사도들을 통해 더욱 더 많은 계시를 보내 주실 것이다(엡 3:3-5).

그것은 어떻게 완성되는가

암흑 시대에 그랬던 것처럼 강력하고, 대중적이고, 유력한 교회가 된다고 해서 그것이 완성되는 것은 아니다. 암흑 시대 때, 천주교와 교황은 왕과 왕자처럼 국가들에게 강력하고 정치적이며 유력했다. 암흑 시대의 교회는 정의와 하나님 나라의 원리에 대한 영향력이 없었기에 교회는 국가의 변혁을 가져올 수 없었다.[25]

교회에 수많은 사람들이 몰려든 마지막 200년 동안 위대한 부흥이 있었다. 영혼 구원은 교회의 첫째 사업이지만 국가 변혁을 가져오지 못했다(마 18-20, 28:28, 딤전 1:15).

교회가 신약 교회의 신앙과 사명을 다시 회복하도록 많은 회복 운동이 있었지만, 그 또한 국가의 변혁을 가져오지 못했다.[26] 그 이유는 하나님의 때와 목적 때문이다. 제1 개혁을 통한 하나님의 목적은 온 세상에 교회를 탄생시켰고 설립했다. 제2 개혁의 목적은 교회가 암흑 시대 때 잃어버린 진리와 사명을 회복하는 것이다. 하나님의 목적과 때는 요한계시록 11장 15절이 역사적 사실로 드러날 때까지 만물의 회복을 완성하고 이 세상의 국가와 왕국에 변혁을 가져오는 제3 개혁을 향하여 있다.

계시와 성취는 진행 중이다

많은 계시를 필요로 한 제2 개혁의 성취는 몇 백 년 동안 많은 부흥 운동을 불러왔다. 그것은 대략 준비를 위해 한 세대가 소요되고, 그것을 성취하기 위해 다음 몇 세대가 소요된다. 나의 경험과 교회 역사 연구는 삶에서 이것을 사실로 만들었다. 예를 들어, 1988년 예언자 운동이 탄생하기 전 15년 동안 예언자로 활동하며, 예언자의 사명에 관해 설교하고, 수천 명을 훈련시켰다.[27]

1989년에 플로리다 산타 로사 비치에 있는 크리스천 인터내셔널(CI) 본부에서는 시장 상인들을 대상으로 사역자를 양육하는 실업가 예언자 세미나를 시작했다. 우리 모두는 하나님의 왕이며 제사장이다.[28] 그러나 지역 교회의 대내외적 기능을 더 잘 이해하기 위해서, 시장市場에서 사역자를 대표하는 왕처럼 부름받았고, 강단을 책임진 사역자를 대표하는 제사장처럼 부름받아, 그들은 제사장처럼 주로 지역 교회 내적인 기능을 감당한다. 우리는 모든 성도가 각자의 사역을 갖도록 가르쳤고 책을 저술하여 그들이 일터에서 하나님 나라의 사역자가 되게 하였다.

제3 개혁 사역자들의 증가

최근에 설교 사역을 이끌고 주권에 관한 저술을 하고, 도시와 국가를 변혁하며, 염소와 양의 나라를 심판하고, 이 세상 왕국을 하나님의 나라로 바꾸는 사역자들은 수십 명에 불과하다. 하지만 곧 수백 수천의 사람들이 세계 각처에서 몰려들 것이다. 그것은 마지막 제3 개혁을 향한 하나님의 목적과 때가 되었기 때문이다. 우리는 계시를 설교하고 저술하는 선구적인 사도와 예언자로서 비록 첫 단추를 꿰고 있지만 이 진리를 듣고 읽는 이들은 하나님 나라의 증인이 될 것이다.

개인의 책임과 하나님의 명령

다윗 왕은 솔로몬이 성전을 짓기 위해 필요한 대부분의 금, 은, 동,

수많은 목재와 석재를 제공했다(대상 28:11-12, 29:1-8). 다윗처럼 나는 사역의 나머지 시간을 다음 세대가 이 땅에 하나님 나라를 세우기 위해 필요로 하는 계시와 지혜, 사역을 준비하는 데 바쳤다.

아브라함은 하나님께서 선택한 히브리 민족을 세우시기 위해 고향을 떠나 가나안 땅으로 거처를 옮기라는 계시를 받았다. 더구나 그는 영토 전부를 유산으로 받았다(창 15:18). 그는 하나님과 할례로 언약을 맺었다(창 17:1-14). 약속된 아들을 얻기까지 마음에 새기고 믿었으며, 약속된 아들은 하나님께서 아브라함에게 주신 모든 예언의 말씀을 성취하는 혈통이 되었다(창 17:15-22). 그는 모든 준비를 마쳤지만, 약속된 땅을 얻고 이스라엘 국가를 이루기까지는 몇 세대가 지나야 했다. 예수님은 교회의 탄생과 건축을 위한 준비를 마쳤지만 그 몫은 그분께서 교회의 탄생과 설립을 위해 쓰시려고 훈련했던 세대들이다.

교회 시대를 통틀어 보면, 제1 개혁의 사도들과 예언자들은 교회의 계시와 목적을 받았다. 그들은 기초를 놓았고 교회의 마지막 사역을 보여 주었다. 그러나 제3 개혁 세대는 하나님의 때와 목적 안에서 만물을 회복시키고 예언되었던 모든 것을 성취하는 것이다.

제1 개혁 성도들 수백만이 순교했다. 그들의 생명의 피는 자연사와 순교로 이 땅에 뿌려졌고, 제3 교회개혁의 마지막 세대는 예수 그리스도의 부활로 인해 그리고 예수 그리스도의 통치 아래 만물을 정복하는 불멸의 전사로 죽지 않고 살아서 열매 맺을 것이다. 그것은 한 세대에서 다른 세대로 넘어가기를 좋아하는 하나님의 문제가 아니라 그것의 성취를 위해 그분의 목적과 때를 따르는 모든 이들의 것이다.

주 ....

1. 빌 해몬, 《나는 누구이고 왜 여기 있는가?》(Shippensburg, PA: Destiny Image, 2005년)

2. 요한복음 3장 16절

3. 로마서 5장 8절

4. 히브리서 10장 5절

5. 요한일서 4장 8-10절

6. 창세기 2장 7절

7. 요한복음 1장 14절, 18절, 3장 16-18절

8. 누가복음 1장 30-32절

9. 빌 해몬, 《영원한 교회》

10. 빌 해몬, 《성도의 날》

11. 요한복음 14장 6절

12. 요한일서 1장 9절; 로마서 5장 1절; 요한복음 3장 3-5절

13. 갈라디아서 3장 22-29절

14. 에베소서 2장 22절

15. 다니엘 7장 18절, 22절, 27절, 시편 149편 6-9절; 고린도전서 6장 2-3절

16. 요한계시록 21장 3절

17. 사도행전 3장 21절

18. 요한계시록 5장 10절; 베드로후서 3장 13절

19. 《성도의 날》, 374-380쪽

20. 에베소서 4장 11-16절

21. 요한계시록 21장 7절

22. 요한계시록 11장 15절

23. 마태복음 24장 14절

24. 로마서 8장 17절

25. 《영원한 교회》, 96-97쪽

26. 《영원한 교회》, 173쪽

27. 빌 해몬, 《예언자와 예언자 운동》(Shippensburg, PA: Destiny Image, 1990년), 66쪽

28. 《성도의 날》, 205쪽

3

제1 교회개혁
주전 4세기~주후 313년

인류 역사 시대

기독교 사학자들은 경륜, 언약 혹은 시대로 인류의 역사를 여덟 가지로 나눈다.[1] 이는 하나님과 우정을 나누고 그분의 뜻을 성취하기 위해 인간이 따라야 하는 정해진 신의 지배와 섭리에 따라 하나님께서 인간과 일하시는 독특한 시대들이다.

예를 들어, 인간의 창조로부터 아담의 타락 이전까지를 무죄 경륜 혹은 에덴 언약이라고 부른다. 하나님께서 모세에게 하나님의 율법을 주신 때부터 그리스도께서 오시기 전까지를 율법 경륜 혹은 모세 언약이라고 부른다. 그리스도의 초림初臨부터 그리스도의 재림再臨까지를 은혜 경륜 혹은 교회 언약 시대라고 부른다.

각 언약 경륜 시대는 뒤따르는 다음 진로를 예비한다. 세 단어를 모두를 반복하기보다는 시대age라는 단어를 사용해서 설명하겠다. 시대는 연속적이다. 각 시대는 또 다른 시대를 만든다. 새 시대는 전 시대보다 더 위대하다. 그것은 하나님의 영원한 목적 가운데 더 높은 단계로 나아가기 때문이다. 각 시대는 하나님의 뜻과 길과 인류를 향한 그분의 소망을 보여 준다. 율법 시대는 약속 시대보다 더욱 잘 보여 준다. 교회 시대는 약속 시대, 율법 시대보다 더 위대하다. 천년왕국 시대와 다가올 시대는 모든 이전 시대를 대체할 것이다.

교회 시대

이 책은 주로 교회 시대를 다룰 것이다. 우리의 주된 초점은 교회의 세 가지 개혁이다. 두 번은 이미 성취되었고, 세 번째이자 최후의 교회 개혁은 2008년에 닻을 올려 목적을 성취할 때까지 계속될 것이다. 제1 개혁을 향한 하나님의 목적은 교회를 탄생시키고 그것을 세계 도처에 진출시키는 것이다. 제2 개혁의 목적은 속박의 어두운 시대로부터 죽어 있던 종교인 교회를 끄집어내서 교회의 모든 진리와 사역을 회복의 시대로 이끌기 위함이다. 제3 개혁을 향한 하나님의 목적은 예언의 말씀인 요한계시록 11장 15절을 성취할 때까지 하나님 나라를 증명하며 회복된 모든 진리를 교회가 실증하기 위함이다.

부흥, 각성, 개혁의 차이점

성령님은 각 시대마다 신의 방문을 통해 이루시려는 각기 다른 목적이 있으시다. 회복 운동 동안에, 하나님은 주권적으로 확실히 주요한 진리와 사역들과 초대교회 이래로 행하지 못했던 영적 경험들의 회복을 선택하셨다. 하나님께서 다음 세대를 회복하시기 위해, 그분의 백성들을 준비하기 위해 신선한 영적 비를 보내시는 때가 새로움, 갱신의 때다.[2] 복음적 순회 부흥은 종종 주님께 더욱 많은 영혼의 승리를 위한 목적으로 복음주의자들이 특별한 만남을 연속적으로 갖는 것을 의미한다. 교회와 연합한 가운데 성령께서 이미 회복하셨지만 교회에서는 사용되지 못했던 진리와 사역으로 하나님의 백성을 소생하기 위해 움직이시는 때다. 그것은 하나님께서 인류를 하나님의 의식, 회개, 하나님을 경외하도록 일깨우시는 각성의 때다. 사회는 삶의 길을 바꾸도록 정의를 강조했다. 교회 갱생 역사가들은 18세기, 19세기, 20세기, 세 번의 위대한 각성을 인정한다. 21세기를 위한 또 다른 위대한 각성이 있다.[3]

부흥, 새로움, 갱신은 회복 운동 바로 전에 모든 교회에서 자주 발생한다.

교회개혁이란 무엇인가

개혁reformation이란 하나님께서 특별한 목적을 성취하기 위해 교회에 큰 변화를 일으키시는 것이다. 교회개혁의 때 그곳에는 새로움, 부흥, 회복 운동을 위한 많은 시간이 존재한다. 그곳에는 하나님께서 교회를 위해 새롭게 드러내실 목적을 성취하기 위해 새 명령과 목표로 주신 새 질서, 새 은혜, 새 비전이 있다.

개혁은 혁명적인 변화를 가져오고 새 것에서 옛 것을 분리한다. 옛 질서에 머무르고 새 것을 받아들이기 거부하는 자들은 새로운 개혁에 참여하려는 자들의 주된 박해자가 된다. 그것은 제1 개혁과 제2 개혁의 길이었고, 제3 개혁에서 동일하게 끝날 것이다.

신의 운동이 제1 개혁을 세우다

예수님의 잉태와 탄생(주전 4년)

제1 개혁의 탄생을 위한 준비는 마리아라는 처녀에게 대천사 가브리엘이 고지함으로 시작되었다. "보라 네가 잉태하여 아들을 낳으리니 그 이름을 예수라 하라 그가 큰 자가 되고 지극히 높으신 이의 아들이라 일컬어질 것이요 주 하나님께서 그 조상 다윗의 왕위를 그에게 주시리니 영원히 야곱의 집을 왕으로 다스리실 것이며 그 나라가 무궁하리라."[4] 마리아는 어떻게 이런 일이 일어날 수 있는지 이해할 수 없었기 때문에 가브리엘은 설명한다. "성령이 네게 임하시고 지극히 높으신 이의 능력이 너를 덮으시리니 이러므로 나실 바 거룩한 이는 하나님의 아들이라 일컬어지리라."[5]

정한 때에 예수 오심의 전후

약 아홉 달 후에, 마리아는 베들레헴에서 예수를 낳았다. 이것은 단지 약속된 메시아의 탄생일뿐만 아니라 제1 교회개혁 동안 하나님께서 교회를 낳으셨다는 의미이기도 하다. 예수의 탄생은 지금까지 이 땅에 일어난 일들 가운데 가장 중요한 사건이다. 그럼에도 불구하고, 열두 명도 안 되는 사람만이 그 일을 알았다. 만약 마구간에서 아기가 태어난 것이 진기한 일이 아니었다면 그 지역 뉴스가 되었을 것이다. 그것은 에덴동산 이래로 예언되었던 예언의 성취였다. 대부분의 사람들은 어떤 일이 세계적인 소식이 되지 않으면 신의 주된 사건이 아니라고 생각한다. 그러나 그 사건은 역사와 시간을 바꾸는 운명이었다.

우리의 달력과 시간 계산은 예수 탄생의 시간에 기초한다. 그분의 탄생 이전 시간을 주전(BC, Before Christ)이라 하고 그분의 탄생 이후를 주후(AD, Anno Domini)라 한다. 3세기에 로마 달력이 만들어졌을 때, 그들은 예수 탄생이 실제로 4년 잘못 계산되었음을 후에 발견했다. 그것은 기독교 역사가들이 예수 탄생을 주전과 주후가 만나는 0년 대신에 주전 4년으로 간주한 이유다. 예수의 잉태와 탄생은 제1 개혁을 부르는 첫걸음이었다.

세례 요한의 예비 운동

선지자 이사야와 말라기는 엘리야의 영으로 오시는 한 예언자가 있을 것인데 그는 이 땅에 메시아의 길을 예비하기 위함이라고 했다.[6] 하나님은 구약성경에서 그분의 종 선지자에게 이것을 먼저 드러내지 않고는 결코 행하지 않겠다고 선언하셨다.[7] 신약성경에는 사도들이 덧붙여졌다.[8] 이제 사도들과 예언자들은 하나님의 때와 목적을 알기 위해 계시의 영을 받았다. 또한 그들은 때와 시기, 하나님의 사람이 마땅히 해야 할 일을 알기 위해 기름 부은 잇사갈의 후손들이다.[9] 이사야는 광야에서 외치는 자의 소리가 있어 "주님의 길을 예비하라"고 예언하였다. 세례 요한 역시 광야에서 외쳤다. 주님의 길을 예비하라."[10] 예수님은 메시아가 사역을 시작할 때 말라기 예언자가 나타나리라고 예언한 엘리야가 세례 요한이라고 선포하셨다.[11] 하나님은 새로운 무언가가 시작될 때 큰 소리를 예비하시는 신실하신 분이다.

이것은 교회 시대에 모든 회복 운동과 개혁이 발생하기 위해 정해진 형식이었다. 교회에서 시작한 것을 세계 도처에 전하는 무명의 사도들과 예언자들이 항상 존재했다. 역사를 통해 하나님께서 교회를 향한 그분의 때와 목적을 선포하기 위해 사도들과 예언자들에게 그분의 때와 목적을 드러내셨음이 증명되었다. 마치 예언자들과 사도들이 이제 막 교회에서 닻을 올린 제3의 교회개혁을 선언한 것처럼 그들은 계시를 받았고 교회 역사에서 발생한 하나님의 모든 역사하심이 이루어지도록 했다.

명백한 메시아 운동

예수님은 하나님께서 명백한 이스라엘의 메시아와 인류의 구원자로 기름 붓기 전까지 약 30년의 예비 기간을 거치셨다. 예수 그리스도는 요단 강에서 세례 요한에게 세례를 받으심으로 '명백한 메시아 운동'의 닻을 올리셨다. 그분의 소명과 사역을 확인해 주는 신호를 받으셨다. 성령이 비둘기 같은 형체로 그분 위에 강림하시더니 하늘로부터 소리가 나기를, "너는 내 사랑하는 아들이라. 내가 너를 매우 기뻐하노라."[12] 이것은 공생애의 시작이었고, 이스라엘의 메시아로서 새로운 운동의 닻을 올렸으며, 인류의 구원자가 되셨으며, 하나님의 아들이 이 땅에 오셔서 그분의 목적을 성취하신 것이다.

이 모든 중요한 사건이 인류에게는 아니지만 하늘의 모든 관심을 받았음에 주목하라. 하늘에서 울린 나팔 소리는 영원한 우주를 통해 퍼져 나갔지만, 이 땅에서는 기록조차 되지 않았다. 단지 요단 강에 있던 요한과 예수님, 강가에 있던 소수의 사람만이 이 역사적인 사건에 참여했다. 그럼에도 불구하고, 이는 메시아로서 하나님의 독생자로서 명백한 예수 운동의 탄생이었다.

이 운동은 예수께서 광야에서 40일 금식하신 후 마귀의 시험을 통과하실 때 급진전되었다.[13] "하나님이 나사렛 예수에게 성령과 능력을 기름 붓듯 하셨으매 그가 두루 다니시며 선한 일을 행하시고 마귀에게 눌린 모든 사람을 고치셨으니 이는 하나님이 함께 하셨음이라."[14] 그때 예수님은 제자들을 택하시고, 몇 달 안에 열두 명을 사도로 세우셨다.[15] 그분은 이 세상을 떠나신 후 행해야 하는 운동의 진리를 확신할 수 있도록 조직을 세우셨다. 그분은 그분의 사역이 이 땅에서 단지 몇 년뿐임을 알고 계셨다. 그래서 군중들과 있기보다는 제자들과 더 많은 시간을 보내셨다. 예수님은 제자들에게 24—24시간 내내—7—일주일 내내—주야로 강도 높은 훈련을 했다.

이전부터 지금까지 운동의 지도자들인 우리는 하나님께서 진리와 영, 운동의 목적 가운데 우리와 함께 일하도록 보내신 그들을 철저히 세워야만 한다. 이 같은 이유 때문에, 1988년에 예언 운동이 탄생했을 때, 나는 예언에 관한 세 권의 책과 성도들이 예언 사역에서 가르치고 활용할 수 있는 소책자를 발간했다.[16] 세계 모든 대륙에서 250,000이상의 성도들과 지도자들이 훈련받았다. 하나님의 선지자들과 예언 사역은 이제 전 기독교계의 수천 수백만의 사람들이 받아들이고 있다. 나는 지금도 기름 부음을 받고, 현명하며 성숙한 예언자들과 예언 사역자들을 훈련하고 있다.

책과 교재는 그리스도의 몸이신 사역과 예언 운동이 현대 진리로 교회에서 충분히 세워지기 전에 요구된 가르침, 행함, 성숙의 해를 소개하기 위해 출판되어야만 했다.

이 책의 목적은 2008년에 닻을 올린 마지막 제3 교회개혁의 진실을 소개하기 위해서다. 예수님의 사역은 공공연하게 알려졌고 그분의 세례로 시작되었고, 이후 갑자기 사라져서 시험을 받으셨다. 예수께서 시험을 마치신 후, 모든 권능과 이적과 예언의 사역을 명확하게 시작하셨다. 마찬가지로, 이 책을 쓰는 동안 제3 개혁은 시험의 때를 통과하고 있지만, 시험이 끝날 때는 성령께서 주도하심으로 모든 진리와 목적이 성취되도록 놀랍고 분명하게 시작될 것이다.

교회 탄생 운동

이 땅에서 모든 그리스도의 때는 그분의 소명과 목적을 향해 움직인다. 예수님의 가장 위대한 소망과 목적은 교회를 친히 사시고 교회의 뜻을 성취하기 위해 필요한 모든 것을 제공하는 것이다.[17] 성경은 예수 그리스도께서 죄인을 구원하시기 위해 오셨다고 말한다. 예수님은 단지 죄인을 구원하여 지옥이 아닌 천국 가도록 오셨을 뿐만이 아니라 그들을 교회의 일원으로 만들기 위해 오셨다.[18] 그분은 있어야 할 장소에 그들을 두기 위해 화해하신 것이 아니라 하나님께서 그리스도 안에서 세상과 직접 화해하신 것이다.[19]

에베소서 5장 25절은 예수께서 교회를 사랑하시고 그분과 한 몸이 된 교회를 위해 자신을 내주셨다고 말한다. 사도행전 20장 28절은 예수께서 자신의 피로 교회를 사셨다고 말씀한다.

멜 깁슨은 〈패션 오브 크라이스트〉를 만들었는데, 이 영화는 예수님이 당신과 나를 구원하시려고 감당하신 고통과 고난, 수치와 고뇌를 사실적으로 보여 주었다. 히브리서 12장 2절은 예수께서 그 앞에 있는 기쁨을 위하여 부끄러움을 개의치 아니하시고 십자가를 참으셨다고 말한다. 예수님은 자신의 삶보다 교회를 더욱 사랑하셨는데 그분은 교회를 구원하기 위해 스스로 십자가에서 자신의 삶을 드렸다. 그리스도의 죽음, 매장, 부활은 유월절에 탄생된 교회에 필요한 모든 것을 제공했다.[20]

예수님이 성령을 통해 교회를 세우셨을 때, 완전히 새로운 질서로 출발했다. 그것은 하나님의 백성이 되려는 인류를 향해 새로운 길의 확립이었다. 교회는 유다이즘의 확장이거나 모세의 계약을 수선한 것이 아닌 완전히 새로운 계약이며 약속이었다. 이것이 성경을 구약과 신약으로 나누는 이유다. 예수께서 교회를 세우셨을 때, 그것은 예수 그리스도를 믿는 모든 사람에게 율법에 의한 의로움의 종말을 선언한 것이다.[21] 하나님께서 거하시는 곳과 중심지는 육적 예루살렘에서 영적 예루살렘, 즉 교회로 이동했고, 시내 산에서 시온 산으로 이동했다.[22] 베드로 사도는 교회가 왕 같은 제사장들이요, 거룩한 나라요, 그의 소유가 된 백성이라고 말했다.[23] 예수님은 장자이며 장자이신 교회의 머리다.

교회의 제1 개혁은 혁명적이고, 인류가 하나님의 자녀가 되기 위한 완전히 새로운 길의 출발이었다. 신과 인간이 어떻게 관계할 것인가는 지금까지 가장 급진적이며 값비싼 변화였다. 그것은 이 땅에서 발생한 혹은 일어나게 될 그 어떤 것보다 값비싼 천국이라는 비용이 들었다. 그것은 하나님의 독생자의 생명의 피가 요구되었다.[24] 그리스도께서 재림하기까지 이보다 더욱 급진적인 혁명적 변화는 다시는 없으며, 제

3 교회개혁의 마지막 구원의 경험이 될 것이다.

1세기 사도 교회 운동

예수님은 열두 제자를 택하시고 그들을 사도로 부르셨다.[25] 그분은 그들이 살아야 할 삶과 사역과 교회를 세워야 할 그들의 삶을 친히 증명하셨다. 예수님은 사도들이 교회를 세우도록 온 힘을 바치셨는데, 이것은 그분의 가장 위대한 열정이었다. 예수님은 계시를 주시고 예언의 말씀을 하셨다. "나는 나의 교회를 세우겠다."[26] 그분은 교회를 피로 사셨고, 부활로 교회의 권위를 세우셨고,[27] 성령으로 교회를 세우시고 권한을 부여하셨다. 하늘에 오르시어 하나님 보좌 오른편에 앉으셨다.[28] 그리스도는 교회를 세우는 모든 사역을 행하고, 교회를 진정으로 새로운 백성이 되려는 교인들에게 주셨다.

예수 그리스도는 교회에 다섯 가지 은사로 그분의 완전한 지도력 사역을 분배하셨다. 그분은 다섯 가지 은사를 사도, 선지자, 복음 전도자, 목사, 교사로 부르셨다.[29] 그분의 오중 사역은 그들의 특별한 목회와 사역 가운데 그리스도의 몸 된 모든 지체를 준비하기 위함이었다. 그들은 교회를 세워 그리스도의 사역과 장성한 분량이 충만하기까지 기능을 위임받았다.[30] 교회는 모퉁잇돌이 되신 예수님과 결합한 사도와 예언자의 사역의 토대 위에서 세워졌다.[31] 마치 육체를 지닌 인간의 모든 지체가 건강한 몸을 유지하고, 목적을 성취하기 위해서 특별한 기능을 수행해야만 하듯이 모든 지체가 부여받은 특별한 사역을 수행함으로 그리스도의 몸은 세워지게 된다.

신약에서 사도 운동은 그리스도의 몸으로 이 땅에 교회를 세우는 생명력 넘치는 역할을 감당했다. 예수님은 하나님 아버지를 완전하게 표현한 인간의 몸이시듯 그리스도는 이 세상에 완전하게 표현한 몸이 되셔야만 했다.[32] 그러나 이것은 전 세계에 복음을 전하기 위해 또 다른 운동을 필요로 했다. 또한 모든 방언과 족속, 민족에게 전하기 위해 또 다른 계시 운동을 요구하였다.

1세기 성도 운동

사도행전 8장 1-13절을 보면, 예루살렘에 있는 교회에 큰 박해가 있어 믿는 사람들은 모두 유대와 사마리아의 여러 지방으로 흩어졌고 사도들만 남게 되었다. 사도들이 예루살렘에 있는 동안 성도들은 각 나라를 찾아 떠났고, 교회를 세우고 하나님 나라의 증인이 되었다. 이것이 성도 운동의 출발이다. 흩어진 성도들은 가는 곳마다 말씀을 전했다고 사도행전 8장 4절은 기록한다. 빌립은 교회 사무를 위해 뽑혔던 일곱 명 중 한 명이다. 그는 명성이 높았고 성령과 지혜가 충만했으며 준비된 자로 아마도 성공한 사업가였을 것이다. 빌립은 도착하자마자, 예수 그리스도의 복음을 증거하고 설교했다.

하나님은 그분의 말씀을 전하는 신자를 위해 약속하신 것을 행하기 시작하셨다. 그분은 구원과 치유와 귀신을 내쫓음으로 말씀을 확증하셨다. 이것은 모든 성도가 사역을 행하는 교회의 선례가 되었고, 성도로서 그들은 병을 치유하고, 귀신을 내쫓고, 하나님 나라를 증거하며, 복음을 전하고, 세상의 빛과 소금이 되었다.[33]

1세기 성도 운동은 사도들만이 복음을 전할 수 있다는 생각의 틀에 갇힌 교회를 깨는 계기가 되었다. 그들은 주신 은사와 은혜에 따라 자신들의 영향력의 범위 안에서 하나님 나라를 명백히 보여 줄 수 있음을 발견했다. 이것이 제1 교회개혁의 역할이었던 1세기 성도 운동이다. 하나님께서는 또한 마지막 제3 교회개혁이 출발하는 교회 시대의 끝머리에서 21세기 성도 운동이 시작될 수 있도록 섭리하셨다. 《성도의 날 The Day of the Saints》은 1세기 성도 운동을 계시하며, 21세기 성도 운동의 모든 진리와 사역을 제시한다.[34]

이방 교회 운동

사도들은 교회 첫 10년을 예수께서 단지 이스라엘만을 위한 약속된 메시아라고 생각했다. 그들은 예수 그리스도의 복음은 단지 유대인만을 위한 것이라고 추측했다. 누구보다 메시아 예수의 복을 받으려면 먼저 유대교로 개종해야 한다고 생각했다. 교회가 제한된 시각에서 빠져 나오도록 하나님께서는 사도 베드로에게 어떤 동물도 먹기에 부정하지 않다는 것을 보여 주시기 위해 초자연적 환상을 주셨다.[35]

한 천사가 이탈리아 부대의 백부장이었던 비유대인 고넬료에게 나타나서 그들에게 구원의 길을 보여 줄 베드로에게 사람을 보내라고 했다. 그들이 오자, 성령께서는 베드로에게 그들과 함께 가라고 하셨다. 베드로가 도착했을 때 고넬료의 집은 그가 전하는 말을 듣기 위해 많은 사람들이 모여 있었다. 베드로는 그들에게 그가 받았던 환상과 어떤 사람도 속되거나 부정하다고 말해서는 안 된다는 것을 하나님께서 어떻게 드러내셨는지 전했다. 그때 베드로는 "참으로 하나님은 사람의 외모를 보지 아니하시고 각 나라 중 하나님을 경외하며 의를 행하는 사람은 다 받으시는 줄을 깨달았도다"(행 10:34-35)라고 했다. 베드로는 예수 그리스도의 죽음, 매장, 부활의 복음을 설교했다. 베드로가 누구든지 예수님을 믿으면 죄 사함을 받을 것이라고 말했을 때, 그는 알아채지 못했지만 이탈리아 사람들은 진심으로 믿고 받아들였다. 베드로의 설교가 한창일 때, 성령께서 임하셔서 그들은 성령을 선물로 받았고 사도들과 120문도들이 유월절에 그랬듯이 알 수 없는 언어(방언)로 말하기 시작했다. 베드로는 하나님께서 이방인들의 죄를 용서하시고 유대교로 개종하지 않아도 성령으로 세례를 주심을 깨달았다. 그는 그때 예수 그리스도의 이름으로 세례를 받으라고 명했다. 이것은 모든 방언, 족속, 나라가 통용되는 그리스도를 통한 구원의 복음이 이루어진 이방 교회 운동의 시작이었다.[36]

그러나 이 일회적 경험과 베드로의 계시는 유대교에서 교회를 구해내기에는 역부족이었다. 하나님은 진정으로 그 일을 성취할 특별한 사자使者를 부르셔야만 했다. 다소에 살던 사울을 구원하신 후에 사도 바울이 되게 하셨다. 아나니아가 바울에게 준 개인적 예언은 하나님께서 복음을 이방인들에게 전하기 위해 그를 부르셨다는 선포였다.[37] 바울은 3년 동안 사막에 있었고 후에 고향 다소로 돌아왔다.[38] 설교하기 위해 어디에나 갔던 몇몇 성도는 안디옥으로 가서 누구를 만나든 설교하기 시작했다. 이방인들은 먼저 아브라함의 할례 계약에 참여하지 않고도 구원을 받았고 성령으로 충만했다. 예루살렘 교회는 그 소식을 듣고 조사를 위해 바나바를 내려 보냈다.[39] 복음의 빛이 이방인에게 가는 것을 보았을 때, 그가 이방인에게 보내지는 한 명(한 사도)이 될 것이라는 바울이 받은 예언을 바나바도 기억했다. 바나바는 바울을 만나기 위해 다소로 즉시 떠났다. 바울이 사역을 시작할 때가 되었기 때문이다. 바울과 바나바는 약 1년간 안디옥에 있었다. 그때 성령은 선지자를 통해 필요적절한 지시를 말씀하셨다.[40] 그들은 바울과 바나바에게 사도의 사명을 갖고 모든 나라를 여행하며, 모든 방언과 족속과 민족에게 복음을 전하라고 말씀하셨다. 바울은 강력한 계시를 받았는데 그것은 하나님께서 예수 그리스도를 보잘것없이 신앙하여 할례를 행하고 모세의 율법을 지키는 이들을 완전한 구원의 상태로 바꾸시는 것이었다. 유대인과 이방인도 하나님에게는 동일하고 한 분이시며 유일하신 구세주, 예수 그리스도가 필요한 동일한 죄인들이라고 말씀하셨기 때문이다.[41] 구원받는 유일한 길은 주 예수 그리스도를 믿고, 거듭나며, 예수 그리스도의 보혈로 모든 죄에서 깨끗함을 받아 하나님의 자녀가 되는 것이다.[42]

이방 교회 운동으로 탄생한 이 계시와 사역은 하나님께서 정하신 목적을 성취하려는 제1 교회개혁을 위해 절대적으로 필요했다. 그럼에도 불구하고, 제1 교회개혁이 그 모든 목적을 온전히 성취하기 위해서는 하나 이상의 하나님의 역사하심이 있어야만 했다.

제1 교회개혁의 목적은 세상에 교회를 세우는 것이고, 교회는 하나님의 새로운 백성으로 세워진다. 그것은 하나님의 자녀와 그분의 택함 받은 백성이 되려는 인류를 위해 정해진 새 기준이 되는 새로운 명령이며 계약이다. 하나님은 자신의 거처를 죽은 돌로 만들어진 예루살렘 성전에서 다시 태어난 백성들의 살아 있는 돌로 건축된 교회 성전으로 옮기셨다. 하나님은 그분의 백성을 시내 산(율법)에서 시온 산(교회)으로 옮기셨다. 예루살렘의 죽은 도시에서 하나님의 도시, 새 예루살렘 교회로 옮기셨다.[43]

이것이 공식적으로 확립되고 인정받기 위해서, 사도들과 예언자들로 말미암은 하나 이상의 운동이 있어야만 했다. 예수님은 교리와 실천, 그리고 사역에 있어 교회에 더 적절한 기초를 놓는 사역을 그들에게 주셨다.

사도 회의 운동

교회가 세워진 지 20년이 지났지만, 거기에는 여전히 예루살렘 교회와 교제하는 사람들이 있었다. 그들은 그리스도인이 되기 위해서는 모세의 율법과 아브라함의 할례를 지키는 것이 필요하다고 설교했다. 그들 중 몇몇이 안디옥에 와서 가르치기 시작했다. "모세의 관례대로 할례를 받지 않으면, 구원받을 수 없습니다."[44] 이것은 율법과 할례를 떠나 그리스도를 통해 구원받는다는 바울의 계시에 완전히 반대되는 것이었다. 이것은 기독교 신앙의 옹호자였던 바울과 바나바와 안디옥에 있던 지도자들 간에 많은 논쟁과 토론을 불러왔다. 이 문제는 사도들에게 제출하기 위해 예루살렘으로 보낸 양쪽 지도자들에 의해 신속히 처리되었다.[45] 사도 야고보는 예루살렘 교회의 지도자였고 열두 사도 대부분이 예루살렘 본부에 있었다.

모든 지도자가 예루살렘에 모였고, 몇 차례 매우 격양된 논쟁을 벌였다. 결국 사도 베드로가 환상과 천사의 방문, 고넬료 집에 나타난 하나님의 주권적 역사하심에 대한 증언했다. 바나바와 바울은 성령께서 모세의 율법을 떠난 이방인들에게 그리스도의 모든 은혜를 부어 주셨음을 증언했다. 이들의 고백과 환상, 초자연적 체험은 그들의 눈을 번쩍 뜨게 했으며 증인과 확증을 심어 주었다.[46] 하지만 대사도 야고보가 하나님의 말씀에서 성경의 계시와 적용을 받기까지는 아직 아니었는데 그 사안은 해결되어 신약성경의 교회를 위한 기초적 교리를 세우도록 포함되었다. 편지가 작성되자, 사도 바울과 바나바, 선지자 유다와 실라가 그 편지를 전하라는 명령을 받고 교리의 내용을 안디옥 교회에서 읽었다.[47]

예루살렘 공의회 기간에 벌어진 이 사건 때문에 진정한 그리스도인의 예배의식과 교리를 결정하는 다섯 가지 기준이 세워졌다. 이것은 새로운 회복 운동과 교회개혁의 정당성을 결정할 때 사용할 수 있는 원리들이다.

첫째, 하나님께 계시를 요청할 것. 둘째, 새로운 회복, 교리, 예배의식을 전하는 자들 가운데 역사하는 사역의 열매. 셋째, 하나님의 초자연적 역사하심. 넷째, 하나님께서 교리와 예배의식의 적용과 권위를 주시는 로고스(기록된 말씀)와 레마(감동의 말씀) 말씀. 다섯째, 성령의 증언과 성숙으로 통일된 일치, 현재 증명된 지도력.

예루살렘 공의회는 기독교가 유대교에서 영적으로 분리된 공식적 운동이었다. 그러나 유대인의 종교와 기독교가 전적으로 나뉘어 완전히 두 개라는 것을 세계에 알리게 되는 또 다른 운동은 20년 이상이 걸리게 된다.

주후 70년 예루살렘의 파괴

주후 70년경, 로마 황제는 유대인 반란을 진압하기 위해 엄청난 병력을 예루살렘에 보냈다. 요새화된 도시는 점령당했고 성전은 파괴되었다. 이는 기독교와 유대교, 그리스도인과 유대인을 완전히 나누는 결과를 낳았다. 지금껏 세계는 기독교를 유대교의 분파로 보며 둘 다 보이지 않는 하나님을 섬긴다고 생각한다. 왜냐하면 40년 동안 교회는 유대교의 일부로 보였기 때문이다. 그러나 이제 이스라엘이 생성된 지 13세기가 지난 후 유대인의 나라는 파괴되었다. 그들의 종교 중심지였던 예루살렘과 성전은 파괴되었고, 유대인들은 죽임을 당하거나 로마 제국으로 흩어졌다.

역사가 요세푸스는 도시에서 백십만의 유대인이 죽었고, 다른 지역에서 257,660명이 살해되었고, 97,000명이 포로로 잡혀갔다고 기록했다. 17세 이상은 이집트의 노예로 보내졌고, 로마 각 지방으로 퍼져나간 대부분의 사람들은 원형극장에서 검투사들과 싸우다가 그들의 칼과 동물들에게 희생되었다.[48]

예수님의 예언이 성취되다

예루살렘에 있던 수천의 그리스도인은 예수께서 예루살렘에 대하여 행하신 예언과 예루살렘이 공격받기 시작할 때 그들이 해야만 하는 것을 믿고 있었다. 예수님은 그들이 그 도시에서 즉시 도망가면 살아남을 것이라고 예언하셨다.

아담 클라케Adam Clarke는 그의 주석에서 다음과 같이 썼다. "예루살렘에서 죽임당하지 않은 그리스도인은 매우 주목할 만하다."[49] 로마의 지도력에 어떤 혼란과 과도기가 발생하면 그곳에는 열린 기회의 창이 있었다. 예루살렘에 주둔해 있던 로마 군대가 순식간에 철수했다. 하나님께서 거룩한 늦추심divine delay을 허락하셨을 때, 예수 그리스도를 믿는 모든 사람은 즉시 떠났고 펠라(Pella, 그리스의 고대 도시)와 요단 너머 다른 곳으로 도망갔다.

예루살렘 파괴 기간에 성전은 화염에 휩싸였는데 낮은 벽과 기초석 사이에 뛰어들어 금을 찾기 위해서였다. 군인들은 귀금속을 찾기 위해 성전의 돌 하나까지 샅샅이 뒤졌다. 거기에는 돌 하나 남지 않았는데 예수께서 마태복음 24장 2절에서 예언하신대로 성취되었다. 그것은 하나님의 본부가 더 이상 모세의 율법과 유대 신전이 아니며, 돌과 귀금속으로 만들어진 위대한 성전이 아니라는 사실을 분명히 보여 주었다. 그것은 이제 교회였다.

주후 70년 예루살렘의 몰락은 유대 민족, 교회, 성취된 예언의 빛 가운데 의미심장한 일이었다. 이는 기독교를 유대교에서 영원히 명확하게 분리했다. 또한 이것은 그리스도의 교회를 세우는 목적을 성취하려는 제1 개혁의 또 다른 발걸음이었다. 이제 교회는 하나님의 선택된 백성과 성령을 통해 하나님과 거주할 곳을 함께 세우려는 시민들의 거룩한 나라다.[50] 하나님의 본부는 교회가 세워진 곳이다. 그분의 뜻을 이 땅에 표현하고 수행하려는 하나님의 몸은 이제 그리스도의 몸인 교회와 연합한다. 제1 개혁 동안, 예수님은 이스라엘의 메시아와 인류의 구원자로 오시는 예언자들의 예언과 율법을 성취하셨다.[51] 예루살렘은 파괴되었고, 하늘의 새 예루살렘은 세워졌다. 하나님께서 거하시고 백성들과 만나시겠다고 말씀하신 모세의 신전을 대표한 성전은 제거되었다. 이제 교회는 그분께서 거하시고 그분의 백성들과 하나님의 성전이다. 이스라엘은 사라져 더 이상 이 땅은 하나님의 나라가 아니다. 그러나 교회는 하나님의 거룩한 나라이며 왕 같은 제사장이며 그분의 소유된 거룩한 백성이다.[52]

엄청난 배도背道의 시작

로마는 기독교를 유대 종교 중의 또 다른 분파로 여겼고, 예루살렘 파괴 이후에는 나름 관대하게 대했다. 그때 그들은 나뉘어져 위험에 노출되어 있었고 적들로부터 보호받을 수 있는 어떠한 법도 없이 홀로 견뎌내야 했다. 주후 100년부터 313년까지 기독교 대박해 때, 그리스도인들의 종교행사는 로마 제국으로부터 금지되었고, 추종자들은 추방당했다. 그리스도인들은 시민전쟁 전 미국 남부의 노예보다도 권리를 누리지 못했다. 어떤 특별한 황제들이 그들의 통치 기간 동안 심하게 박해한 것을 제외하고는 박해가 계속되지는 않았다. 박해가 교회가 성장하고 전 세계에 세워지는 것을 막을 수는 없었다. 사도 바울은 하늘 아래 모든 백성에게 복음이 전파되고 있다고 선언했다.[53] 교회는 대박해 때 근본적인 임무, 무엇보다 근본적인 신앙과 초자연적 사명을 굳건히 지켰다. 교회는 성령과 그리스도의 살아 계신 생명의 모든 특성을 지속적으로 명백하게 하였다.

최후의 대박해

최후의, 가장 무시무시한 박해는 디오클레티아누스와 그의 계승자의 통치 기간 주후 303년부터 310년까지-7년 대박해와 시련-발생했다.[54] (그리스도인들은 그가 요한계시록에서 말하는 적그리스도라고 믿었다.) 성경의 모든 사본이 불태워졌고, 로마 제국 전역의 교회들은 파괴되고 그리스도를 부인하기를 거부한 사람들은 시민권을 박탈하고 법의 보호를 받지 못한다는 일련의 칙령이 내려졌다(많은 로마 관료와 시민들이 박해 이전 50년 동안 그리스도인이 되었다). 어떤 곳에서 그리스도인이 모여 있을 때, 교회는 불에 탔고 예배자들은 벽에서 모두 불살라졌다. 황제 디오클레티아누스는 "그리스도라는 미신을 뿌리째 뽑아버린 기념으로"라는 글귀를 새겨 놓은 기둥을 세웠다고 전해진다.[55] 10년 내에, 기독교는 받아들여졌고 그리스도인은 시민으로 인정되었다. 70년 내에 기독교는 황제의, 왕실의, 그리고 로마 제국의 공식 종교가 되었다.

영적 교회에서 구조적 교회로의 전환

주후 313년에, 황제 콘스탄티누스는 기념비적인 밀라노 칙령을 명한다. 이 법에 따라 기독교는 공인되었고, 예배는 합법화되었으며, 모든 박해는 중지되었고, 더 이상 되풀이 되지 않았다. 이 칙령은 콘스탄티누스 대제가 받은 환상 때문이었다. 그가 하늘을 보자 막 해가 지려 할 때, 십자가 환상이 나타나더니 "이 표시로 이기리라"는 글자를 보았다. 그는 기독교를 표시한 깃발을 들고 싸우기로 결심하고 주후 312년 8월 28일, 밀비안 다리 전투the Battle of Milvian Bridge에서 승리했다.[56] 콘스탄티누스는 모든 면에서 그리스도인을 신뢰하게 되었다. 그는 집정관을 그리스도인으로 채웠고, 기독교 사역자들에게는 세금과 국방의 의무를 면제해 주고, 교회 건축을 장려하고 도왔다. 콘스탄티누스는 기독교를 황실의 종교로 만들었고, 백성들에게 기독교를 받아들이라고 권고하였다.

콘스탄티누스는 그리스도인이 되도록 장려했지만, 70년 후에 황제 테오도시우스가 기독교를 로마 제국의 공식적인 종교로 삼았을 때 강제적으로 믿게 하였다. 그의 명령은 모든 로마 시민에게 시민권을 유지하고, 직업을 잃지 않고, 사업을 하려면 기독교를 수용할 것을 강요했다. 이것은 영적인 교회의 명성을 위해 결정적인 역할을 했고, 죄의 확신으로부더 개인적 최개 없이 그리스도인이 되기 위해 복음을 믿어야만 했다. 이전에는 회심은 자발적이었으며 가슴과 삶의 진정한 변화를 나타냈다. 그리스도는 제1 교회개혁을 순수한 영적, 초자연적 수단들로 수행하도록 계획하셨다.

교회의 제3 개혁에 이르면, 우리는 궁극적인 그리스도의 목적과 이 땅의 모든 피조물을 다스리고 지배하는 교회의 목적을 나누게 될 것이다. 이 역사적인 사건을 통해, 우리는 우리의 방법이 자연적인 수단이나 로마가 행한 방식으로 될 수 없다는 것을 알 수 있었다. 왜냐하면 테오도시우스는 기독교의 충성을 요구했을 뿐만 아니라 다른 종교와 금지된 우상숭배를 강제로 억압하도록 계획했기 때문이다. 이 칙령 아래서, 이방 사원은 파괴되었고, 이방 사제와 숭배자들은 수많은 피를 흘려야 했다. 로마 제국의 군 정신이 가공되어 교회에 들어왔다. 기독교는 로마 제국을 정복하도록 등장했지만 교회를 고쳐 로마 제국 자신의 상상像으로 만들어 버림으로, 영적 교회를 정복해 버렸다.

과도기의 축복과 속박

조직 교회의 대중적이고 정치적 위치는 사도행전에서 잘 나타나듯이 영적 교회의 퇴보로 시작되었다. 기독교의 정치적 지배의 수용은 조직 교회를 강화했다. 세상은 육체적, 도덕적, 사회적 삶의 축복을 받았다. 노예, 검투사, 환영받지 못하는 아이들의 살인, 낙태가 폐지되었다. 처형의 형상이었던 십자가는 로마 제국의 기독교 공인으로 폐지되었다. 교회의 영향 아래서 많은 인도주의 사회가 건설되었다. 더욱이 영적 교회가 로마 교황의 통제를 받게 됨에 따라, 이들 인도주의 요구는 정부의 지원이나 통제 없이 교회에 의해 해결되었다.

교회는 이제 퇴보와 엄청난 타락길로 들어섰다. 제1 교회개혁이 끝나고 교회의 변형이 시작되었다. 그러므로 교회는 정치적 번영과 인기를 위해 박해 기간 동안 보존과 번영의 시간을 통과함으로 결국 쇠퇴와 퇴보를 불러왔다. 영적 교회는 약 1200년 이후 제2 교회개혁이 시작되기까지 세상에서 불분명하게 되어 조직 교회가 지배하기 시작한다.

주 ··

1. 빌 해몬, 《영원한 교회》, 61쪽
2. 빌 해몬, 《사도, 선지자, 도래한 하나님의 운동》, 61쪽
3. "위대한 깨어남" http://www.theopedia.com/ Great_awakenings
4. 누가복음 1장 31-33절
5. 누가복음 1장 35절
6. 이사야 40장 3절; 말라기 3장 1절, 4장 5절
7. 아모스 3장 7절
8. 에베소서 3장 3-5절
9. 고린도전서 12장 32절
10. 이사야 40장 3-5절
11. 마태복음 11장 9-24절
12. 누가복음 3장 21-22절
13. 마태복음 4장 1-11절
14. 사도행전 10장 38절
15. 마태복음 10장 1-4절

16. 빌 해몬, 《선지자와 개인적 예언》, 《예언자와 예언자 운동》(Shippensburg, PA: Destiny Image, 1990년), 《선지자, 함정, 신조》(Shippensburg, PA: Destiny Image, 1991년), 빌 해몬의 섬기는 영의 은사를 위한 안내서는 CI와 다양한 지방 교회에서 매년 여러 차례 소개뇌있니. 디 많은 정보를 원하면 CI에 무의하라. 1-800-388-5303

17. 에베소서 5장 25-27절

18. 고린도전서 12장 12, 27절

19. 고린도후서 5장 18-19절

20. 고린도전서 15장 1-10절

21. 로마서 5장 12-20절, 8장 4절; 갈라디아서 3장 10-25절

22. 히브리서 12장 22-24절

23. 베드로전서 2장 9절

24. 요한복음 3장 16절; 사도행전 20장 28절; 히브리서 11장 17절

25. 누가복음 6장 13절

26. 마태복음 16장 18절

27. 로마서 1장 4절

28. 사도행전 2장 4절, 1장 8절; 에베소서 1장 20절

29. 에베소서 4장 11절

30. 에베소서 4장 12-16절

31. 에베소서 1장 19-22절

32. 요한복음 17장 18절; 히브리서 1장 1-4절

33. 마가복음 16장 17절; 마태복음 5장 13-16절

34. 빌 해몬, 《성도의 날》(Shippensburg, PA: Destiny Image, 2002년), 81쪽

35. 사도행전 10장 9-16절, 11장 4-10절

36. 요한계시록 5장 9-10절

37. 사도행전 9장 15-17절

38. 사도행전 9장 30절; 갈라디아서 1장 15-18절

39. 사도행전 11장 19-26절

40. 사도행전 11장 19-30절

41. 갈라디아서 2장 11-21절

42. 요한일서 1장 9절

43. 히브리서 12장 21-24절

44. 사도행전 15장 1절

45. 사도행전 15장 2-5절

46. 사도행전 15장 7-11절

47. 사도행전 15장 12-29절

48. 아담 클라케, 《클라케의 주석》(Nashville, TN: Abingdon Press, 1977), 230-231쪽

49. 같은 책

50. 에베소서 2장 22절

51. 사도행전 3장 18절

52. 베드로전서 2장 9절

53. 골로새서 1장 23절

54. 빌 해몬, 《영원한 교회》, 68쪽

55. 같은 책, 88쪽

56. 헨리 할리, 《할리의 성경 핸드북》(Grand Rapid, MI: Zondervan Publishing, 1965년)

4

교회의 암흑 시대

사도 바울, 베드로 그리고 유다는 교회가 배교의 때에 대변절이 오자 다양한 용어를 사용해서 편지를 보냈다. (그리스어 '아포스타시아 apostasia'는 이전에 확립된 진리, 원리, 실천을 저버림 혹은 떠남, 근본적인 종교적 믿음에서 떠난 변절') 편지는 사도들의 시대인 1세기가 지난 후 그리고 주님께서 오시기 전 잠시 동안 시작됐을 것으로 추측된다. 바울은 그의 첫 번째 편지를 그리스도의 재림 때 성도들의 부활/승천 (R/T)에 관하여 데살로니가 교인들에게 보냈다. 그들은 대시련과 박해와 경제적인 어려움을 겪고 있었다. 바울은 예수께서 그들을 눈 깜짝할 사이에 하늘로 승천시키기 위해 곧 올 것이라는 진리로 서로를 격려하라고 말했다. 이것을 들은 어떤 사람들은 바울이 말한 부활/승천이 이미 일어났다고 오해했다. 또 어떤 사람들은 그들의 일을 그만두고 그리스도께서 오시는 순간까지 기도하면서 기다리기 시작했다. 바울은 그리스도의 재림에 관한 그들의 이해에 지혜와 균형을 주기 위해 두 번째 편지를 써야만 했다.

그리스도께서 다시 오시기 전 교회의 회복

바울은 에베소 교인들에게 재림이 일어나기 전에 교회가 모든 진리를 수행하고 그리스도의 성숙에 이르기까지 오중 사역을 계속한다고 썼다. 베드로는 사도행전 3장 21절에서 예수님은 예언자들의 예언대로 만물이 회복하기까지 하늘에 계셔야만 한다고 선포했다. 예수님은 종말이 오기 전에 하나님 나라의 복음을 모든 민족에게 증언하기 위해 온 세상에 전파해야 한다고 선포하셨다. 그리고 바울은 교회가 부활/승천이 일어나기 전에 대배교를 통과해야 한다고 데살로니가 교인들에게 말했다. 교회 대변절의 시기는 이제 우리가 드러내길 원하는 때다.

천 년 암흑 시대

영적 교회의 천 년 암흑 시대는 역사적으로나 문화적으로 동일한 시간이다.

영적 교회의 암흑 시대

암흑 시대는 15세기 교회의 회복이 시작될 때까지 5세기 영적 교회의 '대배교'를 통한 쇠락으로 출발했다.

자연사 암흑 시대

역사적으로, 로마가 멸망한 주후 476년부터 동로마 제국 콘스탄티노플이 멸망한 주후 1453년까지다.

문화석 암흑 시대

15세기 르네상스가 시작할 때까지 5세기 문명화된 세계가 교육받지 못한 '야만인' 들에 의해 지배받은 이후의 시간이다.

그리스도 교회의 가장 어두운 암흑 시간

1세기에 세워지고 증명된 교회는 더 이상 초자연적 교회가 아니었다. 그들은 더 이상 초자연적 중생의 체험이나, 영적 언어를 포함한 성령의 은사나 마귀 축출이나 신비한 치유를 설교할 수 없었다. 초기 교회의 대부분의 경험적 교의敎義는 더 이상 경험되지 않았다. 대부분 교회 지도자의 도덕성과 삶은 세상만큼 더럽혀졌다. 천 년 직전과 천 년 조금 넘은 200년 기간을 '한밤의 암흑 시대' 라고 부른다. 뇌물수수, 부패, 성물 매매, 부도덕, 유혈이 성직자 사이에 그리고 기독교 구석구석에 퍼진 이때가 기독교 역사에 있어 가장 어두운 시기다.

종말에 관하여 예수께서 주신 모든 예언은 성취된 것처럼 보였다. 전쟁과 전쟁의 소문이 끊이질 않았다. 한 나라가 새로운 정복자들에 의해 세워지고 멸망했다. 세상에는 어떤 자비도 정의도 없는 것처럼 보였다. 그리스도 교회는 고난받은 사람들을 도울 만한 어떤 생명도 힘도 없이 단지 경건의 모양만 갖춘 채 나날이 감소하였다.

모하메드는 주후 600년에 이슬람 종교를 시작하였고 아라비아와 아시아를 정복했다. 그는 모든 나라와 심지어 예루살렘에도 무슬림 성전을 세웠다. 암흑 시기 중간기 약 2세기 동안, 유럽의 십자군 전사와 무슬림은 예루살렘 전투에서 이기고 지기를 반복했다. 세상의 대다수가 타종교와 이교도의 풍습에 노예가 되었다. 힌두교, 불교, 신도神道, 조상숭배, 정령숭배. '기독교' 국가 사이에 조직적 정치적 교회는 왕과 동등한 정치적 힘과 영향력을 발휘하는 위치까지 이르렀다. 예수께서 낳으시고 세우신 영적 교회는 빛나는 1,000와트 불빛에서 깜빡거리는 1와트 촛불로 어두워져 버렸다.

하나님은 왜 암흑 시대를 허락하셨는가

이 기간에 하나님은 어디에 계셨으며 무엇을 하셨는가? 이성으로는 이해하기 어려운 신비로운 몇 가지 일이 존재한다. 교회의 암흑 시대는 이 신비로운 일들 중 하나다.

성경은 예수께서 교회를 영원히 제정하셨음을 보여 준다.[2] 그때 그분은 교회를 구원하시기 위해 죽으셨다. 교회가 예수님 자신에게 순수하고 성숙한 완전히 영광스러운 교회로 나타날 수 있기까지 교회를 세우시고, 능력을 불어 넣으시고, 보호하며, 완전해지도록 성령을 보내셨다.

인간의 사랑과 관심, 지혜에 관한 이해는 하나님의 것과는 아주 다르다. 하나님의 방식은 인간의 방식과 다르다. 그분의 뜻을 이루시는 생각과 방법은 하늘이 땅에서 멀듯 인간의 그것과는 큰 차이가 난다.[3]

시간에 대한 하나님의 관점

시간에 대한 하나님의 개념과 태도 역시 완전히 다르다. 시간은 죽을 수밖에 없는 인간에게는 매우 상대적이며 억압과 시련을 준다. 우리의 시작은 정확한 시간에 발생한다. 우리 삶의 모든 날은 24시간 순환한다. 젊은 사람이 매 해를 새로운 인식과 기회로 바라보면, 세월은 영원할 것처럼 보인다. 20대가 되어, 결혼을 하고 일을 시작하면서, 그 시간은 '표준화' 되기 시작한다. 30대에서 60대까지 시간이 빨리 지나가는데 철로 위를 달리는 화차貨車보다 더 빠르게 지나가는 것 같다. 그러나 "예수 그리스도께는 어제나 오늘이나 영원토록 동일하시다."[4] 베드로는 주님의 시간은 인간의 시간 개념과 다르다고 했다. 왜냐하면 "주께는 하루가 천 년 같고 천 년이 하루 같기 때문이다."[5] 하나님의 시간표에 따르면, 예수님은 이틀이 채 안 되어 이 땅에서 사라지셨다. 호세아 6장 2절에, "이틀 후에 우리를 살리시며〔충만한 회복〕셋째 날에 우리를 일으키시리니 우리가 그의 앞〔셋째 날에 부활과 승천〕에서 살리라"라고 기록되었다.

영원한 계획은 우선순위 과정을 거친다

교회의 첫 300년 동안 인간이 악한 마음을 품어 극악무도하고, 굴욕적이며 타락한 방법으로 순교한 수백만의 성도들을 생각할 때, 우리는 하나님께서 고난과 죽음을 생각하시는 것이 죽을 수밖에 없는 인간과는 완전히 다른 시각을 갖고 계신다는 결론에 이르게 된다. 완전한 인간(교회)을 창조하시는 하나님의 영원한 계획은 우선순위 과정을 가지며 그분의 교회(신부)를 세우기 위해 시간을 요구한다.[6]

시편 기자는 모든 것을 아시는 하나님, 더욱이 처음과 끝을 아시는 분께서 그분의 몸과 하나 된 모든 사람을 아시고 교회의 모든 날을 계수하신다고 선언한다.[7] 교회는 기묘하게 꾸며졌고, 만들어졌고, 가장 높은 하늘이 아닌 가장 낮은 땅에 놓여졌다. 예수 그리스도께서는 고난과 죽음으로 교회를 사셨다. 그분의 전 생애와 목적은 교회를 보호하시는 것이다. 배교의 암흑 시대 천 년 동안 그분의 고귀한 교회를 타락하도록 허락하신 목적은 무엇인가? 교회를 향한 그분의 신적 사랑은 교회의 쇠락과 함께 줄지 않았다. 그러나 그분의 교회와의 사랑과 역할은 큰 방해를 받았다.

하나님의 주권 – 인간의 의지

예수께서 천 년 동안 교회를 떠났는가? 하나님께서 주권자이신데, 왜 그분은 교회를 교리적으로 바르고, 도덕적으로 순수하고, 모든 적을 물리치시고 지키지 않으셨는가? 하나님께서 인간을 만드셨고 인간을 자기 맘대로 할 수 있다는 것을 우리는 잘 알고 있다. 정말 하나님께서 인간을 자기 맘대로 할 수 있을까? 하나님께서 그분을 믿는 것과 관련해서 인간의 자유의지를 절대로 상관하지 않겠다고 정하실 수도 있는가?

하나님께서는 아담과 하와가 금지된 과일을 먹는 죄를 막지 않으셨다.[8] 그분은 가나안 땅에 들어가 그들을 정복하기 위해 하나님의 뜻을 거스르고 그들의 뜻을 관철하려 한 이스라엘 젊은이들을 짓밟지 않으셨다. 그분은 40년을 광야에서 방황하도록 그들을 내버려두셨다.[9] 새로운 세대를 준비하기 시작하셨고 결국 그분의 뜻을 갈망하고 이루기 원하는 사람들을 선택하셨다.

하나님께서는 그분의 은혜와 선하심에 그들의 자발성과 신뢰성과 수용성에 기초하는 인류의 축복을 스스로 제한하시는가? 왜 하나님께서는 옳은 일을 하는 백성을 만들지 않으시는가? 그분은 그분의 선하심으로 죄를 깨닫게 하고 심판을 하시지만, 백성들이 순종하지 않는다 해서, 그들의 뜻을 거스르면서 하나님과 적절히 관계하라고 강요하지 않으신다.

하나님은 성숙한 자녀를 원하신다

하나님은 강요된 노예 상태에 있는 백성이나 노예의 나라를 원하지 않으신다. 하나님은 어떤 선택이나 독창성이 없이 미리 설정된 로봇이나 인조인간을 원하지 않으신다. 그분은 창조적인 사고를 유용하는 양립할 수 있는 피조물, 자신의 독립된 뜻을 가진 자유로운 영혼, 하나님의 뜻을 선택하거나 거절할 특권을 지닌 존재로 자신의 형상과 모양을 닮은 존재를 만드셨다.[10] 그분은 노예가 아닌 자녀를 창조하셨다. 그러므로 종이subjects 아닌 자녀를sons 원하신다. 그분은 인간에게 지적이며 의지에 찬 섬김을 원하신다. 그분의 기쁨은 피고용인과 함께하는 고용인에 있지 않고 자녀들과 함께하는 아버지에게 있다. 그분은 더욱이 그분을 위해 일하는 자녀로서 노동자를 원하지 않고 협력하는 장성한 아들딸을 원하신다.

예수님은 교회를 통치하고 지배하기 원하지 않고 교회와 함께 통치하고 지배하기 원하신다. 그분은 교회가 "그리스도의 장성한 분량이 충만한 데까지" 이르기를 원하신다. 그래서 교회는 그분의 수준까지 감당할 수 있다.[11] 어른은 자녀들의 수준까지 내려가 그들과 교제하지만 아이들은 어른처럼 교제하기 위해 자신을 높일 수 없다. 하나님은 교회를 하늘에 계신 예수 그리스도의 나라로 옮기시기 위해 예수님을 인간의 모습을 하게 하시고 인간의 수준까지 내려오게 하셨다.[12] 그렇지만 교회는 성숙에 이르도록 고양될elevated 수 없다. 성숙에 이르도록 성장해야 한다.

성장은 그리스도가 계신 모든 것에 복종과 기꺼운 참여를 요구한다. 하나님께서는 도덕적으로 자유로우며, 다른 무엇보다 그분을 선택하며 자발적이고 사랑스러운 동료로 협력하는 친구가 되지 않으면 아무것도 받아들이지 않을 것이다. "자녀들은 그들이 선택했기 때문에 사랑한다. 가슴과 가슴으로 그리고 마음과 마음으로의 기쁨은 한 사람이 다른 사람을 소중히 여기기로 자유롭게 선택하는 곳에서만 생겨난다.[13]

그러므로 만약 인간이 자신의 길을 가기로 결정했다면, 하나님께서는 그에게 자신 쪽으로 걸으라고 주권적으로 강요하지 않으신다. 예수님은 이 땅에서 인간을 다루시는 하나님의 성품을 충분히 드러내시고 증명하셨다. 예수께서 완전한 인간이 되신 것처럼 교회 역시 그리스도의 완벽한 인류가 될 수 있다. 완벽한 인간성을 갖춘 인간화 된 교회는 하나님께서 인류를 창조하실 때 마음속에 간직하셨던 최초의 소망과 계획을 충분히 만족시킨다. 인간을 향한 하나님의 첫 임무는 하나님의 형상과 모양대로 인간을 창조하여 이 땅에서 생육하고 번성하게 하는 것이다.

아담은 하나님의 형상대로 창조되었고, 그들의 모양과 형상을 닮은 자녀들을 낳았다.[14] 그러나 아담에게 태어난 자녀들은 본성과 성품에 있어 하나님의 모양대로 자라고 성숙해야 한다. 둘째 아담이신 예수 그리스도에게 태어난 이들은 그분의 유전자DNA를 받았지만, 그리스도의 형상과 모양대로 자라고 성숙해야만 한다.

예수님은 교회를 위해 스스로를 제한하시다

예수님은 그분의 예지를 통해, 신약성경 저자들은 하나님의 영감을 통해, 교회의 대배교를 선언했다. 교회는 자발적으로 자신의 길을 갔고 하나님의 최초의 길에서 떠났다. 예수님은 교회를 기만하고 영적 퇴보로 인도하는 사탄을 결박하시거나 금하지 않으셨다. 더구나 주권적으로 기꺼이 자신의 길을 가는 교회를 막지 않으셨다. 예수님은 교회를 위해 스스로를 제한하셨다. 그분은 성령의 역사하심에, 그분이 규정하신 개혁을 알리는 외침에 대한 백성의 갈망과 받아들임과 응답에 따라 가르치고 행하신다.

맞다. 하나님께서 인간의 변덕과 공상을 내버려두신다고 결론 내리는 것은 잘못이다. 하나님은 여전히 주권자이시다. 비록 내가 '이유'를 충분히 이해하지 못할지라도, 나는 암흑 시대가 그분의 영원한 교회를 정결하게 하고 완전하게 하시는 하나님의 전적인 계획에 따라 진행되는 일부분이라 믿는다.

이집트 그리고 하나님의 사람들

하나님은 아브라함에게 그의 후손들이 하늘의 별과 바다의 모래와 같이 많아져서 가나안 땅에 거주할 것이라고 약속하셨다.[15] 하나님은 그들이 먼저 이집트로 이동하여 그곳에서 400년을 살게 될 것을 말씀하셨다. 그 시간의 대부분을 노예로 살겠지만, 구원의 때가 이르면, 가나안으로 돌아가 그 땅을 소유하게 될 것을 약속하셨다.[16] 하나님은 70

명의 야곱 가족이 수백만의 민족으로 성장하는 장소로 이집트를 선택하셨다. 그들은 거대한 백성이 되기까지 약속된 땅을 정복하거나 완전히 이주할 수 없었다. 이스라엘 백성은 아모리 사람들의 죄가 가득 차기 전까지는 그 땅을 빼앗는 것이 연기되었다.[17] 하나님의 때가 이르렀을 때 그들에게 영원한 심판을 내리시고 기록한 대로 시행하기 위해 이스라엘 백성을 내보내신다.[18]

하나님은 요셉에게 예수를 얼마 동안 이집트로 데리고 가서 헤롯으로부터 보호하라고 말씀하셨다. 그리스도의 교회는 약 천 년의 암흑 시대 동안 죽은 종교인 이집트(이집트의 타락한 종교를 죽은 종교로 표현함 –역자 주)로 내려갔다. 하지만 마치 하나님께서 이집트에서 이스라엘 백성을 구원하시고 그들로부터 아브라함의 유산을 회복하도록 계획하신 것처럼, 하나님께서는 교회를 종교적인(이방신에 대한 신앙심이 깊은 –역자 주) 이집트에서 이끌어내시고 그들을 그리스도 안에서 그들의 최초의 유산을 회복하도록 계획하셨다. 모세와 그의 기적은 하나님의 백성을 이집트에서 약속된 땅으로 인도했다.[19] 그러나 여호수아와 새로운 세대는 그곳을 정복하고 그곳을 유산으로 만들어 하나님의 백성이 거주하는 땅으로 만들었다.[20] 제2 개혁과 회복 사역자들은 하나님의 교회를 종교적인 이집트에서 꺼내어 암흑 시대 때 잃어버린 모든 것을 회복하도록 예정하셨다. 제3의 개혁은 교회가 그들의 유산을 취하며 새로운 땅이 그들의 유산이 되도록 모든 것을 빼앗을 것이다.

예수께서 오실 때의 교회

암흑 시대의 교회에 관한 응답되지 못한 많은 질문이 있다. 그럼에도 불구하고, 명백히 드러나고 완벽하게 밝혀진 한 가지가 있다. 예수께서 다시 오셔서 맞이하실 교회는 암흑 시대의 교회와는 다르다는 것이다. 그분은 배교자이 교회를 위해 오시지 않았다, 예수께서 다시 오실 때까지 교회는 궁핍하거나, 낡거나, 허점 많거나, 형식적이거나, 생명력이 없거나, 미성숙하거나, 덜 떨어지거나, 열의가 없거나, 배교하거나 또 그것을 지속하지도 않을 것이다. 만약 그분이 재림하시기 전에 '대배교'가 일어나기까지 예언적으로 기다려야 한다면, 그분은 더 이상 기다리실 필요가 없다. 암흑 시대의 교회가 그 상황에 놓여 있기 때문이다. 하나님께 감사를 드린다. 그분은 교회에 오시기 위해 어떤 작은 움직임도 없으셨다. 예수님은 1세기 그리스도인들이 순교의 시련을 통과할 때 오시거나 이 땅에서 교회가 휴거되도록 하지 않으셨고, 교회가 믿음에서 멀어져 타락했는데도 교회를 위해 오시지 않았다. 그분에게는 진리를 따라 걸었던 소수의 남은 성도를 승천시킬 수 있는 천 년이 있으셨다. 그러나 그분은 그렇게 하지 않으셨다.

휴거, 현실 도피가 아니다

예수님은 교회를 승천시키기 위해 오실 때, 그들이 모두 신앙을 버리기 전에, 혹은 마귀가 그들의 진영에서 침략하기 전에 하늘에서 성도들을 공수하기 위해 하나님의 헬리콥터는 오지 않을 것이다. 예수께서 오실 때, 전투가 너무 치열해 주님의 군대를 위해서 오시는 것도 아니다. 또한 적그리스도 조직이 교회를 삼켜 버리기 전에 교회를 긴급히 이동시키는 것도 아니다. 퇴각을 돕기 위해서, 혹은 교회를 멸망에서 지키기 위해 긴급한 휴거를 하려는 것도 아니다. 그리스도와의 재회 전에 교회를 급히 이동시키시기 위해 오시는 것도 아니다. 그것은 사탄이 앞문을 깨부수기 전에 '뒷문'으로 탈출하려는 현실 도피가 아니다.

예수님은 협박당하지 않는다

하나님은 이 땅에서 어떤 일이 벌어짐으로 두려워하거나 강압적으로 행동하지 않는다. 예수님은 교회를 순결과 성숙으로 완전하도록 이미 예정하셨고, 돌아오실 때 그분의 형상과 모양에 부합하도록 하셨다. 지옥에 있는 모든 마귀와 이 땅의 반역자 인간은 교회를 세우려는 그분의 사역을 멈추게 할 수 없다. 그분은 살아 있는 모든 돌을 제자리에 두시고 만족스러운 건축을 완성하기까지 교회를 빼앗으려는 '우리의 형제들을 참소하는 자'들로부터 위협받거나 협박받지 않는다(계 5:9-10). 그분은 교회가 '회복의 때'를 통과하기 전까지 문자적으로 교회를 위해 오시지 않는다(행 10:9-16).

교회(신부)는 천 년 이상 성장이 지체되었고 제한되었다. 예수님은 이제 제2 교회개혁을 시작하심으로 교회의 완전한 회복을 가져올 과정을 시작하실 것이다.

이제 그분께서 제2 개혁을 시작하셨으니 성령을 뒤따라가자. 그것은 대략 500년간 지속될 것이다. 그곳에는 완전한 그리스도의 몸의 회복을 가져오기에 필요한 수많은 회복 운동을 예비할 많은 부흥과 갱신의 때가 있을 것이다. 충분한 회복이 일어날 때, 마지막 제3 교회개혁은 시작될 것이다. 그것은 인류와 교회와 이 지구를 위한 하나님의 궁극적인 목적을 드러내고 성취할 것이다. 하늘과 이 땅의 만물은 예수 그리스도와 그분의 몸인 교회를 완성할 것이다. 마지막 교회개혁에 참여하기 위해 이해하고 준비하는 것보다 더 중요한 것은 없다. 그러나 우리는 제2 교회개혁 동안 회복될 모든 진리를 우리 삶에서 이해하고 구체화시켜야만 한다.

주

1. '아포스타시아'를 찾아보라. http://www.studylight.org/lex/g가/view.cgi?number=646

2. 요한계시록 13장 8절; 에베소서 1장 4절

3. 이사야 55장 8-9절

4. 히브리서 13장 8절

5. 베드로후서 3장 8절

6. 《영원한 교회》, 112쪽

7. 시편 139편 15-16절

8. 창세기 5장 3절

9. 민수기 14장 30-38절

10. 창세기 1장 26-28절

11. 에베소서 4장 11-15절

12. 갈라디아서 4장 4-5절; 에베소서 1장 20절

13. 존 L. 샌포드, 《엘리야의 임무》(Plainfield, New Jersey: Logos Intentional, 1977년), 108쪽

14. 창세기 5장 3절

15. 창세기 12장 1-3절

16. 창세기 15장 13-14절

17. 창세기 15장 16절

18. 시편 149편 6-9절

19. 출애굽기 12-15장

20. 여호수아 10장 40-43절, 12장 7-24절

PROPHETIC SCRIPTURES YET TO BE FULFILLED

제2 교회개혁을 위한 준비

제2 개혁을 위한 하나님의 목적

제2 교회개혁을 위한 하나님의 목적은 교회를 종교적인 이집트 속박의 암흑 시대에서 건져내며, 모든 것이 마지막 제3 개혁을 시작하기 위해 신의 질서 안에 있기까지 완전한 회복의 여정을 떠나도록 하는 것이다.

준비를 위한 물적, 인적 요소와 과정

이 땅에 성취되어야만 하는 하나님의 주된 목적의 때가 되었을 때, 그분은 확실한 일을 행하도록 성령께 명하신다. 그분은 확실한 지역에서 준비하기 시작한다. 성령은 필요한 과정을 알고 계신다. 그분은 하나님의 계획이 영존하도록 인적, 물적 요소와 장소를 준비하신다. 주님은 그때 다양한 방법과 수단으로 그분의 목적을 한층 더 이룰 수 있는 운동을 일으키도록 말씀과 사역으로 사람을 양육하신다.

이스라엘, 이집트를 탈출하다. 교회, 암흑 시대를 탈출하다

하나님의 때와 목적이 이집트의 속박에서 이스라엘 백성을 구원하기 시작했을 때, 그분은 이전 단락에서 열거된 모든 과정을 사용하셨다. 하나님은 모세를 선택하셨다. 하나님께서 소망한 결과를 얻기 위해 사용하신 놀랄 만한 그분의 작품은 이집트의 심판이었다. 하나님의 목적은 단지 그들을 이집트에서 벗어나게 하려는 것이 아니라 확실한 장소인 가나안으로 그들을 인도하는 것이었다.[1] (하나님만이 여정의 때와 그들이 소유할 약속된 장소를 알고 계셨다.) 모세가 전능하신 하나님께서 이스라엘 백성의 대이동을 행하신다고 백성들에게 선포했을 때, 예수님이 강에서 세례를 받으실 때 일어난 것처럼 이스라엘 백성에게도 같은 일이 일어났다. 운동이 소망하는 결과를 낳기 위해서는 시험의 때를 통과해야 하고 일이 더욱 악화되어 발생하는 것을 경험한다.

구원을 위한 위대한 요구

암흑 시대 천 년 동안, 하나님의 교회는 전체주의의 종교적 시스템에 속박되어 있었다. 성도들은 마치 성자들의 유품遺品을 사거나 고행을 하듯 종교적 관례와 죽은 교리의 노예가 되었다. 거기에는 시민들이 볼 수 있는 어떤 성경도 없었기에 성직자들이 그들에게 강요하는 것이 하나님 말씀의 진리에 따른 것인지를 알 수 없었다. 그들은 노예 이스라엘이 주인의 처분에 달린 것처럼 성직자의 처분에 달린 자들이었다. 교회 일원들은 금욕주의 채찍을 맞아야 했고, 감금당한 채 수도원으로 던져졌고, 연옥 불에서 고문을 당해야 했고, 분노하시는 하나님의 영원한 심판에 두려움으로 살아야만 했다. 암흑 시대에 생긴 교회 체계는 모든 인간에 대한 하늘의 문을 열고 닫을 수 있는 권력을 소유하고자 했다. 그곳에는 은혜와 용서와 평화보다는 비난과 이교도와 미신이 난무했다.

교회는 이스라엘 아이들이 신체적 속박에 시달렸듯이 정신적 속박에 시달렸다. 성령은 현대판 모세를 양육하기 시작하셨다. 교회와 제1 개혁이 생기기 1500년 전에, 하나님께서는 모세를 이스라엘이 "이집트를 탈출하여, 가나안 땅으로 이동"하라는 말씀을 지닌 사람으로 양육하셨다. 교회와 제1 개혁이 생기기 1500년 후에, 마르틴 루터는 암흑 시대에서 교회를 꺼내어 제2 교회개혁을 시작하라는 말씀을 받고 전했다.

세계를 향한 르네상스 – 교회를 향한 개혁

르네상스는 제2 교회개혁이 가져올 대변화를 위해 세계를 준비시켰다. 그것은 유럽인들을 문학과 예술, 과학에 새로운 관심을 갖도록 일깨웠다. 이 새로운 지식은 그들 내면을 흔들어 마음과 양심에서 무지와 미신, 종교적 지배에서 떠날 수 있는 갈망을 갖게 했다. 계몽과 학문의 부흥은 교회의 개혁가를 탄생시키고 새로운 세계를 갈망하는 탐험가가 생겨나는데 이바지했다. 1492년에 콜럼부스는 아메리카를 발견했는데, 제2 교회개혁이 시작된 1517년의 25년 전이다. 아메리카는 제2 개혁이 일어날 수 있는 회복 운동이 탄생한 지역으로 준비되었다. 새로운 장소와 물품들이 혁명적 대개혁을 위한 하나님의 목적을 수행하기 위해 준비되었다.

교회를 향한 하나님의 목적으로 기인한 역사적 결과들

하나님의 전망과 목적 안에서 역사는—르네상스, 새로운 민족의 발견, 발명, 민족의 흥망성쇠—교회 주위를 둘러싸고 진행된다. 교회는 하나님의 모든 관심과 활동의 중심이다.

그러므로 오직 교회만이 역사의 열쇠이며 의미다. 그래서 역사는 교회의 보조적인 역할을 하는 것이며 세계의 민족은 단지 하나님께서 교회의 목적을 위해 조정하시는 꼭두각시일 뿐이다(행 17:36). 창조는 어떤 다른 목적이 없다. 역사 또한 어떤 다른 목적이 없다.[2]

인쇄기

1456년에 요한네스 구텐베르크는 인쇄기를 발명했다. 제2 개혁을 시작하기 꼭 61년 전이다. 인쇄기는 세계의 르네상스와 교회개혁을 준비하고 선전하는 데 유용했다. 인쇄기 이전에 책들은 손으로 빠르게 필사되어 유포되었고 성경을 구입하려면 노동자의 일 년 치 임금을 지불해야 했다. 구텐베르크가 인쇄한 첫 번째 책이 성경이라는 사실은 시간에 대한 갈망을 보여 주는 의미심장한 일이다. 인쇄는 많은 사람들이 성경을 볼 수 있도록 했고, 유럽의 모든 언어로 번역되어 유통되었다. 인쇄는 개혁을 위해 준비된 길이었다. 모국어로 신약성경을 읽는 사람들은 교황의 교회가 신약성경의 정신과는 거리가 멀다고 느끼기 시작했다. 이 혁명적 발명품은 개혁가들이 재빠르게 많은 전단지와 책을 생산하도록 만들어 제2 개혁의 진리를 보급시키는 데 혁혁한 공을 세웠다.

추수를 위한 준비

개혁의 신적 원리는 하나님께서 파종과 추수의 자연적 원리로 세워 놓으신 방법과 동일하게 작용한다. 나는 오클라호마에서 1934년부터 1951년까지 농지가 300에이커(1,213,800㎡, 약 3700평)나 되는 농장에서 자랐다. 주 작목은 옥수수, 목화, 땅콩이었다.

씨를 심기 전에 밭을 준비해야 한다. 먼저 발 깊이만큼 땅을 파고, 기름지게 하기 위해 갈아엎는다. 그리고 원판 갈퀴로 흙덩어리를 깨부수면서 땅을 평탄하게 고른다. 밭고랑을 8인치 깊이의 직선 줄로 간 다음 이 줄 안으로 소형 트랙터를 몰고 가서 씨를 심는다. 옥수수 씨가 움이 터서 발 높이만큼 자라면 옥수수 대 주위에 3인치 정도의 흙을 북돋아 준다.

여기에는 두 가지 목적이 있다. 옥수수 대가 튼튼하게 가지를 붙들어 주며, 옥수수를 자라지 못하게 하고 수확을 감소시키는 잡초를 제거하는 것이다. 이것은 수확할 수 있을 만큼 키가 자랄 때까지 두 번 혹은 세 번 반복된다. 수확 때까지 할 수 있는 것은 기다리는 것이다. 적기에 추수해야만 가장 풍성한 수확을 걷을 수 있다. 수확한 옥수수는 현금으로 매매되고, 일부는 동물의 사료로 헛간에 저장된다. 대개혁 운동의 추수를 위해 땅에서도 동일한 준비가 수행된다.

선구자

제2 교회개혁의 선구자들인 몇몇의 개혁가들men과 운동들

movements이 있었다. 몇몇의 사람들은 개혁의 때까지 12세기 이래로 교회를 바꾸려 했다. 여러 시도들은 교회가 사람들에게 부과했던 속박을 풀었다. 교회 내부의 외침은 억압되었고 교회는 모호한 장소로 전락했다. 국교國敎에서 벗어나려 했던 개혁가들은 진압당한 후, 몇몇은 유혈 진압으로 전멸했다. 이들 개혁가들과 운동들이 제2 개혁의 추수를 위해 예비된 땅에 씨앗을 심었다. 어떤 이들은 그것이 자랄 때 물을 주었고 회복 기간 동안 사람들은 추수꾼이 되었다. 나는 심었고 아볼로는 물을 주었으되 오직 하나님께서 자라나게 하셨느니라.[3]

많은 개혁가men가 그들의 계시와 설교가 이뤄지는 것을 보지 못했다. 그것들이 특별히 그들이 살던 시대보다 앞서 있었다면 가능했겠지만 말이다. 사도 바울이 그런 사람이다. 죽음의 가시와 죽을 수밖에 없는 운명을 극복한 교회에 관한 비전은 결국 그의 죽음 이후에 가능했다. 그는 주님께 받은 약속을 우리에게 주었다.[4] 옛 족장들은 "믿음을 따라 죽었으며 약속을 받지 못하였으되," 예언된 메시아를 약속받았다.[5] 마찬가지로, 바울은 육체의 불멸을 믿으면서 신앙으로 죽었지만, 대신 그는 씨앗을 심는 이가 되었고 교회 구원의 날을 가져오는 선구자가 되었다. 바울은 자신을 "만삭되지 못하여 난 자"라고 말했다.[6] 비록 그가 영적 통찰력을 가지고 있었음에도, 그리스도가 부활하시고 이 땅에서 떠나실 때까지 하나님으로부터 태어나지 못했고, 주님께서 재림하시는 것을 볼 수 있기까지 사는 특권을 부여받지 못했다.

하나님은 계획하신 것을 수년 내에 실행하실지, 그것의 성취를 위해 인간이 감당해야 할 부분이 무엇인지를 결정하시는 유일한 분이다. 우리의 책임은 그분이 주신 계시를 따라 걷는 것이며, 지금 여기에 진리

를 확립하며, 우리 세대에 하나님의 뜻을 이루는 것이다.[7]

위대한 개혁의 선구자는 그들이 주님께 받은 계시와 능력과 권위를 가지고 최선을 다한다. 많은 예비 운동이 있었지만 우리는 단지 주요 운동 중의 몇 가지만 언급하려 한다.

300년 동안의 예비 운동

알비파Albigenses 운동 ― 12세기

12세기 알비파 운동은 남부 프랑스에서 두드러지게 성장했다. 참가 자들은 전통의 권위를 부정했다. 알비파 운동은 신약성경을 유포했고, 교회의 연옥 교리, 성상聖像숭배, 사제 권한을 반대했다. 그들은 독특한 교리를 고집했고, 구약성경을 반대했다. 이 강도의 굴혈을 쓸어버리기 위해 교황 인노켄티우스 3세는 그들을 '이단'으로 단죄하고 알비파에 대한 십자군 원정을 명령했다. 그들은 그 지역에 내려진 대학살로 멸했는데 알비파뿐 아니라 천주교인까지 죽었다.[8]

왈도파 운동 ― 12세기 후반

리용의 부유한 상인이었던 피터 왈도는 생명의 덧없음에 관심이 많았고 사제의 상담을 받곤 했다. 사제는 그가 가진 것을 팔아 가난한 자에게 나누어 줄 것을 제의했고, 1177년에 그는 그렇게 했다. 그는 성경에 관심을 두었고, 그리스도께서 보여 주신 모범을 따르기로 결심했다. 그의 추종자들은 스스로를 '리용의 가난한 사람들'이라고 불렀다. 그들은 수수한 옷차림으로 설교했고, 성경을 배포했으며, 사람들에게

1세기 사도 교회를 따를 것을 권하며 순회했다. 그들은 미사의 유용성과 연옥의 실체를 반대했다. 도나투스파의 삶(침례교 신앙과 비슷하며 교회와 국가의 분리, 세례에 의한 중생을 교회 신앙으로 강조함)을 되살리려 했고 경건한 인생관을 옹호했다. 1184년 교황에 의해 이단으로 정죄당했다. 그들은 프랑스를 떠나 네덜란드, 독일, 보헤미아와 스페인과 이탈리아까지 퍼져 나갔다.[9]

존 위클리프 운동 — 1330~1384년

존 위클리프는 영국에서 태어나고 자랐다. 그는 신학박사 학위를 받았고 아우구스티누스 작품에서 큰 영향을 받았다. 그는 개혁의 새벽 이전에 가장 빛나는 새벽별이었다. 옥스퍼드의 가장 뛰어난 교수로 존경받은 위클리프는 영국에 순복음pure Gospel이라는 새로운 선언을 했고, 성경을 유일한 진리의 원천으로 알렸다. 교회의 머리는 교황이 아닌 그리스도라고 선언함으로 그는 교황무오설과 공회를 반대했고, 교황의 법령 혹은 선언은 단지 그것이 성경과 조화를 이룰 때만 권위를 갖는다고 주장했다. 성직자는 양떼의 주인이 아니라 백성을 섬기고 돕는 자였다. 그는 탁발 수도사들과 수도원 생활을 공격했다. 성찬식을 상징의 관점에서 '화체설'(미사용 빵과 포도주가 그리스도의 몸과 피로 변하는 것) 교리에 반대하는 글을 썼다. 교회 예배가 신약성경에 따라 더욱 간소화 될 것을 촉구했다.

그의 가장 위대한 업적은 성경을 불가타, 라틴어 역譯, 영어로 번역한 것이고 그가 죽은 1382년 출판되었다. 그의 추종자들은 롤라드파Lollards라 불렸고 큰 무리를 이루었다. 위클리프가 교회로부터 이단

판정을 받자 추종자들은 심한 박해를 받았고 사실상 와해되었다. 위클리프의 힘이 넘치고 영향력 있는 설교와 그의 번역은 추수 때가 가까워진 회복이라는 작물을 불러왔다. 그는 곧 회복이라는 이름으로 탄생하게 될 '자궁 안 아기'인 조직 교회에 새로운 생명을 불어 넣었고, 머지않아 암흑 시대의 교회의 몸이 스스로 숨쉬고 살게 될 것이다.[10]

존 후스(John Huss, 1372~1415) 운동

위클리프는 영국에서 존 후스는 보헤미아 교회개혁의 소리가 되었다. 그는 프라하 대학에서 학사와 석사 학위를 받았다. 1398년에 프라하 대학에서 신학 강의를 했다. 그는 1401년에 사제 안수를 받았고, 다음 해에 프라하 대학 학장이 되었다. 존 후스는 위클리프의 가르침을 믿었고 설교했다. 그의 주장은 교회를On the Church 그리스도의 몸 Body of Christ으로, 그리스도께서 교회의 유일한 머리되심이다. 비록 그가 성직자의 전통적 권위를 옹호했을지라도, 그는 유일하신 하나님만이 죄를 사하신다고 가르쳤다. 세계를 지배하던 로마 가톨릭교회의 성직자들은 그를 이단자로, 그의 가르침을 이단으로 낙인찍었다. 그리고 그는 콘스탄츠 공의회에 출석하라는 소환을 받게 된다.

그는 소환에 응했고 안전을 보장한다는 약속을 보헤미아의 왕 벤체슬라스와 지기스문트 황제와 교황으로부터 직접 받았다. 하지만 그 약속은 "믿음은 이교도를 지켜주지 않는다"라는 이론에 따라 지켜지지 않았다. 그는 소명할 기회도 얻지 못하고 화형당했다. 하지만 그의 영웅적인 죽음은 체코 국민들에게 국민적 감정을 불러 일으켰고, 그들은 보헤미아에 후스파Hussite 교회를 세웠고, 1620년 합스부르크가家가 보헤미아를 정복하고 다시 로마 가톨릭교회를 세울 때까지 유지되었다.

존 후스가 화형에 처해지기 전에 개혁의 도래에 관한 아주 유명한 전설 하나가 전해진다. "당신은 지금 거위(후스는 보헤미아어로 거위를 의미) 한 마리를 굽지만, 백 년이 지나면 굽거나 태울 수 없는 백조 한 마리가 생겨날 것이다. 이 노래를 들은 사람들은 하나님께서 살도록 허락하실 것이다."[11]

지롤라모 사보나롤라(Girolamo Savonarola, 1452. 9. 21~1498. 5. 23)

사보나롤라는 이탈리아에서 개혁의 소리를 높였다. 그는 성경에서 어떤 계시도 받지 못했지만 하원과 정부, 성직자와 교황청의 죄와 타락을 비난하는 설교를 했다. 그는 이탈리아의 미래 발전에 관한 몇 가지 예언을 했다. 그의 설교의 결과물로 특별히 흥미로운 기록 하나가 있다. 1496년 플로렌스 사육제 기간에, '허영의 소각'이라는 영감을 받았는데 그는 사람들 앞에서 큰 모닥불을 피워 놓고 화장품, 가발, 선정적인 책과 도박 기구를 불태웠다. 다른 개혁가들과 마찬가지로 그도 비슷한 운명으로 고통받았는데 그는 교황의 권위와 교회 암흑 시대의 비성경적인 교리와 예배의식에 도전하였다.

변화하는 세상

1453년 모하메드가 콘스탄티노플을 멸망시킨 것과 같은 제2 개혁의 탄생에 필요한 준비를 위해 다양한 많은 공헌이 있었다. 대부분의 역사가들은 중세와 근대를 나누는 지점으로 이 사건을 꼽는다. 전 세계는 혁명적 변화와 새로운 세계로 나아가야 했다. 인쇄물은 거대한 무지의 종말을 고했다. 화약은 칼의 사용을 끝냈고 전쟁의 전략을 송두리째 바꿔 버렸다. 나침반은 미지의 땅과 바다에 관한 인간의 제한된 지식에 종말을 고했다. 인간은 세상이 평평하지 않고 둥글다는 것을 재발견했다. 세상 끝 낭떠러지의 두려움이 사라지자, 사람들은 지구를 탐험하기 시작했다. 또한 지구, 과학, 종교, 정부에 관한 새로운 이해를 배우고 얻기 위해 노력했다. 인간은 느리게 그러나 착실하게 중세 암흑 시대의 그림자 밖으로 걸어 나와 새로운 근대의 세계 빛 속으로 걷기 시작했다.

종말론의 혼란

신학자들은 종말론(마지막 날 발생할 사건에 관한 교리)에 관해 어찌할 바를 모른다. 그들은 마지막 날에 관한 성경적 가르침의 빛 가운데서 무슨 일이 발생할지 해석하는 방법을 알지 못한다. 또한 10세기의 신학자들과 사람들처럼 동일한 실수를 범하기 원치 않는다. 많은 사람들은 천 년 안에 세상의 종말이 오리라고 확신했다. 그들이 성경을 이해하는 선에서 보면, 마지막 날의 예언은 실현되거나 실현 중이어야만 했다. 그 믿음에서 대배교가 있었다. 마치 이슬람이 세상을 지배하거나 적그리스도의 세상이 되는 것처럼 보였다. 전쟁과 전쟁의 소문이 있었다.

10세기의 사람들은 성경이 무언가를 말하고 있다고 생각했고, 그것은 천 년 안에 종말이 온다는 것을 의미했다. 이것을 '밀레니엄'이라고 불렀는데 라틴어로 천 년을 의미한다.

몇몇 사람들은 세상의 종말을 기뻐했다. 그들은 너무 가난하고 비참하고 불행해서 하늘로 가기를 열망했다. 특별히, 그들은 선하게 살려고 노력했고 하늘에 자신들의 집을 예비하기 위해 모든 것을 다했다.

다른 사람들은 세상의 종말이 오는 것을 그렇게 열망하지 않았다. 그러나 그들은 만약 종말이 곧 온다면, 기회가 있을 때 할 수 있는 세상의 모든 즐거움을 누리는 편이 좋다고 생각했다.

천 년은 왔고 아무 일도 일어나지 않았다. 어떤 변화도 없었고, 사람들은 그들이 설명할 수 없는 어떤 이유로 종말은 연기되었다고 생각했다.[12]

첫 회복의 도래

첫 천 년의 그리스도인들은 주님의 오심이 마치 현대의 많은 그리스도인이 둘째 천 년의 끝이 오기 전에 주님이 오실 거라고 확신하듯이 천 년 어간에 일어날 것이라고 확신했다. (교회는 주후 30년에 탄생했다. 교회의 둘째 천 년은 주후 2030년에 끝난다.) 15세기의 사람들은 세상이 막 개벽하려는 것을 알지 못했다.

교회의 혁명적 제2 개혁은 세상에 막 나타나기 시작했다. 제2 개혁을 향한 하나님의 최초 목적은 사도행전 3장 21절을 실현시키는 것이다. 사도 베드로는 예수님의 재림은 교회가 '회복의 때'를 통과하기까지 일어날 수 없다고 선언했다. 사도 바울은 후에 오중 사역자들의 진리와 사역의 회복은 교회가 그리스도의 성숙과 사역을 마칠 때까지 감당해야만 한다고 선언했다.[13] 하나님의 모든 것이 되려는 교회는 그것이 또 다른 500년이 걸려 끝날지라도, 걸리는 시간보다는 예수님을 위한 도구가 되기를 더욱 원한다.

이제 우리는 하나님께서 마지막 제3 교회개혁을 준비하시는 곳에 그리스도의 몸과 협력하려는 수많은 지체를 부르기 위해 사용하시는 사람들과 운동들, 도구들과 사역들, 회복된 진리를 결단하려는 교회 회복 운동으로 나아가자.

주

1. 신명기 6장 23절
2. 폴 빌하이머, 《보좌를 예비하심》(Minneapolis, MN: Bethany House, 1966년)
3. 고린도전서 3장 6절
4. 고린도전서 15장 51-57절; 데살로니가전서 4장 14-17절
5. 히브리서 11장 13-16절
6. 고린도전서 15장 8절
7. 사도행전 13장 36절
8. 《영원한 교회》, 124쪽
9. 같은 책
10. 같은 책
11. 데이비드 휴버트 박사, 《교회 회복의 요약된 연구》 Chilliwack, BC, 캐나다
12. V. M. 힐리어와 E. G. 휴이, 《중세 세계》(New York, NY:Meredith Press, 1966년), 54쪽
13. 에베소서 4장 11-16절

6

PROPHETIC SCRIPTURES YET TO BE FULFILLED

계시와 회복

신의 목적

제2 개혁을 향한 하나님의 목적은 교회가 예언된 '회복의 때'를 활성화하는 것이다. 그것은 구약의 예언자들에 의해 예언되었고 베드로에 의해 사도적使徒的으로 선포되었다.[1]

예수님은 완전한 회복이 이루어질 때까지 하늘에 계신다(행 3:19~25)

요한복음 3장 16절은 그리스도인들의 구원에 관한 핵심 본문이듯이 이 말씀은 이 담론의 핵심이며 회복을 위한 중요한 본문이다. 성경의 수많은 본문보다 주어진 이 본문을 깊이 연구하는 것이 유용하다. 나는 50년 동안 교회 회복을 가르치기 위해 사도행전 3장 19~21절을 사용해 왔다. 그럼에도 불구하고 이 말씀으로 글쓰기 전에, 특별한 이 성경 본문은 철저한 재심사를 거쳐야 했다. 어원적으로 더 적절한 단어

용법을 결정해야 했고, 신학적으로 다른 신학자들의 생각을 평가해야 했고, 해석학적으로 헬라어 원 의미를 끌어와야 했다. 그리고 성경 전체를 원칙적으로 주어진 해석이 완전하신 하나님 말씀의 가르침과 분명히 일치하는지를 확인했다. 이 말씀에 해석학적 성경 이론들을 모두 적용한 후, 나는 교회 회복에 이 본문을 적용한 것이 하나님의 명령이라는 확신을 갖게 되었다.

새 길과 새 날

19절에서 베드로는 유대인들에게 회개하고 돌아와서, 죄 씻음을 받으라고 말한다. 왜냐하면 그들은 하나님의 약속된 구세주이신 '생명의 주' 를[2] 십자가에 못 박아 죽였기 때문이다. 하나님의 선민 대부분은 메시아의 오심이 성취되었음을 받아들이지 않음으로 "그들을 방문하신 날"을 놓쳐 버렸다.[3] 제1 교회개혁은 새 날과 새 길을 확립했다.[4] 하나님의 자녀가 되는 것은 유대인을 조상으로 둔 후손이 되는 것이 아니라 예수 그리스도를 믿음으로 누구나 하나님의 자녀가 되는 것이다. 이제 "유대인이나 이방인이나 모두" 구세주가 필요한 죄인들이다.[5] 이제 모든 사람은 회개하고 돌아와야 한다. 베드로는 만약 그들이 회개하고 돌아온다면, 하나님께서 구원을 위해 보내주신 구세주 예수님을 영접함으로 하나님의 자녀가 될 수 있다고 선포했다. 회개의 말씀을 경청한 유대인들은 돌아왔고 그리스도의 몸과 연합한 교회의 구성원이 되었다.

예언의 적용

대부분의 예언의 말씀은 두 가지로 적용한다. 육적으로 영적으로, 개인과 공동체. 예언의 말씀은 육적 이스라엘, 메시아, 교회에 적용할 수 있으며 해석학적 성경 원리를 부정하게 적용해서는 안 된다. 그것은 이스라엘의 육적 성취, 예수님 안에서 개인의 성취, 교회 안에서 협력하는 영적 성취로 적용할 수 있다.

예를 들어, 호세아 11장 1절을 연구해 보자. "이스라엘이 어렸을 때에 내가 사랑하여 내 아들을 애굽에서 불러냈거늘." 성경 본문은 명확히 예언이 하나님께서 이스라엘을 이집트에서 인도하신 그때를 말하고 있음을 보여 준다. 그분은 사랑으로 이집트의 압제와 노예에서 건져내셨다. 그러나 마태는 그의 책에서(마 2:15) 이 본문은 메시아 예수 개인에게 해당된 본문임을 증명하려고 이 성경 구절을 골라냈다. 바리새인과 사두개파 사람들은 마태가 문맥을 벗어난 성경을 취했다고 논쟁할 수도 있다. 이것이 이스라엘 민족에 대해 말하는 것이 분명하다면 예수가 메시아였음을 증명하기 위해 마태는 어떻게 그것을 사용할 수 있는가? 모순되게 보일지 모르지만, 성령은 호세아에게 이스라엘과 관련해서 이것을 예언하라고 영감을 주었고 마찬가지로 마태에게도 예수님께 적용하라고 영감을 주었다.

같은 방법으로, 호세아 11장 1절은 개인적으로 예수께서 사랑하시고 사탄의 압제에서 시달리는 이집트 땅에서 불러내신 죄인들에게 적용할 수 있다. 그것은 또한 공동의 교회에 적용할 수 있는데 교회는 하나님의 모든 자녀들로 구성된다. 제2 개혁 초기에, 하나님은 암흑 시대 때 종교적 노예와 죽은 행실로 살았던 이집트에서 교회를 불러내셨다.

그분의 부르심은 교회의 목적인 궁극적인 회복으로 떠나도록 했듯이 종교적인 이집트에서 교회를 불러내셨다.

하나님의 새 인종, 새 민족 – 교회

오늘날 그리스도인들은 어떤 예언의 성취보다 교회와 관련된 예언의 성취에 더욱 자극되어야만 한다. 교회는 최고의 왕국이며, 가장 큰 특권을 가진 백성들이며, 하나님의 영원한 우주에서 가장 위대한 인종이다. 그리스도인이 된 유대인들조차 하나님의 견지에서 더 이상 하나님의 선민이 아닌 하나님의 자녀이고 그리스도의 몸 된 지체다. "유대인이나 이방인이나 다 그리스도 안에서 하나이니라."[6]

그리스도의 재림에 관한 성경의 기준

세대주의자들은 교회에서 어떠한 예언도 예수님의 초림과 재림 사이에 성취되지 않는다고 본다. 그들은 교회의 상황은 고려하지 않고 그리스도의 임박한 재림만을 믿는다. 주님의 오심에 관한 그들의 판단 기준은 세상의 사건들과 이스라엘 국가다. 더욱이 예수 그리스도의 재림에 관한 가장 으뜸가는 위대한 판단 기준은 그것이 교회 안에서 발생한다는 것이다. 그분은 교회를 위해서 오시지만 성경 본문은 교회가 '위대한 회복의 기간' 이 성취되기까지until 하늘은 그리스도를 놓아주지 않는다고 말한다. 베드로가 사도행전 3장 19절에서 교회에 몇 가지 회복된 진리가 찾아 올 것임을 암시한 복구 혹은 회복의 '때' 를 선포한 것에 주목하라. 예수님은 그분의 교회(영적 왕국)가 충분히 세워지고 완전해지기까지 문자 그대로 그분의 나라를 세우기 위해 하늘에서 이 땅으로 오시도록 놓임을 받지 않으신다.

사도행전 3장 21절의 여러 번역을 살펴보자.

킹 제임스King James : 하나님께서 세상이 시작된 이래로 자신의 모든 거룩한 예언자들의 입을 통하여 말씀하신 때 곧 모든 것을 회복하시는 때까지는 하늘이 반드시 그분을 받아들여야 하리라.

리빙 바이블The Living Bible : 옛적부터 예언하였듯이 죄로부터 만물이 최후의 회복까지 그분은 반드시 하늘에 남아야 한다.

모펫Moffatt : 그리스도는 위대한 회복 때까지 하늘에 붙들어 두어야 한다. 오래전부터 하나님께서 이것을 거룩한 예언자들의 입을 통해 말씀하셨다.

엠플리파이드Amplified : 오래전부터(인간이 기억하는 가장 옛적부터) 그의 거룩한 예언자들의 입을 통해 하나님께서 말씀하신 완전한 회복 때까지 하늘은 그분을 받아 들여야만 한다(계속 유지시켜야만 한다).

교회 회복 때까지

핵심 단어 때까지until 혹은 까지till에 주목하라. "하늘은 예수를 ~ 때까지until 받아들이고receive, 붙들어 두고keep, 계속 유지시켜야 retain만 한다." "성령의 약속은 ~ 때까지 우리의 상속 유업의 보증이 되사Which is the earnest of our inheritance until~"[7] "예수께서는 ~

때까지 아버지 오른편에 앉아 계셔야만 한다Jesus must remain seated at the right hand of the Father until~." 이 말씀들과 다른 성경 말씀들은 다른 일들이 드러나거나 성취되기까지 분명한 일은 일어날 수 없다는 것을 보여 준다. 여기서 강조하는 핵심은 교회가 성경적으로 순수와 성숙의 상태에 도달하기까지 그리고 예정된 교회의 목적을 이루기까지 예수님이 교회를 스스로 받으시기 위해 하늘로부터 재림할 수 없다는 것이다. 성령은 지난 마지막 500년간 교회의 진리 너머에 진리를 회복시켜 왔다. 교회는 이제 교회를 향한 하나님의 세 번째 목적을 이루기 위한 충분한 진리와 성숙을 얻었고 그것은 마지막 제3 교회개혁 동안 성취될 것이다.

회복되는 만물은 무엇인가

하나님께서 예언자들의 입을 통해 말씀하신 그것이라고 한정한 만물은 중요한 단어다. 하나님의 책 어디를 보아도 사악한 자, 타락한 천사, 혹은 사탄 스스로의 회심과 회복에 관한 언급이나 예언은 보이지 않는다. 성경은 회복될 교회와 회복될 이스라엘, 회복될 이 땅에 관해 말한다. 하나님께 다시 회복될 사탄, 타락한 천사, 마귀, 죽은 악한 이의 영혼에 관한 언급은 어디에도 없다.[8]

다음은 내가 읽었던 주석 중에서 사도행전 3장 21절의 가장 좋은 주해라고 느낀 것이다. "하늘이 반드시 그분을 받아들여야 하리라Whom the heaven must receive." '받아들이고receive, 붙들어 두어야keep만 한다' 는 이 말은 충분한 설득력을 갖는다. "모든 것을 회복하시는 때까지는until the times of restitution of all things." 이 '때times' 는 '시기seasons'와는 구별되어 더욱 영구한 것으로 보인다. 이것은 신약성경에서 '회복'으로 번역된 유일한 구절이다. 어원학적으로 단순한 완성이나 실현보다는 오히려 초기의 보다 나은 상태로의 회복 사상을 뜻하는데, 그것은 근접 문맥(immediate context, 문장과 문단의 흐름과 관계하여 해석하는 것을 말한다. 이에 반하여 원접 문맥(remote context)은 전체의 내용을 보고 해석하는 것을 말한다. −역자 주)에서 어느 정도 암시하고 있다.

베드로후서 3장 13절 "새로운 하늘과 새로운 땅"—그들이 행함에 따라, 참 질서로의 모든 사물의 회복을 포함하여—에서 하나의 흥미로운 유사점이 발견된다. 모든 인류의 최후 구원을 포함할 필요는 없지만 그것은 '의로움'과 '죄'가 없는 것이 구원받고 새롭게 창조된 세계를 지배하게 된다는 하나의 상태를 제공한다. 그리고 이러한 생각은 지혜와 신성함의 성장 가능성과 회개와 개종의 가능성과 기독교 세계가 너무 자주 만족해 온 세계가 아닌 보이지 않는 세계에 대한 광범위한 시야를 제공한다. 이 단어와 상응하는 동사가 다음 문장에 나온다. "엘리야를 진정 먼저 보낼 것이다. 그리고 만물을 회복할 것이다Elijah truly shall come first, and restore all things."[9]

예수님은 세례 요한이 엘리야의 영으로 온 사람이라고 하셨다.[10] 그는 예수님의 오심과 제1 개혁의 길을 회복하고 준비하기 위해 사용된 도구였다. 교회는 강한 능력과 엘리야의 영이 역사하여, 모든 거룩한 예언자의 입을 통해 전해진 만물을 회복하는 도구가 될 것이며, 세계가 시작된 이래로, 하늘의 놓임을 받고 그리스도의 다시 오심과 제3 개혁이 시작될 것이다.

교회, 국가 그리고 이스라엘에 대한 예언

나는 이스라엘과 세계 상황과 관련된 예언자가 아닌 교회와 관련된 예언자로 부름받았다. 유대인이나 이스라엘 또는 유대인의 성전과 관련하여 하나님의 영원한 계획의 특별한 계시를 받지 않았다. 나는 로마서를 신학대학에서 4년간 가르쳤는데 특별히 이스라엘의 선택과 거절, 회복을 보여 주는 9장, 10장, 11장을 강조했다. 사도행전 3장 19~21절은 분명히 하나님께서 선택하신 이스라엘과 관련한 역사적 성취를 나타내고 있다. 예를 들어, 하나님께서 이스라엘과 그들의 민족을 와해시키시고 백성을 흩으신 후에 그들의 땅으로 다시 불러 고유한 정체성을 가진 나라가 되도록 하실 것을 약속하셨다. 이것은 1948년에 그 땅이 이스라엘의 것으로 지정됨으로 역사적으로 성취되었다. '육적' 이스라엘과 유대인들은 예언자들이 그들이 되고 소유하게 될 것을 예언한 대로 점차적으로 회복하게 되는 회복의 '때'를 누리고 있다.

세 가지 주요 일이 성취의 정점에 이르러야만 한다

주님께서 오시기 위해서는 세 가지 일이 꼭 들어맞아야 한다. 교회와 관련한 구약의 예언과 신약의 가르침, 이스라엘 나라와 유대인들과 관련된 예언, 세계의 상황과 관련한 예언. 이 세 가지 영역은 성취의 정점에 이르는 중이며, 교회는 이스라엘과 세상 예언의 성취를 위한 열쇠다. 더욱이 이스라엘을 향한 그리스도인 예언자들과 극단적 세대주의자들은 예수님이 이방 교회에서 사역을 마쳐야만 하며 그분께서 유대인들에게 그들의 구세주로 다시 오시기 전에 세상에서 교회를 휴거하셔야만 한다고 언급한다. 이것은 예수 그리스도의 재림을 결정하는 요소로 하나님의 우선순위 목록으로 교회에 여전히 유효하다.

교회가 결정적 요인이다

이 사실은 예수님과 교회를 이해하기 쉽게 표현했다. 그리스도인들은 '구원의 시간' [11]에 속해 있고 그분이 오실 때까지 일해야 한다.[12] 이것은 이스라엘에 열광하거나 세상 일을 단념한다고 해서 이루어지는 것이 아니다. 교회는 주님의 오심을 위해 슬퍼 울거나 꼼짝하지 않고 앉아 있어서도 안 된다. 만약 우리가 그분의 오심을 진정으로 열망한다면 사도 베드로가 말한 대로 행동해야 한다. "하나님의 날이 임하기를 간절히 사모하라."[13] 혹은 리빙 바이블의 번역대로 "속히 오도록 힘써야 한다." 이것은 우리 교회가 순결과 성숙한 완전함으로 나아가고 만물을 이긴 최후의 세대가 됨으로, "옛적부터 예언되었듯이 죄로부터 만물을 회복"시킴으로 이룰 수 있다.

왜 사역자들은 '회복'을 말하지 않는가

기독교계에서 몇몇의 사역자들만 교회 회복을 가르친다. 교회 암흑기에 회복을 외치는 개혁가들에게는 절실한 욕구가 있었다. 오늘날도 여전히 회복과 변화를 외치는 개혁가들에게는 욕구가 있다.

교회 암흑 시대 연구를 통해, 우리는 교회가 영적으로 귀머거리이며 소경이었음을 보았다. 암흑 시대 대부분의 영적 지도자들은 하나님 아들의 지혜 가운데 "진리의 성령Spirit of truth"[14]과 계시의 성령과의 접촉이 사라졌다. 교회는 그리스도 교리의 근본적 사실과 초기 교회의 경험적 진리를 잃어버렸을 뿐만 아니라 인간이 만든 전통과 사탄의 교리와 이교도 풍습을 모방한 교회 예식과 예배 의식주의를 첨가했다. 교회는 예수 그리스도가 오시기 직전의 유대교처럼 제2 개혁의 전날과 동일한 상황이다. 교황과 사제들은 마치 바리새인들과 사두개인들이 주님의 날에 그랬듯이 '전공을 부전공하는' '부전공을 전공하는' 자들이었다.

이사야 42장 18~22절은 중세 교회 지도자들을 상세히 묘사했다. 지도자들에게 이사야는 "누가 내게 충성된 자 같이 맹인이겠느냐 누가 여호와의 종 같이 맹인이겠느냐"(사 42:19)라고 말했다. 사람들은 이렇게 묘사되었다. "이 백성이 도둑 맞으며 탈취를 당하며 다 굴 속에 잡히며 옥에 갇히도다 노략을 당하되 구할 자가 없고 탈취를 당하되 되돌려 주라 말할 자가 없도다"(사 42:22).

어느 누구도 회복을 말하지 않지만, 하나님께서는 선언하신다
"나는 회복할 것이다"

요엘서에는 회복을 향한 이스라엘의 육적 소망과 교회의 영적 소망을 가장 고무시키는 말씀이 있다.

시온의 자녀들아 너희는 너희 하나님 여호와로 말미암아 기뻐하며 즐거워할지어다 그가 너희를 위하여 비를 내리시되 이른 비를 너희에게 적당하게 주시리니 이른 비와 늦은 비가 예전과 같을 것이라 마당에는 밀이 가득하고 독에는 새 포도주와 기름이 넘치리로다 내가 전에 너희에게 보낸 큰 군대 곧 메뚜기와 느치와 황충과 팥중이가 먹은 햇수대로 너희에게 갚아 주리니 너희는 먹되 풍족히 먹고 너희에게 놀라운 일을 행하신 너희 하나님 여호와의 이름을 찬송할 것이라 내 백성이 영원히 수치를 당하지 아니하리로다[15]

제3 개혁은 더 위대할 것이다

교회의 끝은 시작보다 더욱 위대할 것이다.[16] 하나님께서는 이 집(교회)의 나중 영광이 이 집(교회)의 이전 영광보다 크리라고 약속하셨다.[17] 교회는 삼손이 들릴라와 그랬듯이 세상과 이교도의 신앙과 놀아났다. 삼손의 힘이 어디에서 나오는지 그 비밀이 누설되자 삼손의 힘은 사라졌다. 그의 눈은 뽑혔고 그는 감옥에 갇혔다. 그는 눈멀고 묶인 채로 일곱 가닥 머리카락이 다시 자라기까지 맷돌을 돌려야만 했다. 삼손의 머리카락이 완전히 자라자, 하나님께서는 적들을 물리치고 이스라엘 백성을 구원하는 사명을 다시 주셨다. 회복된 후 그가 이룬 성취는 이전에 성취한 모든 것보다 더욱 컸다.[18] 이처럼 교회의 눈은 암흑 시대 동안 뽑혀져 버렸다. 그리스도의 몸은 묶인 채로 속죄의 맷돌을 갈았고 종교적 죽은 행실로부터 하나님의 평화를 얻기 위해 노력했다. 천년의 시계가 돌자 머리카락은 자라기 시작했고 계속해서 자라 마지막 세기에 교회는 제3 개혁으로 더욱 많은 것을 이룰 것이며, 그분이 죽을 수밖에 없는 교회에서 이루시기로 예정하신 하나님의 목적을 완성하실 것이다.

영적 성장 – 성경의 명령

다음은 진보적 성장에 관한 성경 구절로, 하나님께서 들림(들어 올림-휴거)과 성장을 소망하시고 요구하신다는 사실을 구체적으로 상세히 보여 주는 본문이다. 욥기 17장 9절, 시편 84편 7절, 92편 12절, 잠언 4장 18절, 이사야 28장 10절, 호세아 6장 3절, 14장 5-7절, 말라기 4장 2절, 마가복음 4장 32절, 요한복음 16장 13절, 사도행전 3장 19~21절, 로마서 1장 17절, 8장 29절, 고린도후서 3장 18절, 에베소서 2장 21절, 4장 12절, 15절, 5장 27절, 빌립보서 3장 14절, 데살로니가후서 1장 3절, 히브리서 2장 10절, 5장 14절, 6장 1-2절, 베드로전서 2장 2절, 베드로후서 1장 5-12절, 요한일서 3장 1-3절.

성경은 강조한다

이 성경 본문들을 통해서 그리스도의 몸, 교회를 완성할 그리스도인들은 계속해서 성장하고, 증가하고, 풍요로울 것을 분명히 알 수 있다. 3본문은 '들림'을 말하고, 30본문은 '성장'을 말한다. 10 대 1의 비율로, 이 본문들은 그리스도인들이 '들림'에 관해 생각하는 것만큼의 열 배를 '성장'에 힘을 보태야 한다는 것을 보여 준다. 그리스도인은 "힘에 힘을 더하는 것," "믿음에 믿음을 더하는 것," "은혜에 은혜를 더하는 것"으로부터 "주님을 아는 데까지" 이르러야 한다. 더욱이 그들은 그분과 동일한 형상으로 변화되고, 만물 가운데 그리스도에 이르도록 성장하고, 그리스도의 장성한 분량에 이르기까지 그분의 은혜와 지식을 더하고 자라야만 하며, "자기 앞에 영광스러운 교회로 세우사 티나 주름 잡힌 것이나 이런 것들이 없이 거룩하고 흠이 없게 하기 위해"(엡 5:27) 그리스도께서 그들을 위하여 친히 보여 주신 완전한 순결과 성숙함에 이르러야만 한다.

"사랑하는 자들아 우리가 지금은 하나님의 자녀라 장래에 어떻게 될지는 아직 나타나지 아니하였으나 그가 나타나시면 우리가 그와 같을 줄을 아는 것은 그의 참모습 그대로 볼 것이기 때문이니 주를 향하여 이 소망을 가진 자마다 그의 깨끗하심과 같이 자기를 깨끗하게 하느니라"(요일 3:2-3). "하나님이 미리 아신 자들을 또한 그 아들의 형상을 본받게 하기 위하여 미리 정하셨으니 이는 그로 많은 형제 중에서 맏아들이 되게 하려 하심이니라"(롬 8:29). 그리스도 예수께서는 "많은 자녀를 영광에 이끌어 들이도록" 고난받으시고 죽으셨다. (그 영광은 그리스도의 형상과 모양이며, 명시된 존재이며 능력이다.) (히 2:10 참조) 성령은 그들이 그리스도의 완전한 형상, 충만, 성숙에 이르기까지 "은혜에 은혜를 더하는 것"으로 그리스도인들을 취하라는 명령을 받았다(고후 3:18). 한 몸이 된 교회는 제2 교회개혁 기간 동안 수많은 진보적 회복 운동을 행할 것이다.

이제 우리는 제2 개혁 기간 동안 일어나도록 예정된 주요 회복 운동을 밝혀보자. 만약 교회에서 회복된 모든 진리와 사역들이 그들의 삶 속에서 사실로 살아 역사하지 않는다면 누구도 마지막 제3 개혁에 참가할 자격을 얻지 못할 것이다. 그래서 참가하도록 예정된 모든 그리스도인은 회복된 모든 진리와 사명을 이해하고 그들의 삶과 사명이 되기까지 경험하고 실천해야 한다.

하나님은 그분의 제3 개혁의 성도들이 그리스도의 사고로 생각하고, 그분의 위대하심을 확장하고, 나라를 증명하고, 능력을 나타내고, 영광을 영화롭게 하는 곳에서 성숙하도록 예정하셨다. 교회는 예수 그리스도의 삶과 사명을 체현하게 될 것이다. 종말에 교회는 하나님의 모든 목적을 성취하며 작성된 모든 판결대로 실행할 그리스도와의 공동 상속자로서 지배하고 다스리도록 충분히 준비되어져야 할 것이다.[19]

주

1. 사도행전 3장 21절
2. 사도행전 3장 15절
3. 누가복음 19장 44절; 사도행전 3장 18절
4. 요한복음 14장 6절; 고린도후서 5장 17절; 히브리서 8장 8절, 13절; 9장 15절, 10장 20절
5. 갈라디아서 3장 22절; 로마서 3장 9절, 10장 4절
6. 갈라디아서 3장 28절 참조
7. 에베소서 1장 14절; 히브리서 1장 13절
8. 히브리서 1장 13절
9. 찰스 존 엘리코트, 편집, 《엘리코트의 성경주석》(Grand Rapids, Michigan: Zondervan Publishing House, 1954), 7권; 사도들의 행전, E. H. 플럼프터 19
10. 마태복음 11장 10-11절
11. 에베소서 5장 15-17절 참조
12. 누가복음 19장 13절 참조
13. 베드로후서 3장 12절(LB)
14. 요한복음 16장 13절; 에베소서 1장 18절
15. 요엘 2장 23-26절
16. 전도서 2장 9절
17. 학개 2장 9절
18. 사사기 16장 28-30절
19. 로마서 8장 17절; 시편 149편 6-9절; 요한계시록 19장 1-10절

PROPHETIC SCRIPTURES YET TO BE FULFILLED

제2 개혁의 탄생

개혁의 탄생을 위한 신의 원리

제1 개혁과 제2 개혁의 기록을 따라가다 보면, 우리는 하나님께서 새로운 개혁 운동의 태동을 위해 사용하시는 원리들을 끌어낼 수 있다. 거기에는 진통을 통해 개혁이 탄생하고 있음을 알리는 회복 운동이 있다. 신교도 운동은 교회 회복의 예언된 시간이 시작됐음을 알리는 운동이었고, 제2 교회개혁이 태동되었음을 알리는 운동이었다.

근본적인 원리는 하나님께서 인간을 택하시고 하나님의 새로운 운동의 태동을 알리는 계시의 메시지를 주셨다는 것이다. 그때 성령은 진리를 증명하고 전하기 위해 선택한 그릇에 기름을 붓고 능력을 부여해서 하나님의 현존의 주권적인 운동을 위해 보내신다. 일찍이 1500년대에, 첫 번째 준비사항은 하나님께서 개혁의 소리가 되기를 원하는 이 땅의 사람을 하늘에서 찾으시는 것이었다.

인간을 찾으시는 하늘의 주인

실제적인 회복이 되려면 먼저, 정직한 사람을 찾아야 한다. 하나님은 이 땅에서 어떤 일을 하시기 위해 준비하실 때 그 일의 성취를 위해 그분의 도구가 되려는 사람을 필요로 하신다. 그러므로 그 한 사람을 찾기 위해 천사를 이 땅 사방으로 보내신다.[1] "여호와의 눈은 온 땅을 두루 감찰하사."[2] 교회의 회복을 시작하기 위해서 "주님은 성을 쌓으며 성 무너진 데를 막기 위해 사람을 찾으신다."[3]

주님의 눈은 전 세계를 휩쓸고 다니신다. 독일에서는 마르틴 루터라는 젊은 청년에게 꽂히셨다. 때는 1505년이었다. 주님께서 명령하시기를, "위대한 개혁의 때가 되어 내 교회의 해방을 위해 그날을 실현하는 이 사람의 준비를 시작하라." 즉시 모든 하늘은 하나님의 뜻을 성취하기 위해 집중하기 시작했다.

인간을 선택하고 결정하시는 하나님의 과정

하나님께서 그분의 사역을 위해 사람을 부르시는 몇 가지 방법이 있다. 이 방법 중에 몇 가지가 불만족, 좌절, 유죄 판결, 놀라움 등인데 이것은 사람을 자포자기의 상태로 이끈다. 그래서 하나님께서는 사람의 일생에서 하나님의 뜻에 깊은 감사를 하도록 계시를 주신다. 이 과정은 그 사람을 아무 대가 없이 하나님의 진리를 세상에 알리고 싶도록 만든다.

선택된 사람, 마르틴 루터

하나님께서는 믿음으로 의롭게 되는 하나님의 계시를 발표하기까지

이 과정에 마르틴 루터를 염두에 두셨다. 이 진리는 죽은 행실에서 회개의 교리를 세웠고, 그것은 교회의 회복 기간 동안 회복될 최초의 진리였다.[4]

22세의 마르틴 루터는 그를 향한 하나님의 계획과 그 계획이 성취되도록 일이 진행될 것이라고 생각하지 못했다. 그가 의식한 것은 시간과 딛고 서 있는 땅이었다. 그는 자신과 친구에게 심한 뇌우가 떨어지던 순간만을 기억했다. 그것은 마치 순간적으로 그의 삶이 끝나는 것처럼 보였다. 그는 22세 이후의 삶을 생각했다. 좋은 교육을 받기까지 광부 아버지의 희생적이고 고집스러운 모습을 떠올렸다. 마그데부르크Magdeburg와 아이제나흐Eisenach 학창 시절을 떠올렸고 스스로를 위로하기 위해 노래했다. (하나님께서 회복을 가져올 노래하는 예언자를 준비할 것이라는 존 후스의 예언을 기억하라.) 그는 법률가가 되기 위해 라이프치히 대학을 졸업할 예정이었다.

하늘은 하나님의 선민의 관심을 끌기 위해 이 땅의 일을 사용한다

비 오는 날 마르틴 루터는 친구와 말을 타고 가는 도중에, 천둥과 번개 치는 소리에 정신이 혼미해졌다. 친구는 그 자리에서 죽었고 그는 가까스로 살아남았다. 하늘이 그의 주의를 사로잡았다. 그는 죄의식에 깊이 사로잡혔고, 하나님을 찾고 싶은 강한 열망에 사로잡혔다. 그리고 하나님의 은혜를 갈구하기 시작했다. 그는 법대를 포기하고 1505년에 에르푸르트 수도원의 수도사로 '아우구스티누스 은둔자 수도회'에 입회했다.

루터는 죽음의 공포와 성령의 죄를 깨닫게 하는 능력으로부터 불만족 상태의 영혼이 되었다. 그는 거룩 가운데 거하며, 하나님과의 평화를 누리도록 교회가 명령한 모든 가르침을 행했다. 그는 성실하게 극도의 고행을 수행했고, 심지어 자신에게 채찍질을 가하며, 끝없는 금식과 자기 몸에 가할 수 있는 모든 고통을 가했다. 이것은 자기 부정의 전형으로 교회가 하나님의 평화를 가져오기 위해 보증한 참회 방법이었다. 그러나 그는 더욱 깊은 죄의식에 사로잡혔고 평화를 얻는데 실패했고, 필사적으로 갈망하기에 이르렀다.

루터는 완고하고 포악한 하나님으로서, 너무나 많은 것을 요구하시고 너무나 적게 돌려주시는 하나님의 개념에 좌절했다. 루터 자신이 스스로에게 행한 최고의 명령은 성경을 연구하는 것이었는데, 하나님에게 평화를 찾을 수 있었기 때문이다. 이것은 그가 지금까지 교회에서 받았던 최고의 조언이었다.

성령의 계시

수도원에서 2년을 지낸 후, 24세가 되던 1507년에 안수를 받았다. 4년 후 28세 때, 루터는 비텐베르크 대학의 교수가 되었다. 성경 연구의 연구원과 교수로 재직하는 동안 성령의 계시가 임했다. 로마서 1장 17절이 살아 있는 진리로 임했다. "의인은 오직 믿음으로 살 것이다." "우리가 행한 의로운 일 때문이 아니라, 그분의 자비하심을 따라" 된 것임을 깨달았다.[5] "여러분은 믿음을 통해 은혜로 구원을 얻었습니다. 이것은 여러분에게서 난 것이 아니요, 하나님의 선물입니다. 행위에서 난 것이 아닙니다. 그러므로 아무도 자랑할 수 없습니다."[6]

그에게 최후의 확신과 평화를 준 성경 본문은 로마서 5장 1절이다.

"그러므로 우리가 믿음으로 의롭다 하심을 받았으니 우리 주 예수 그리스도로 말미암아 하나님과 화평을 누리자." 회복된 계시가 성경의 긴정한 해서가 저용을 준다는 것은 중요한 지적이다. 루터의 계시는 경험을 변화시켰다. 그는 그의 경험을 기록했는데 후에 중생의 존재로 묘사되었다.

그의 개인적 고백은 중생의 체험을 하기까지 그가 성경을 어떻게 생각하며 해석하였는지를 보여 준다.

나는 사도 바울의 로마서와 '하나님의 의로운 자'로 표현된 자 외에 어느 누구도 그 길에 서 있을 수 없다는 것을 이해하길 간절히 소망했다. 왜냐하면 나는 하나님께서 의로우시며 불의한 자를 처벌하실 때 의롭게 처벌하신다는 그 의로움의 의미를 이해했기 때문이다. 나는 밤낮으로 곰곰이 생각했다. 하나님의 의로우심은 은혜와 완전한 자비를 통한 의로움이라는 진리를 붙들기까지……. 거기서 나는 다시 태어남을 느꼈고 천국의 열린 문으로 들어가는 것을 느꼈다. 성경은 새로운 의미로 다가왔고, 이전 '의로운 자의 하나님'은 나를 미움으로 가득하게 한 반면, 이제 그것은 말로 표현하기 어려운 달콤한 큰 사랑으로 다가왔다. 나에게 바울의 말씀은 하늘 문이 되었다.[7]

회복된 계시는 옛것과의 불만족과 분리를 가져온다

루터는 갈보리 산 위에서 그리스도께서 성취하신 역사를 믿음으로 중생의 체험을 했고 그분의 자비로 하나님의 의로운 자라는 칭함을 받았다. 그것은 하나님의 본성과 성격에 관한 그의 이해와 복음에 관한 가르침을 변화시켰다. 그는 사도행전에 나타난 신약성경의 교회와 로마 가톨릭교회를 비교하기 시작했다. 그는 많은 것이 비성경적임을 깨달았다. 비텐베르크 대학의 교수로 재직하면서 칭의稱義에 관한 계시를 받은 후 4년 이상을 설교하고 가르쳤다. 그가 성경의 진리와 조직화된 교회 체계의 잘못된 점을 설교함에 따라 그는 더욱 강한 확신에 사로잡혔다.

그것을 증명하는 종교적 행위

기존 교회의 타락은 교회의 비성경적 행위에 대항한 95개 신학적 논쟁의 선언문을 만들도록 루터를 부채질했다. 그는 성령의 중생 체험을 통해 거룩한 유물(잔재)을 예배하고 판매하는 교회에 반기를 들었다. 교회의 이런 독점과 종교적, 미신적 타락과 이들 대상의 외경畏敬을 폐기했다. 인내의 한계를 넘게 한 것은 로마에 의해 특별히 자행된 면죄부 발행이었다. 로마의 베드로 대성전 완공을 위해 큰 돈이 필요했던 교황 레오 10세는 존 테첼John Tetzel이라는 대사를 통해 교황이 직접 서명한 증명서를 독일 전역에서 팔 수 있도록 허락했다.

이 증명서는 증명서를 손에 쥔 자 뿐만 아니라 고백이나 회개나 참회가 없었던 사람들, 사제를 통해 사면받지 못한 산 자, 죽은 자의 친구를 위해 대신 구입한 자들까지도 모든 죄를 사할 수 있다고 꾸며졌다. 테첼은 사람들에게 이렇게 말했다. "헌금함에 돈 소리가 들리자마자, 당신 친구의 영혼이 연옥에서 뛰쳐나온다."[8] 루터는 격렬하게 테첼과 그의 판매행위를 비난했고 면죄부의 원인이 된 교황의 권한까지 비난했다. 또한 이 일을 바꾸기 위한 구체적인 일을 해야 한다고 결심했다.

하나님은 자신이 선택한 사람이 22세였을 때 준비 과정을 시작하셨지만 마르틴 루터는 중생의 체험을 한 믿음에 의한 칭의 계시를 8년이 지난 30세가 되었을 때 받았다. 마르틴 루터가 제2 개혁을 초래한 일을 하게 된 것은 그가 계시를 가르치기 시작한 후 또 4년이 흐른 34세 때의 일이다.

제2 개혁의 공식적 탄생의 날 – 1517년 10월 31일

모든 개신교 역사가는 개혁이 시작된 공식적 날로 이 기념비적인 시간을 기록한다. 지구 끝까지 메아리가 들리도록 망치를 휘두른 자는 독일 비텐베르크의 교회 성벽에 95개조 반박문(선언문)을 내 건 루터가 유일했다. 1517년 10월 31일, 위령慰靈의 날 전날에 마르틴 루터의 망치는 '위대한 교회개혁의 시기'와 '신교도 운동'이라 불리게 된 불길을 타오르게 했다. 그의 반박문은 들불처럼 유럽 전역으로 퍼져 나갔다. 2주가 채 안 돼 모든 대학과 종교 기관은 흥분의 도가니가 되었다. 이름 없는 대학에서부터 은둔의 수사까지 모두 놀라 유럽 전역을 휘저었다.

그들은 하늘의 하나님께서 바위(교회)를 산(그리스도)에서 캐내어 풀려나게 하시고, 바위를 굴리시기 위해 주님의 도구로 선택된 자가 이 사람이라고 선언하신 것을 알지 못했다. 바위는 눈 덮인 산 밑으로 눈덩이가 굴러가듯이 속도와 규모를 더해 가며 앞으로 나아갔다. 바위가 목표물에 이르렀을 때 그것은 민족들에게 심판이 될 것이며, 이 땅을 산산이 부서뜨리며, 만물을 예수 그리스도와 교회의 발밑에 완전히 놓

이게 할 것이다.[9]

구체제의 종교 – 교회개혁의 가장 큰 적

사탄과 종교 체계는 그들이 과거에 개혁자들을 저지하려 했듯이 이 개혁의 목소리를 저지하려고 필사적이었다. 그러나 이 사람은 후스가 예언한 대로 500년 후에 나타날 백조로 살아 역사하도록 하나님께서 허락하셨다. 그는 나비가 고치에서 나와 완전한 상태로 날개 짓을 시작하듯이 기존 교회에서 나와 영적 교회의 문을 여는 노래하는 예언자가 되었다. 루터는 하나님께서 모세를 정확히 메시아가 오시기 1500년 전에 문자 그대로 이집트 압제로부터 이스라엘 백성을 이끌고 나가도록 사용한 사람이었듯이, 그리스도가 오신 1500년 후에 종교적인 이집트 압제에서 교회를 이끌고 나가기 위해 사용한 사람이었다.

당신은 위대한 변화가 500년이라는 순환과 배수multiples에서 일어나고 있는 인간의 기록을 주목해야 한다. 더욱이 교회는 비슷한 경험이 있다. 교회는 주후 30년에 탄생했고 500년 후에 변절되었다. 천 년 동안 교회는 그 지위를 잃었고 500년이 지나서 위대한 회복의 기간이 시작되었다. 아마도 또 다른 500년이 지나가기 전에 '만물의 회복'이 제3 교회개혁 기간 동안 완성될 것이며 그 때문에 예수님은 하늘의 놓임을 받아 마귀를 무저갱에 결박하시고 이 땅에 하나님의 나라를 세울 것이다.

개혁가의 첫 번째 목표

마르틴 루터의 유일한 목표는 교회의 남용, 면죄부 사용, 잔재 등에 대항하여 95개의 논쟁이 대중이 주목을 끌게 하는 것이었다. 그것은 교회에서 비성경적인 행위들을 제거하는데 일조했다. 95개 반박문은 개혁의 요청으로 의도된 것은 아니었다. 루터는 그가 사랑한 가톨릭교회를 부수고 새로운 기독교 시대를 여는 운동을 시작할 의도가 전혀 없었다. 루터에게는 이런 생각이 없었지만 예수님은 이 생각을 갖고 계셨다. 루터는 로마 가톨릭교회의 내부를 개혁하고자 했다. 그럼에도 불구하고, 그는 1520년에 파면당했다. 루터와 추종자들은 모든 주장을 철회하라는 명령을 받았다. 그들에게는 60일이 주어졌고 만약 주장을 철회하지 않으면 그들이 받을 벌은 죽음이었다.

개혁가 루터, 파면당하다

루터는 감히 '지옥의 문을 닫고 천국의 문을 여는 권위'를 주장한 교황과 공회에 도전했다. 로마 가톨릭교회는 교회의 모든 신자는 루터의 작품을 모두 불태워야 한다는 법령을 공포했다. 그의 도전으로 파면에 직면하게 되었고 '적그리스도의 저주할 황소'라고 불렸다. 그는 공식적으로 1520년 10월 10일에 비텐베르크의 문 앞에서 대학교수들과 학생들, 시민들이 지켜보는 앞에서 화형을 당하게 되었다. 이것은 로마 가톨릭교회가 마르틴 루터에게 최후의 결별과 탄핵을 준 것이었다. 교황과 황제에게 대항한 루터의 드라마틱한 이야기는 유럽에 상상의 불을 지폈다. 세계 전역을 강타한 연쇄반응이 시작되었다. 다른 나라의 사람들이 같은 진리를 전파하기 위해 일어났다. 울리 츠빙글리,

존 칼뱅, 존 틴들, 존 녹스, 필립 멜란히톤과 마르틴 부처. 이들은 가장 위대한 신교도 운동에 헌신한 잘 알려진 인물들이다.

기존 교회가 흔들리다

로마 가톨릭교회와 동방 정교회는 교회개혁이 확립되기 시작할 때까지 전 기독교를 대표하는 유일한 교회다. 이 개혁은 구체재를 흔들었고 제1 교회개혁 기간 동안 유대교가 기독교의 새로운 체재를 박해했듯이 새 운동을 박해하기 시작했다. 신교도 운동은 민족마다 종교에 따라 나눠지는 불꽃 튀는 전쟁이었고 구교와 신교 사이의 신임을 묻는 싸움이었다.

핼리Halley는 이렇게 말한다. "교황의 박해 아래서 순교당한 숫자가 이교도 로마 제국 때에 순교당한 초기 그리스도인들의 숫자를 훨씬 앞지른다."[10] 구교와 신교의 나라로 명확하게 선이 그어지기 전까지 혼란과 혼동이 일시적으로 모든 나라를 뒤덮었다. "100년간의 종교 전쟁의 뒤를 개혁이 뒤따랐다."[11]

진리의 회복이 문제의 원인인가

이 모든 혼란, 전쟁, 박해, 증오와 분리가 진리 회복의 결과일 수 있는가? 그렇다. 예수께서 은혜와 진리의 계시를 가져오셨을 때 하나님의 선민 이스라엘과 유대 종교에 일어났던 일을 생각해 보라. 예수 그리스도의 계시는 하나님께 돌아오도록 인간의 회복을 준비시켰지만 또한 기존 종교 체계에 대항한 폭동과 혁명, 추종자들의 반란을 가져왔다. 마찬가지로 신교도 운동은 전 세계의 혁명을 가져왔다. 그리스도의 교리가 회복될 때마다 교회의 회복은 동일한 반응을 야기한다는 연구에 주목해야 할 것이다. 새 포도주는 낡고 비틀어지고 자신들만의 방식으로 된 부대에는 결코 담을 수 없다. 그것은 매일 활짝 피어날 것이다.[12] 새 부대는 새 포도주(진리)를 보관하기 위해 준비되어야 한다. "개신교가 승리의 함성을 울린 나라마다 국교회가 일어났다. 독일의 루터교회, 영국의 성공회, 스코틀랜드의 장로교 등등."[13]

종교와 인간, 민족들 간의 싸움과는 상관없이, 하늘은 전율하였다. 왜냐하면 영적 교회, 즉 그리스도의 몸은 완전한 회복을 향한 여정의 첫걸음을 떼었기 때문이다. 교회의 위대한 회복은 시작되었다. 이제 제2 개혁은 제3 개혁을 시작하기에 충분한 준비를 마칠 때까지 교회에 회복을 가져올 것이다.

주 ....

1. 히브리서 1장 14절
2. 역대하 16장 9절
3. 에스겔 22장 30절 참조
4. 히브리서 6장 1-2절
5. 디도서 3장 5절
6. 에베소서 2장 8-9절
7. 팀 도일리 박사, 《기독교 역사의 어드만의 핸드북》(Grand Rapids, MI:WM. B. Eerdman's Publishing Co., 1977년) ; 제임스 애킨스의 《개혁》, 366쪽
8. 빌 해몬, 《영원한 교회》(Santa Rosa Beach, FL: Christian International, 1981년), 122쪽
9. 다니엘 2장 44-45절
10. 헨리 핼리, 《핼리의 성경 핸드북》(Grand Rapids, MI:Zondervan Publishing,

    1965), 793쪽

11. 같은 책, 792쪽

12. 마태복음 9장 17절

13. 《핼리의 성경 핸드북》, 794쪽

8

제2 개혁 : 1517~2007년

제2 개혁 기간의 회복 운동

하나님의 목적을 위한 회복

태초부터 그리스도의 계획과 목적은 그분의 교회를 세우는 것이다. 이 땅에서 그분은 변하지 않을 예언을 선포하셨다. "나는 나의 교회를 세우겠다."[1] 그분은 모든 지옥의 문이 교회를 향해 입을 벌리고 있을지라도 성취되어진 말씀을 그 무엇도 저지할 수 없다고 강조하여 말씀하셨다. 그분은 제자들에게 솔로몬보다 더 크시며 그가 세운 위대한 성전보다 더 크신 분으로 그들 가운데 계심을 드러내셨다.[2] 예수님은 솔로몬보다 크시며 그분이 세우신 교회가 솔로몬의 성전보다 더욱 영광스럽게 될 것이라고 말씀하셨다. 예수님은 영광스러운 교회를 자신에게 나타내기 전까지 교회를 사랑하셨고 교회를 세우기 위해 필요한 모든 것을 제공하셨다.³ 암흑 시대 교회는 영광스러운 교회와는 거리가 멀었다. 교회는 1세기의 영광을 전혀 간직하지 못했다. 그러나 예수께서 생각하신 하나님의 뜻은 단지 이전의 영광을 회복하는 것이 아니라 교회가 이전에 경험하거나 행한 것을 뛰어 넘는 놀랍고 장엄한 영광을 마지막 때에 회복하는 것이다. 하나님은 교회의 이후 영광이 이전 영광보다 더 위대하리라고 예언자를 통해 말씀하셨다. 그러므로 제2 개혁 동안에 회복 운동이 일어나도록 예정하셨는데 그것은 그리스도께서 마지막 제3 개혁 동안에 나타나도록 이미 예정하신 교회의 영광을 취하시기 전에 반드시 필요한 것이다.

교회 회복을 상징하는 육적 예루살렘 세우기

느헤미야서를 보면, 우리는 예루살렘 성벽을 재건하고 성전을 회복하라고 명령하는 느헤미야의 이야기를 만날 수 있다. 성경은 그들이 공사를 시작하려면 쓰레기로 가득 차 있는 기초를 뜯어내야만 했다고 적고 있다.⁴ 이것은 교회 회복과 관련이 있다. 개혁가들은 교회 건축을 시작하기 전에 종교적으로 죽은 수많은 쓰레기 같은 행위들을 제거해야만 한다. 마르틴 루터가 가톨릭 교단에 교회의 암흑기 동안 쌓여진 모든 종교적 쓰레기를 제거하라고 요구하며 썼던 95개 반박문의 내용이 바로 이것이다.

쓰레기는 죽은 행위들로부터의 회개인 초보적 교리로 쌓여져 있었다.⁵ 루터의 모든 회복을 위한 설교는 교회의 진정한 기초를 깊이 파는 것이다. 계시가 그의 낡은 종교적 생각의 쓰레기를 깨끗하게 했을 때, 그는 구원의 진정한 기초는 인간이 죄에서 깨끗해지며 용서받을 수 있는 유일한 길인 예수님의 보혈과 은혜를 오직 믿음으로 의롭게 되는 것임을 발견했다. 마르틴 루터는 그리스도께서 사도들과 예언자들에게 준 사명감으로 사득 싰는데 그것은 교회에 더욱 적합한 기초를 놓도록 했다.

느헤미야의 날에 예루살렘 주위에 믿지 않던 사악한 사람들은 예루살렘의 회복을 원하지 않았다. 그들은 그것을 멈출 수 있는 모든 일을 했다. 마치 마귀가 천 년 동안 그리스도 교회가 세워지는 것을 막는데 성공했듯이 그들은 일정 기간 재건 작업을 멈추게 했다. 느헤미야와 에스라는 복구 과정을 다시 시작할 수 있었고, 그들은 과정을 마칠 때까지 더욱 많은 괴롭힘을 당하면서 진행해야 했다. 예수님과 그분의 개혁가들은 그리스도의 교회 세우기를 다시 활성화시켰고 '위대한 교회 회복의 시대'를 시작했다.

교회 역사가들은 교회 회복의 시대와 제2 개혁이 시작된 공식적인 시간을 1517년 10월 31일로 정했다. 복음으로, 예수께서 증명하심으로, 사도행전에서 사도들이 확립하고 증명함으로, 신약성경의 서신에서 가르친 대로 교회 본래의 생명과 사역이 교회를 다시 개혁하기 시작했다.

교회 회복 운동의 500년

1500 – 신교도 운동
1600 – 복음 운동
1700 – 성결 운동

1800 – 신유 운동

1900 – 오순절 운동

1950 – 은사 운동

1980 – 예언 사도 운동

2007 – 성도 운동

회복 운동은 20세기까지 모두 약 100년 단위로 일어났다. 세 가지 핵심적인 회복 운동은 20세기에 발생했고 마지막 회복 운동은 21세기 2007년에 탄생했다. 성도 운동은 신교도 운동이 제2 개혁을 불렀듯이 제3 개혁을 부르는 회복 운동이 되었다.

회복 운동

문자 그대로 회복 운동의 진리, 사람, 때, 장소를 명시한 천 년의 책이 쓰여졌다. 예수 그리스도를 제외하고 어떤 다른 사람보다 마르틴 루터에 관한 책이 많이 쓰여졌다고 전해진다. 나는 20년 동안 교회의 역사와 회복과 소명에 관한 책을 쓰기 위해 필요한 정보를 수집할 때 수백 권의 책을 조사했다. 그리고 출판을 위한 글쓰기 작업에 3년이 소요되었다. 그렇게 많은 흥미롭고 생명력 있는 정보는 정확한 자료를 선택하는데 매우 유용하게 사용되었다. 우리의 목적은 교회에 완전한 회복을 가져오는 성령의 진보적인 회복의 사역을 보여 주기 위함이다. 또한 성령께서 각 회복 운동마다 회복시킨 것을 보여 주는 것이다. 하나님께서 사용하신 회복의 소리와 때와 장소와 관련한 역사적 사실을 최대한 요약해서 제공할 것이다.

종교의 형태부터 개인의 경험까지

모든 회복 운동은 성경의 진리와 실천을 필요로 하고, 더 위대한 길을 경험하고 실천하도록 계시하는 새로운 빛을 가져온다. 하나님의 선물, 성령의 열매와 은사, 그리스도의 속성. 또한 각 운동은 하나님의 이름인 구원자, 세례자, 치료자, 거룩한 유일자, 영원하신 아버지, 강한 용사와 같은 이름 하나하나에 더 큰 이해와 강조를 제공한다.

모든 진리 회복 운동은 성경의 의미와 경험적 실재를 그리스도의 근본적 교리들을 하나로 회복시킨다. 각 회복 운동은 신앙인들이 신화적, 우화적, 영적, 미래지향적 영역에 존재한다는 구체적인 성경 본문을 가질 필요가 있고 그들이 신자의 삶을 살도록 만들 필요가 있다. 오늘날 우리가 좋아하는 대부분의 영적 축복과 경험은 종교 지도자들이 그들을 어떤 하늘의 영역으로 해석해 버리거나 혹은 그것을 어떤 미래 시대에 적합한 것으로 여겨 그리스도인들에게서 멀어지도록 했다.

예를 들어, 암흑 시대의 교회는 사도신경이나 교회의 종교적 교리를 고백함으로 다시 태어난 존재로 설명했다. 신유 운동 이전에 복음주의자들은 "상함으로 우리가 나음을 얻었다"[6]는 말씀을 우리의 죽을 육신을 치유하는 것으로 해석하지 않고 죄로 상한 영혼을 치유하시는 하나님의 보혈이나 은혜로 설명했다. 동일한 형태의 해석이 신의 계시와 적용이 오순절 운동과 함께 오기까지 알 수 없는 언어와 성령의 은사에도 그대로 적용되었다. 근본주의자들은 알 수 없는 성령의 말을 하는 것이 아니라 새롭게 성화된 혀로 자신들의 모국어를 말한다고 해석했다. 이런 예를 볼 때 문자적으로 진리가 경험된다는 것은 암흑 시대 동안 영감으로 되었다든가 신화적으로 되었다는 것을 의미한다. 이제 각 회복 운동으로, 성령의 계시와 적용은 교회가 모든 성경의 진리와 사명을 경험하고 증명하기까지 진리 너머의 진리를 회복할 것이다.

예수님은 성경 말씀으로 영감을 받으셨는데 성경은 위대한 종교 지도자가 칭송한 이상주의 철학이나 진부함을 인간에게 준 것이 아니라 인류에게 성경의 진리를—인간의 모든 필요에 부합하도록 작동하는 살아 있는 원리와 약속—주었다. 하늘에서 영감으로 된 모든 성경은 글자 그대로 성취될 것이다.

신교도 운동 - 1600년대

'신교도'라는 이름

종교개혁이 발생하고 12년이 지난 1592년에, 유럽 몇 나라에서 국가와 교회 지도자들이 입법부 회동을 가졌다. 그 목적은 가톨릭교회와 종교개혁가 추종자들 사이의 갈등을 조정하기 위함이다. 가톨릭 수장들이 대다수였고 그들은 종교개혁가의 가르침을 비난하는 성명서를 발표하면서 가톨릭만이 개혁가들의 나라를 가르칠 수 있고, 독일에서 루터주의자라 불리는 개혁가들은 가톨릭 국가에서 가르치는 것이 허락되지 않았다. 이 불평등한 판결에 루터주의자 제후諸侯들은 공식적으로 항거했다. 시간이 지남에 따라, 그들은 '항거하는 자'로 알려졌고 그들의 가르침과 의식은 '항거하는 자의 종교'로 알려졌다. 그때부터 지금까지, 회복 운동으로 발전한 모든 교회는 프로테스탄트로 분류되었다.

모든 기독교계는 두 가지 주요 단체로 나뉜다. 암흑 시대에 기독교의 대표 교단은 동방정교회와 서방 로마가톨릭이다. 그러므로 기독교계는 가톨릭/정교회와 개신교회로 나눠지고 분류된다. 미국에서 그리스도인으로 당신의 종교가 무엇이냐고 묻는다면, 두 가지 선택만 할 수 있었다. 바로 가톨릭 아니면 개신교다.

교회 회복의 500년이 지나, 개신교는 그들이 기원한 회복 운동에 따라 분류된다. 최근에 회복된 진리를 따라가는 목사들은 개신교 그리스도인으로 규정되거나 이 교회들을 주류 개신교, 복음주의, 성결, 오순절, 은사, 예언 사도라 부른다.

제2 개혁 – 회복 운동

연도	운동	회복된 주요 진리
1500	신교도 운동	믿음을 통한 은혜로 구원(엡 2:8–9) (루터교도, 감독교도, 장로교도, 회중교도)
1600	복음 운동	물세례, 정교분리 (메노파, 침례교도, 모든 근본주의-복음주의 교회 신자)
1700	성결 운동	성화, 세상과 교회를 분리 (감리교도, 나사렛파, 하나님의 교회, 모든 성결교회 신자)
1800	신유 운동	속죄로 인한 신성한 육체 치유 (기독교 선교 연합, 하나님의 교회)
1900	오순절 운동	알려지지 않은 방언의 성령세례 (하나님의 성회, 국제사중복음교회, 미국 오순절 교단, 그리스도 하나님의 교회)
1950	늦은비 운동	예언 장로교회, 찬양 사역, 그리스도 몸(교회)의 목회 사역 (초교파 교회들)

1950	복음 구원 운동	기적 치유로 다시 활성화된 복음사역과 대중 전도 운동
		(독립교회, 목회자 세미나)
1960	은사 운동	모든 과거 운동에 참여한 교회를 회복된 진리로 갱신, 목사는 지역 교회 수장으로 회복됨.
		(은사교회와 은사주의 교단)
1970	신앙 운동	신앙 고백, 번성, 승리의 태도와 삶. 주요 오중 사역으로 교사 사역을 재정립
		(신앙과 말씀 교회)
1980	예언 운동	예언, 활성화된 은사, 영적 전쟁, 찬양, 민족에 대한 예언, 회복된 예언사역, 예언자 무리의 탄생
		(예언 교회와 조직)
1990	사도 운동	사도, 신비, 조직, 대추수. 사도 사역은 신의 질서를 가져옴으로 회복됨. 성도들의 모든 준비를 위한 오중 사역의 회복을 마침.
		(사도 교회와 조직의 조직들)
2007	성도 운동	성도들의 강력한 증거, 끝난 수확

신교도 운동의 목적과 업적

개신교는 성령께서 교회 회복을 시작하셨기 때문에 생겨났다. 개신교는 교회에 계시와 합리적 적용, 그리스도의 최초의 근본적 교리를 재건, 죽은 행실로부터 회개(히 6:1-2)를 다시 도입했다.

이 운동에 대한 성령의 목적은 교회에 개혁과 회복을 가져오는 것이다. 유럽은 이 운동의 탄생과 성장의 장소였다. 가톨릭교회를 나온 사제들과 사람들은 운동을 보급시킨 자들이다. 마르틴 루터는 제2 개혁을 시작하라는 계시를 받고 설교한 첫 번째 사람이다. 그의 가르침을 따른 사람들은 루터교도라고 알려졌고, 그들은 루터교회로 진화하였다. 루터교회는 개혁가들이 받은 회복의 계시로 세워지게 될 모든 교회의 진형이다. 루터교회에 관하여 여기에서 말한 것은 진리의 회복을 개척한 개혁가들로부터 기원한 모든 교회다.

역사적 업적

루터교회는 마르틴 루터가 가톨릭교회에서 나와서 그의 추종자들과 가톨릭 정신과 분리된 교회를 만들려고 정의롭게 싸워 생겨났다.

영적 업적

이것이 현실로 드러나게 된 것은 하나님의 사람이 진리의 계시를 받았기 때문이고 하나님의 말씀과는 반대된다고 느꼈기에 동일한 종교적 체계로 계속하는 것은 불가능하다고 생각했다. 그는 로마 가톨릭교회의 예전과 교리를 행하는 사제로 남기 위해서는 하나님 말씀의 지식과 그의 양심과 새롭게 받은 영적 중생 체험 모두를 부인해야만 했다.

복구된 업적

이것이 현실로 드러나게 된 것은 교회 회복을 작정한 루터였고, 그의 가르침을 따랐던 사람들이 루터주의자라 불렸기 때문이다. 루터교회는 제2 개혁이 첫 회복을 하는 동안 회복된 진리와 사역을 세우고 유지하는데 도움을 준 개신교 교단 중에 하나의 교회가 되었다. 루터의 가장 혁명적인 가르침 중 하나는 '신자가 곧 사제' 라는 것이다. 그는 모든 거듭난 신자가 가톨릭 사제나 교황보다 하나님의 보좌에 더 가까이 있다고 가르쳤다. 가톨릭 성직자들은 루터의 가르침을 모든 교회 체제의 위협으로 보았다. 사람들은 구체제 교회가 왜 루터를 이단자로, 그의 가르침을 이단으로 비난하는지 알고 있다. 이와 유사한 일들이 새로운 진리의 회복과 함께 일어났다. 자신들의 나라에 신교도 운동을 개척한 개혁가들에게도 동일하게 말할 수 있었다. 스코틀랜드의 존 녹스-장로교회, 영국의 토마스 크랜머-영국 국교회/성공회/감독교회

요약과 핵심 단어

회복의 역사는 하나님께서 어떤 새로운 일을 준비하실 때 그분은 어떤 특별한 지역을 예비하신다는 것을 보여 준다. 그분은 계획plan을 영존시킬 백성people, 소산product, 처소place를 예비하신다. 주님은 말씀message과 사명ministry을 지닌 사람man을 세우시고 다양한 방법methods과 수단means으로 그분의 뜻을 잘 수행하는 운동을 태동시킨다. 그것을 나타내는 핵심 단어의 몇 가지 예다.

백성people-소산product-처소place. 먼 옛날 하나님께서 "그리스도 예수 안에서 작정하신 영원한 목적purpose"[7]을 행하시기로 하셨을 때, 그분은 처소place로 이 지구를 마련하셨다. 하나님은 그때 새 피조물인 사람man을 창조하셨다. 그분이 만드신 인간은 아담과 하와로 이름 붙여졌다. 인간이 사용할 소산product은 지구상의 모든 생명체와 원소와 환경이다.

사람man-말씀message-방법method. 홍수로 이 세상이 멸망하는 가운데 노아라는 사람man이다. 방주는 의로운 자들을 보호하는 수단

means이었다. 회개는 말씀message이었다. 물은 악한 자들이 제거되기 위한 방법method이었다. 지구가 다시 인간의 이주를 위해 준비를 마치기까지 저소place는 물 위 빙주의 꼭대기였다.

이런 핵심 단어를 사용함으로, 우리는 신교도 운동이 성취한 것을 간단하게 설명할 수 있다.

신교도 운동의 하나님의 목적purpose은 교회 대회복 기간을 활성화하는 것이며 제2 교회개혁을 시작하는 것이다. 유럽은 이 운동이 탄생하고 자란 장소place다. 가톨릭교회에서 나온 사제들과 백성people은 이것을 전파했다. 신교도 운동이 회복한 진리를 대중화시킨 물건product은 인쇄기였다. 하나님께서 사용하신 핵심 인물man은 마르틴 루터였다. 주요 말씀message은 믿음으로 의롭게 되며 모든 신자가 성직자라는 만인 제사장이었다. 사역ministry은 하나님 말씀을 설교하는 것이다. 방법method은 하나님을 믿음으로, 이용할 수 있는 모든 수단means을 사용하는 것이다. 결과result는 그리스도, 곧 교회와 한 몸이 되는 것이며 무기력과 배교에서 깨어나는 것이다. 교회는 어린양의 보혈로 종교적 이집트에서 나와 약속된 가나안 땅을 소유하기 위해 여정을 떠났다. 가나안 왕국은 여호수아의 왕국이 되며 하나님께서 선택하신 백성의 나라가 되도록 예정되어 있었다.

이 세상 왕국은 예수 그리스도와 그분이 선택한 백성, 곧 교회가 되도록 예정되어 있다.[8] 이것은 제3 교회개혁의 최종 결과가 될 것이다. 모든 것은 교회를 회복하는 하나님의 목적을 성취하는 방향으로 점차적으로 진행되어 루시퍼의 반란과 인간의 타락, 교회의 암흑기에 악화된 만물을 그리스도와 함께 회복할 것이다.

복음주의 운동 - 1600년대

성령의 명령은 진정한 그리스도인의 구원을 위해 제2 기초석基礎石을 복구하는 것이다. "믿고 침례를 받는 자는 구원을 받을 것이다."[9] 주요 진리로 설교되었던 온 몸을 완전히 잠기도록 하는 침례는 복음주의 운동의 가장 큰 논쟁거리와 박해를 불러왔다. 그 운동은 유럽에서 태동했지만 미국에서 탄생하고 성장했다. 이 운동을 설명하는 단어는 아나밥티스트(Anabaptist, 재세례파)다. 모든 가톨릭교회와 전통적 개신교회는 유아 세례와 성인에게 물을 뿌리는 물세례를 행했다. 재세례파는 유아 세례는 성인 세례보다 선先 신앙고백 없이 행해지기에 구원의 은총이 없다고 강조하며 가르쳤다. 그들은 단지 유아 세례를 받고 물 뿌리는 성인 세례를 받았던 어떤 루터교인과 성공회 교인들과 장로교 교인들과 가톨릭 교인들에게 다시 세례를 주었다. 민족교회와 가톨릭교회는 이 세 가지 가르침을 받아들이지 않았다. 루터교인들은 매우 거세게 구원은 의로운 삶을 행할 필요 없이 단지 믿음으로만 유지된다는 가톨릭의 종교적 행위와 싸웠다.

복음주의 운동이 첫 번째로 추가한 반대 가르침은 제자도다. 기독교는 지적 믿음이나 입술로만 고백하는 것 이상이다. 그것은 변화된 삶과 매일매일 하나님과 동행하는 삶이어야만 한다. 두 번째는 교회 회복이다. 그들은 단지 가톨릭교회를 변형하거나 혹은 새로운 개신교회를 만드는 데 관심이 없었다. 그들은 1세기 교회의 가르침과 사역을 회복하기 위해 전념했다. 세 번째 가르침은 교회와 국가의 분리였다. 즉, 국가나 민족의 종교나 교회로 인정되는 유일한 교회의 교단만이 있어서는 안 된다는 것이다. 이제 그들은 미국 일부로 퍼져나가고 있듯이 기독교는 정부에서 분리되어야만 한다고 가르치지 않았다. 나그네(청교도)들은 국가 교회의 지배와 핍박에서 자유를 얻기 위해 미국으로 왔나. 그것이 헌법의 창시자가 교회와 국가의 분리를 집어넣은 이유다. 그들은 국가에 하나의 교회 교단만을 원하지 않았고 각기 자신의 신앙에 따라 하나님을 섬기는 독립적 교회와 그리스도인들이 되는 자유를 원했다. 게다가 복음주의 개혁가들은 그들의 추종자들에게 적극적으로 입회하고 개종자들을 찾아 나서라고 가르쳤다. 이전 신교도 운동을 설립했던 장로교 교인들은 예정론을 가르쳤다. 오직 성령께서 사람들을 그리스도에게 이끄시며 기독교는 다른 사람을 강요하지 않는 개인적인 문제다.

새로운 회복은 기존 종교의 박해를 받는다

개신교와 가톨릭교회는 복음주의자들을 제거하기 위해 힘을 합쳤다. 그들에게 재세례파는 종교적 이교도일 뿐만 아니라 기독교 유럽의 안정을 사회적, 종교적으로 위협하는 자들이었다. 수천의 재세례파 그리스도인들은 가톨릭 지역에서는 화형으로, 개신교 지역에서는 익사로 죽음에 처해졌다. 단지 유럽에서 16세기 이후 세 지역에서만 생존할 수 있었는데 스위스와 남부 독일의 형제교회, 네덜란드와 북부 독일의 메노파 교회, 모라비아의 후터파 교회였다.

이것은 새로운 회복 운동의 참가자들을 대규모 학살한 최후의 박해가 될 것이다. 다음 회복 운동은 유럽에서 준비되었지만 새로운 종교의 자유의 땅 미국에서 태동했다. 미국은 종교적인 이유로 사람을 죽이는 것을 금지했다. 회복 운동이 이어지는 300년 동안 기존 사람들에 의한 새로운 박해는 육체적 살인 없이 동일한 형태로 이어질 것이다. 모든 주요 개혁과 회복 운동의 내부에는 다섯 그룹의 사람들을 낳았다.

회복 운동으로 형성된 다섯 그룹

1. 박해자

이들은 회복 운동 기간 동안 교회에 성경적 진실을 다시 세우려던 과거 운동 출신자들이다. 그들은 교리 신앙을 확립하고 교단 신조를 공고히 했다. 일전에 계시였던 것은 이제 걸림돌이 되었다. 새롭게 회복된 진리는 그들의 계시나 교리 신조, 혹은 개인적 경험의 일부분이 아니었다. 그러므로 대부분의 기존 사람들은 새로운 것을 받아들일 수 없는 가르침으로, 그리스도인들이 체험하기를 원하지 않는 것으로 거절했다. 지도자들은 그 가르침이 그들의 교파와 신앙에 위협이 된다고 느꼈다. 그것을 이단이라 불렀고 기독교의 일부분이 될 가치가 없으며 새로운 회복 운동에 참가한 자들을 거부하고 박해함으로 그들은 의롭게 될 것이라 생각했다.

2. 수동적인 자

이들은 새로운 것을 반대하거나 저항하는 종교적 지도자들이다. 새로운 회복 운동에 영향을 받기에는 너무 멀리 있거나 또는 그것을 너무 많이 알고 있기 때문에 박해와 참여를 거부한 자들이다.

3. 참여자

이들은 운동에 부분적으로 혹은 전적으로 참여한 자들이다. 부분적 참여자들은 부흥을 찾아간 자들로 가르침과 사역의 복을 받았지만 옛 교파의 안전지대에 머물러 있었다. 전적으로 참여한 자들은 기존 교파를 떠나 새롭게 회복된 진리와 사역, 주님의 새롭게 하시는 현존 가운데 완전히 세워지도록 새로운 교단에 합류했다.

4. 주창자

이들은 운동의 사역자가 되려는 사람들이다. 대개 새로운 지역 교회를 시작하여 새로운 진리를 설교할 자유를 얻었고 사람들에게 회복된 진리와 사역을 세워 나갔다. 1948년까지, 지역 교회들은 항상 신앙과 비전을 공유하며 교회간 친교를 형성했는데 이는 교단으로 발전해 나갔다. 또한 루터교회와 장로교회라는 교단의 형성과 함께 신교도 운동에서 발생했다.

5. 개척자

이들은 개혁가들로 성령께서 회복되기를 바라시는 새로운 진리의 계시를 처음 받았다. 그들은 운동을 시작하라는 말씀을 받은 사람들이다. 개척자들은 회복된 진리와 사역의 성경적 사실을 뒷받침하는 책을 쓰고 설교하며 가르쳤다. 그들은 그들의 교파가 전파한 것보다 훨씬 더 위대한 진리가 있음을 깨닫지 못한 대부분의 그리스도인들에게 진리를 전했다. 새로운 회복 운동이 인정받기까지 수년 때로는 수십 년이 걸렸다.

모든 회복 운동은 동일한 순환을 통과한다

운동이 시작되었을 때 기독교 내부에 거대한 논쟁을 불러왔는데 특별히 과거 회복 운동으로 형성된 교단이 주도했다. 새로운 회복 운동의 개척자들은 기존 교단으로부터 수많은 박해와 거절을 당했다. 거절과 박해의 열전熱戰이 시작되었다. 몇 년 후에는 관용의 냉전冷戰으로 전환되었다. 기존 교단은 새 교단을 허락했지만 그들과 교제할 만큼 가치 있다고 여기지 않았다. 결국 몇 년 후에 새 교단은 합법적 그리스도인들의 그룹으로 인정받았다. 새로운 그룹은 기존 그룹의 위협 없이 교제할 수 있었는데 그들이 회복된 모든 진리를 믿고 실천했기 때문이다. 그러나 기존 그룹은 새로운 회복 운동 교회들과 교제하기를 꺼렸는데 그들이 가르친 진리와 사역과 예배 방법이 그들 그룹이 믿고 실천하는 것 이상이었기 때문이다.

교회는 하나님 나라의 목적을 위해 하나 되어야 한다

회복된 교회들 사이의 모든 차이점을 개의치 않는다면 이제 하나 됨이 급선무다. 새로운 날이 2008년 제3 교회개혁의 시작과 함께 떠올랐다. 하나님은 예수의 기도를 이루라는 임무를 성령께 내리셨다. "아버지, 그들을 하나로 만드시어 우리가 하나임을 세상이 믿게 하소서."[10] 예수님은 그분의 교회가 완전히 회복되고 온 세상에 하나님 나라를 증거하도록 하나 되는 데 매우 진지하셨다. 예수님은 이 땅이 사악한 지배로부터 종말을 원하셨고, 정의로운 지배가 이루어지도록 교회가 회복되기를 간절히 원하셨다.[11] 그러나 예수님은 하나님 나라의 복음이 모든 민족에게 증거되기 위해 온 세상에 전파될 것인데 그때까지 '끝'

은 오지 않는다고 말씀하셨다.[12] 사도 베드로는 예수님께서 그리스도의 교회가 완전히 회복될 때까지 하늘에 계셔야만 한다고 말했다.[13] 예수님은 그분의 교회가 하나 될 때까지 세상이 믿지 않을 것을 계시하셨다. 그러므로 성령은 위대한 하나님 나라의 목적을 통합하도록 혹은 그 결과를 감수하도록 교회 사역자들에게 압력을 강화했다. 예수님은 교회가 탄생하도록 십자가에 달리셨고 교회의 회복과 일치를 방해하는 사역자들을 십자가에 달리게 할 것이다. 제3 개혁은 그분의 생멸生滅하는 교회를 향한 하나님의 목적이 성취되기까지 하나님 나라에 참여하고 증거하려는 자들에게 진보된 목적과 새로운 책임감과 복종을 불러올 것이다.

가까이 있을 필요성

그러나 이 책이 가까이 있을 필요성은 제2 개혁을 통해 나아가는 것이다. 신교도 운동과 복음주의 회복 운동은 교회 회복의 기초를 놓았고, 그리스도 교회가 다시 회복할 지침, 원리, 진리, 사역 회복의 과정을 계시했다. 나머지 운동은 최소한의 정보만을 소개할 것이며 그때 성령께서 그 회복 운동으로 이루시려는 것을 개괄하려 한다.

성결 운동 – 1700년대

하나님께서 사용하시는 사람들은 너무 많았다. 존 웨슬리는 성결 운동을 촉진한 가장 주목할 사람이다. 참여한 사람들과 진리를 전파한 사역자들은 주로 신교도 운동과 복음주의 운동에서 온 이들이다. 존 웨슬리는 대학을 졸업하고 성공회 신부가 되었다. 더욱이 존과 그의 형제 찰스는 1738년 런던의 올더스게이트에서 열린 모라비안 집회에 참석하기 전까지는 중생의 체험을 하지 못했다고 한다.

성화의 회복의 말씀

그리스어 어근語根에서 유래한 성화는 '신성한, 구별하다, 정화하다, 신성하게 하다' 라는 의미가 있다. 1740년에 존 웨슬리는 두 가지 상반된 은총의 행위가 있다고 가르쳤다. 첫 번째 은총의 행위는 신교도 운동이 가르친 믿음의 칭의稱義다. 두 번째 은총의 행위는 그리스도인들의 거룩한 삶이 가능하다는 것이다. 성화의 두 가지 체험은 동기와 소망을 정화하며 거룩한 삶을 살아가는 하나님을 향한 순수한 사랑을 주었다. 이 체험은 또한 큰 기쁨이 넘치게 했다. 회복된 진리를 묘사하는 새로운 노래가 탄생했다. 찰스 웨슬리는 형인 존 웨슬리가 설교한 말씀을 가사로 만들어 4,000곡 이상의 찬송가를 발표했다.

감리교회는 성결 운동을 상징한다

존 웨슬리와 조지 화이트필드는 규칙적인 성경 연구 방법과 기도, 세상에 반하는 그리스도인으로서의 실천 때문에 감리교도(Methodist, 종교적으로 엄격한 사람)라고 불렸다. 웨슬리의 추종자들은 웨슬리안 감리교도라고 알려졌다. 교회에 추가된 또 다른 위대한 사항은 정규 신학교를 졸업하지 않은 평신도 설교자들을 사역하도록 한 것이다. 거친 미국의 개척지에 신교도-성결 복음을 가지고 간 이들은 주로 평신도 설교자들이다. 또한 그들은 선교에 역점을 두었다. 성결 운동을 향한 하나님의 목적은 교회에 승리한 그리스도인들의 삶(성화)과 기쁘게 소리치며 찬양하면서 성령의 열매를 기쁨으로 표현하는 회복을 가져왔다. 신교도 운동은 하나님의 사람들을 유월절이 이스라엘을 이집트에서 건져냈듯이 암흑 시대에서 건져냈다. 복음 운동은 물세례를 통해 홍해에서 건져냈고, 성결 운동은 이집트에서 멀리 떨어진 곳에 거룩한 백성들이 하나님을 예배하는 교회를 세우게 했다.

신유 운동 – 1800년대

이 운동의 목적은 예수님께서 죽을 수밖에 없는 인간의 몸을 치유하시기 위해 39번의 매질을 당하신 진리를 회복하기 위함이다. 암흑 시대 교회 지도자들은 이 진리를 문자로 표현된 것을 영적인 것으로, 실제 일어난 것을 천상에서나 가능한 것으로, 지금도 일어날 수 있는 일을 단지 기념할 것으로 바꾸어 버렸다. 1세기 교회는 성경에 나타난 신유와 축사를 믿었음에도 말이다.

회복을 가져온 계시

A. B. 심슨은 장로교 목사로 1880년도에 주치의로부터 몇 달밖에 살지 못한다는 진단을 받았다. 그는 곧 죽게 된다면 하나님의 말씀에 충만한 상태에서 죽기로 결심했다. 그가 말씀을 연구할 때, 성령께서 신유는 죄 사함과 동일하게 그리스도의 속죄 안에 있음을 계시하셨다. 그는 신유에 관해 많은 설교와 저술을 했다. 하나님께서 그를 치유하시고 생명을 35년 연장하심으로 그분의 계시를 A. B. 심슨에게 확증하셨다. 그의 회복된 말씀은 그리스도 교회에 다시 신유의 진리를 세우도록 세계적인 운동을 탄생시켰다. 그는 이 회복의 진리를 개척하고

실천하기 위해 장로교회를 떠나야 했다. 이것은 그리스도인 연합선교회Christian Missionary Alliance Church의 시작이다.

복음주의, 성결, 신유 운동의 요약

이들 운동의 핵심 말씀은 세 가지다. 신자의 침례, 성화, 신유. 사역의 특별한 가수들, 위대한 확신, 축복, 감정의 분출, 그리고 육체의 치유를 동반한 말씀 집회였다. 땅 끝까지 말씀을 전하는 사역자들의 발이 되어준 새로운 모델은 증기선과 기차였다.

결과는 영원한 교회가 홍해의 침례를 건넜고, 세상과 구별되어 성화되었으며, 그때 마라의 물에서 신유의 그리스도 구속의 역사를 받기 위한 여정이 시작되었다.[14] 그러므로 세 가지 이상의 주요 발자국이 교회의 충만한 회복을 위한 걸음마다 새겨졌다. 20세기에 접어들면 제2 교회개혁을 향한 하나님의 목적을 성취하기 위해 몇 가지 회복 운동이 탄생할 것이다. 그때 21세기가 시작하고 첫 10년 안에 마지막 제3 교회개혁을 세우려는 회복 운동이 일어날 것이다. 우리는 제3 개혁의 축복과 능력에 진입할 때까지 회복 운동을 이어가야 한다.

전통 오순절 운동 – 1900년대

이 운동의 목적은 교회에서 성령의 놀라운 능력의 역사를 회복하는 것이다. 신자들에게 성령의 세례로 '다른 방언'을 선물로 주심으로, 교회에 성령의 은사를 주심으로, 예수님은 그리스도 제3의 교리를 회복하셨다. 세례의 교리, 이 땅에 세 가지 기초적인 세례와 세 가지 증거가 있다. 회개의 세례, 피의 증거–물세례, 물 증거–성령의 세례, 성령의 증거(요일 5:8). 오순절 운동은 충만한 삼중의 세례와 증거를 불러왔다. 탄생한 장소는 미국이고, 후에 라틴 아메리카에서 가장 높은 성장세를 보이며 세계로 퍼져 나갔다.

오순절 운동은 창설자로 한 사람만을 주장하지 않는다. 그러나 찰스 F. 파함Charles F. Parham과 W. H. 시모어는 이 운동의 개척자로 역할을 감당한 중요한 인물이다. 오순절 진리에 참여한 사람들과 그 진리를 전파한 사람들은 주로 교회의 성결 운동에서 왔다.

말씀은 '다른 방언'을 말함으로 증명된 성령의 세례였다. 사역은 치유, 기적, 방언, 성령의 은사를 수반한 설교 말씀이다. 모든 악기와 노래가 복음을 전하고 하나님을 찬양하는 데 사용되었다. '성령의 춤추기'는 성령의 인도를 받은, 통제할 수 없는 찬양의 표현으로 받아들여졌다. 세상 끝 날에 이 회복된 진리를 대체하고 소통하는 새로운 방법은 자동차와 라디오다. 교회는 광야에서 '반석에서 나오는 물'의 체험을 통해 회복의 여행을 진척시켰다.[15] 결과는 사역이 더욱 강력해졌고, 복음은 더욱 위대해졌고, 각기 다른 방언으로 성도들의 가장 깊은 곳에서 흘러나오는 '생수의 강'이 되었다.[16]

오순절 운동은 예언의 섭리에 따라 성도들이 나아가는 발걸음에 또 다른 진보적 단계가 되었다.

은사 운동 − 1948~1988년

나는 히브리서 6장 1−2절에 나타난 기독교의 교리에 대해 각기 다른 회복 운동 때 얼마나 다른 교리로 회복되었는지를 여러 번 언급했다. 몇 가지 운동은 그 교리를 다양한 관점에서 표현했고 하나의 회복 운동 이름 아래 두었다. 성결 운동은 세 가지 회복의 진리를 포함했다. 물세례, 성화, 신유. 은사 운동과 1948년 늦은비 운동, 구원의 복음과 함께 나타난 1960년대 은사 쇄신 운동, 1970년대 대신앙 운동까지 사실은 모두 동일하다. 이들 운동은 안수按手 교리의 다양한 사역을 증명한다.

제1 개혁은 그리스도의 여섯 가지 교리를 교회에 확립했고 일곱 번째 교리를 암시했는데 그것은 만물의 궁극적 성취를 위한 '완전으로 나아가기' 다.

제2 개혁은 교회에 모든 교리와 암흑 시대 때 잃어버린 그리스도의 사역을 세웠다.

제3 개혁은 교회가 이 땅에 하나님의 나라를 세우기 시작하도록 활성화시키며 만물의 회복과 성취를 완성한다.

그리스도의 6가지 교리(히 6:1-2)	회복 운동
죽은 행실을 회개함	신교도
하나님께 대한 신앙	성결
세례의 교리	오순절
안수	은사
죽은 자의 부활	예언 사도
영원한 심판	성도/주님의 군대
궁극적 성취(완전한 데로 나아감)	하나님의 나라

늦은비 운동 - 1948년

늦은비 운동에 대한 하나님의 목적은 성경의 의식으로 행해진 안수를 경험적 사실로 회복하여 그리스도의 네 번째 교리로 회복하는 것이다. 안수가 탄생한 곳은 캐나다이다.[17] 그 후 미국과 전 세계로 퍼져나갔다.

늦은비 운동의 지도자들

늦은비 운동은 어느 개인이나 그룹에 주요 운동으로 인정되지 않았지만 어떤 사람들은 안수의 교리를 알아가고 유지함으로 주목하게 되었다. 수많은 사람과 교회들이 장로교('예언 장로교'라고 부른다)의 개인적 예언과 함께 안수를 행했다.

레지널드 레이젤Reginald Layzell은 그 진리의 개척자 중 지혜와 균형을 갖춘 사람이다. 늦은비 운동은 누가, 언제, 어디에서, 어떻게, 예언 장로교를 경험할 수 있는지 분명한 의식儀式을 발전시켰다. 이 회복 운동 기간 동안 수많은 새로운 진리와 사역이 회복된 것은 이전 운동들이 있었기 때문이다.

복음 구원 - 1948년

이들은 안수의 치유와 기적을 증명한 하나님의 사람들이다. 1950년대에 수백만의 사역자가 치유 사역자들로 일어났다. 오랄 로버츠Oral Roberts는 안수 치유로 가장 알려진 인물이다. 그는 백만 이상의 사람들에게 안수했다. 윌리엄 브래넘william branham은 지혜의 말씀과 영분별로 질병을 쫓아내는 증거를 보여 주었다. T. L. 오스본은 대중 집회에서 기적을 증거했다. 그는 수천 수만의 집회에서 특별한 질병과 절름발이, 청력 등을 위해 기도했다. 수백 명의 사람이 그들이 체험한 기적의 치유를 증거하고 증명하기 위해 앞으로 나왔다.

베니 힌Benny Hinn은 최근까지 이 사역을 계속하고 있다. 나는 수천의 사람들로 가득 들어 찬 라틴 아메리카의 경기장에서 내 영적 아들인 길레르모 말도나도Guillermo Maldonado가 믿음의 축복 기도를 하자 치유를 받은 수백만의 사람이 앞으로 나오는 것을 보았다. 대부분의 목사들과 복음주의 사역자들은 성도들에게 안수를 했다.

은사 쇄신 운동

이것은 모든 사람이 회복된 진리 안에서 세워지는 기회를 갖기 위해 세계 전역에서 성령께서 강권적으로 역사하신 것이다. 하나님은 가톨릭을 포함하여 모든 육체에게 성령을 부어 주셨다. 어느 날, 한 가톨릭 신자가 믿음으로 구원받고, 물로 세례를 받고, 성화되고, 성령의 언어로 기도하는 은사를 받고 개인적 예언을 받았다. 그는 교회가 회복한 모든 진리와 사역을 경험한 것이다. 은사 운동 때, 가톨릭에서 성결 운동 교회까지 대부분의 교단이 그들의 교단 내에서 은사 모임을 발전시켜 나갔다.

신앙 운동

이 운동에 대한 하나님의 목적은 교회 암흑 시대 동안 만연한 잘못된 가르침에서 교회를 구원하는 것이다. 그들은 가난한 자와 비참한 자들이 영성과 동의어라고 가르쳤다. 수도회는 더욱 영적이 되기를 갈구하면서 세속적 물질과 부요로부터 자신을 부정하는 모범을 보였다. 신앙 운동의 교사들은 "네 영혼이 잘됨 같이 네가 범사에 잘되고 강건하리"는 하나님의 뜻이 드러난 요한삼서 1장 2절을 강력히 가르쳤다. 구약성경에는 하나님께서 그분의 백성들을 어떻게 축복하셨는지 잘 드러나 있다. 돈은 세상 끝까지 복음을 전하기 위해 필요하다. 이 진리를 개척한 이들이 케네스 해긴Kenneth Hagin과 오랄 로버츠다.

은사 운동의 지도자들

은사 쇄신 운동을 활성화시키고 널리 알린 최초의 도구가 된 핵심적인 사람들은 데니스 베네트Dennis Bennett, 데이비드 두플레시스 David Duplessis, 데모스 샤카리안Demos Shakarian이다. 데릭 프린스는 역사적 은사 운동이 마귀가 활약하는 영적 세계의 실체를 알 수 있도록 도왔다. 케네스 해긴은 범사에 잘되고 강건하라는 믿음의 메시지의 아버지로 알려졌다.

운동에 참여했던 대다수의 사람들과 복음 구원과 늦은비 진리를 전파한 사역자들은 대부분 오순절 운동 교회에서 나왔다.

처음으로 은사주의자라 불렸던 사람들은 역사적 신교도 교단의 사역자요 회원들이었지만 그 후 가톨릭과 정교회, 성결교와 복음주의, 근본주의 교회에서 온 사람들이었다. 결국 많은 오순절 지도자들과 늦은비 지도자들은 성령 충만하고, 방언을 하고, 하나님을 찬양하고, 그날과 그 시각을 위해 현 진리를 믿는 그리스도인들로 자신들을 정의한 은사주의라는 단어를 마지못해 받아들였다.

은사 운동의 메시지

늦은비 은사 운동의 메시지는 삼중적이다.

1. 치유, 성령 세례, 구원, 그리스도의 몸 된 목회와 사역을 위한 안수, 성령의 은사를 세 가지 이상 활성화하기 – 치유 은사, 예언 은사, 지혜와 말씀 은사

2. 교단의 그리스도인들에게 오순절 운동의 진리와 늦은비 운동의 모든 진리를 선언했다. 이것은 대부분 성령으로 새롭게 세례를 받은 교단 사역자들에 의해 행해졌다.

3. 그리스도의 몸 된 지체로서의 성숙한 그리스도인들의 승리하는 —영적, 육적, 재정적으로—삶에 관한 작금의 진리와 사역자들의 믿음 선포

사역은 치유, 예언, 계시의 은사로 이루어지는 말씀의 집회였다. 이는 수많은 구원과 그리스도인들 개개인의 무한한 영적 성장과 교회의 양적 성장, 성도들의 범사의 잘됨을 초래했다.

앞으로 나아갈 때

신의 질서가 확립됨으로 모든 기독교 세계는 현 진리의 최전선으로 나아갈 기회를 갖기까지 성도들을 시내 산 체험에 이르게 했고 그곳에 체류하는 결과를 낳았다. 교회는 약 40년간(1948~1988년) 진리의 산

(은사 운동)에 캠프를 설치했다. 나는 1988년에 천사가 하늘에서 말씀을 퍼뜨리기 시작했다고 믿는데 그것은 "교회, 우리는 충분히 오래도록 여기에 있었나"라고 선언함으로, 사도와 예언자의 모임에 나타나 이 땅에 다시 울려 퍼지기 시작했다. 또 다른 회복 운동의 때가 되었다.[18]

예언 사도 운동

이 운동에 대한 하나님의 목적은 예언자와 사도의 오중 사역의 충분한 회복과 활성화다. 몇몇의 또 다른 진리와 사역은 이때 회복되었다. 예언자들의 오중 임무가 회복되었을 뿐만 아니라 예언자들의 모든 모임이 오실 엘리야에 관한 예언을 함께 성취하는 열매를 맺게 되었는데 그것은 주님의 오심을 위해 '그 길을 준비하고 백성들을 준비시키는 것'이다. 기름 부음받은 '엘리야'와 함께 예언자와 사도의 모임은 세례 요한이 그리스도 초림의 성경 말씀을 성취했듯이 그리스도 재림에 관한 성경 말씀들을 성취할 것이다.[19]

예언의 영적 은사, 지식과 지혜의 말씀으로 예언 운동은 성도들을 활성화시키기 위해 계시를 불러왔다. 사도 운동은 성도들을 위해 치유 능력의 은사와 믿음과 기적의 역사를 똑같이 행하였다. 이집트에서 가나안으로 나아가는 이스라엘의 여정과 연관되어, 예언 사도 운동은 그들의 약속된 땅 가나안을 소유하기 위해 전쟁을 준비하고 적당한 위치를 선점하려고 교회는 요단을 건넜다. 이기심이 없는 '-사람들'이 되고 죄를 떠남으로 그리스도의 형상에 부합하기까지 그들은 성도들의 가나안 땅에서 개별적으로 예수의 성격에 반대되는 '-사람들'의 모든 모습을 스스로 쫓아내야 한다고 가르쳤다.

공동의 목적과 성도들의 가나안 땅은 '이 세상 나라가 우리 주와 그분의 교회의 나라가 되기' 까지 적과 싸우며 굴복시키려는 그들을 위한 것이다.[20] 이것이 그들이 영적 전쟁의 찬양과 예언 사도 중보기도를 가르치고 증거했던 이유다. 은사 운동에서 회복되지 못했지만 예언자 운동에서는 회복된 또 다른 핵심적인 말씀과 사역은 그것을 묘사하기 위해 선택한 예언 사역자들의 말씀에서 드러났다.

활성화

활성화의 주된 가르침은 모든 성도가 하나님의 음성을 듣고 그리스도의 마음으로 다른 이들을 섬길 수 있는 예언자의 마음을 갖는 것이다. 성도들은 마치 죄인들이 영원한 생명으로 활성화되듯이, 중생한 그리스도인들이 성령의 은사로 활성화되듯이 활성화된다. 그들은 성령의 선물을 영원한 생명의 은사와 성령처럼 동일하게 받으며 나타난다고 가르쳤다. 이 세 가지는 주권적인 은혜로 주어졌고 받았으며, 믿음으로 나타났다.[21]

그들의 열정은 그리스도의 몸 안에서 목회와 사역 가운데 성도들을 가르치고, 훈련하고, 활성화시키고, 스승이 되고, 성숙시키는 것이다. 성경은 강조해서 말한다. "너희는 하나씩 하나씩 예언할 수 있느니라," "신령한 것들을 사모하라," 그러나 "특별히 예언을 하려고 하라," 그리고 육적 감각이나 영혼의 감정들이 아닌 "믿음에 따라 예언하라."[22]

다른 주요 가르침은 사도의 임명과 민족의 예언, 보통 민족의 지도자들을 위한 사역을 포함했다. 그들은 예언 운동이 성도들의 강화된 정결을 위해 불세례를 가져왔다고 믿었다.[23] 사도들의 몫은 교회 건축, 그리스도의 몸의 일치, 세계 추수, 기저, 구원을 위한 하나님의 신성한 명령으로 한층 더 강조되었다. 더욱이 예언자와 사도를 회복하시려는 하나님의 주 목적은 단지 세 가지만 인정되고 다섯 가지로 활성화된 그분의 오중 사역자를 완성하는 것으로 그들의 목회와 사역을 위해 성도들을 준비하는 임무를 성취할 수 있게 되었다.[24] 이것은 다가오는 성도 운동에 참여하기 위해 준비하는 성도들에게 권한을 부여하는 곳마다 필요하다.

이 운동은 미국에서 탄생했고 전 세계로 퍼져나갔다. 〈카리스마 Charisma〉에서 두 명의 지도자로 인정된 최초의 개척자이며 예언 운동 지도자는 폴 케인Paul Cain과 빌 해몬이다. 1990년대 후반 사도 운동은 빌 해몬과 피터 와그너Peter Wagner와 전 세계 수백 명의 사람들에 의해 옹호되고 전파되었다. 어느 한 개인이 위대한 인식을 얻지 못한다. 왜냐하면 그들은 '팀 사역'을 가르쳤고 하나님의 선한 목적을 모두 함께 동역하도록 조직을 정비했기 때문이다.

'여호수아 세대'를 향한 많은 가르침이 있다. 한 권의 책은 은사 운동에서는 활발하지 않았던 예언 운동이 회복한 열 가지 주요 사항과 교회가 약속된 가나안 땅을 점령하려는 준비와 채비를 위해 요단을 건넜을 때 일어난 열다섯 가지 변화를 기록했다.[25]

이 운동의 말씀의 보급을 돕는 새로운 대체 수단과 의사 전달 장비는 제트 여객기와 컴퓨터, 책과 인터넷, 발전된 기술들이다. 잇사갈의 후손인 예언자와 사도는 때와 시기, 성령의 새롭게 하심, 하나님의 회복의 역사를 알았기에 다음과 같은 선언문을 만들었다.

'여호수아 세대'로 불리는 사도와 예언자는 밖으로 이끌며, 성직자인 목사들은 요단을 건너는 하나님의 회복의 방주를 운반했다. 은사 운동의 여정은 그것을 요단으로 나르는 교회의 목적을 성취했다. 이제 하나님의 백성을 인도한 구름과 불은 불같은 예언자와 엄호하는 사도들이 대신할 것이다.[26] 사도와 예언자는 보호와 지시를 제공하기 위해 그리고 교회가 나아갈 적절한 때를 제공하기 위해 떨쳐 일어날 것이다. 비록 만나는 그쳤지만, 이제 가나안의 옥수수와 우유를 먹을 때이며, 약속의 땅과 교회의 유산으로부터 사악한 자들을 멸하기 위해 꿀로 재충전할 때다.[27]

예언의 음성은 나팔 소리로 울려 퍼진다. "너희는 전쟁을 준비하라 … 너희는 보습을 쳐서 칼을 만들지어다. 낫을 쳐서 창을 만들지어다."[28] 우리는 예수 그리스도의 교회가 하나님께서 완전하게 된 성도를 위해 미리 예정하신 약속된 소유를 소유하기까지 끝나지 않을 전쟁에 지금 막 돌입했다.

깨어남, 회복 그리고 개혁의 거대한 최후 격동이 다가온다

운동 사이마다 회복과 갱신의 작은 물결과 함께 많은 주요 회복의 물결이 마지막 5백년간 발생했다. 이들 회복의 더욱 작은 물결과 다양한 진리와 사역의 영적 갱신이 1948년부터 2008년까지 발생했고, 이제 교회는 21세기에 마지막 제3 개혁을 착수할 것이다.

이전과는 다른 시간

예언자들과 사도들은 교회개혁의 물결을 위한 하나님의 목적의 수평선을 바라보고 있는데 그것은 이해할 수 없을 만큼의 거대한 크기로 —천 피트의 격동처럼—예언적으로 바라본 자들과 그것을 들은 자들 모두의 상상과 신앙을 요동치게 한다. 성도 운동은 거대한 파도로 활성화되었고 교회는 마지막 제3 교회개혁을 착수했다.[29]

예언자 요엘이 선포했듯이 이와 같은 날은 옛날에도 없었고 이후에도 없을 것이다.[30] 예언자들과 사도들이 하나님의 신비를 계속해서 드러내고 하늘에서 천사들이 소리 내는 것이 땅에서도 메아리칠 때, 요한계시록 10장 7절의 때가 될 것이다. "일곱째 천사가 소리 내는 날 그의 나팔을 불려고 할 때에 하나님이 그의 종 선지자들에게 전하신 복음과 같이 하나님의 그 비밀이 이루어지리라 하더라."

제3 개혁은 그리스도와 함께 일하기 위해 교회 내에 계시와 지혜, 능력과 은혜를 활성화시키는데 그것은 요한계시록 11장 15절의 예언의 말씀을 성취하기 위함이다. "일곱째 천사가 나팔을 불매 하늘에 큰 음성들이 나서 이르되 세상 나라가 우리 주와 그의 그리스도의 나라가 되어 그가 세세토록 왕 노릇 하시리로다."

2007년에 활성화된 성도 운동은 사도행전 3장 19-25절의 교회 회복의 몫을 완전히 회복할 것이다. 이제 제3 개혁은 하나님께서 세상이 시작된 이래 그분의 거룩한 예언자의 입을 통해 말씀하신 만물의 회복의 성취를 가져올 것이다.

이때에 예수께서 하늘로부터 놓임을 위해 필요한 만물을 회복할 것이다

제3 교회개혁의 물결은 땅과 하늘에서 모든 악을 몰아내며 우리 주 예수 그리스도의 지배 아래 세계의 모든 나라를 굴복시키는 그런 강도와 높이로 불어올 것이다. 그것은 하늘과 모든 땅 위에 우리 주 예수 그리스도의 나라와 그리스도의 기름 부음받은 교회를 세울 것이다.

개혁의 '눈 덩이' 원리

천 년간의 교회 암흑기가 있었고, 1900년까지 100년마다 회복 운동이 일어났다. 또 다른 주요 운동이 50년 내에 일어났다. 마지막 50년 내에는 매 10년마다 회복의 역사가 일어났다. - 늦은비 운동(1950년대), 은사 쇄신 운동(1960년대), 신앙 회복 운동(1970년대), 예언 운동(1980년대), 사도 운동(1990년대).

대부분의 신학자들은 예언자 다니엘이 보았던 산을 자른 '돌'이 교회라는데 일치한다.[31] 교회 내의 회복 운동은 산기슭에서 눈덩이가 굴러가는 추진력으로 거대한 눈덩이가 되는 것처럼 진행될 것이다. 신교도 운동은 산꼭대기에서 눈덩이를 만드는 것이다. 그때 각각의 회복 운동과 함께 교회는 눈덩이처럼 점점 더 커질 것이며 운동은 더 빠르게 진행될 것이다(1000년 - 100년 - 50년 - 10년).

하나님은 속히 일하실 것이라 말씀하셨고, 베드로는 주님의 오심을 간절히 사모해야 한다고 선포한다.[32] 우리는 그 길을 준비하고, 백성을 준비시키며, 위대한 종말의 추수를 행할 수 있고, 마지막 제3 개혁을 시작하기 위해 예언자들이 말해 왔던 만물을 성취하는 그들의 목적을 이룰 수 있다. 그래서 우리는 그리스도가 하늘로부터 놓임을 받을 수 있으며 이 땅을 그분의 교회와 함께 통치하고 다스리는 왕 중의 왕이요, 주 중의 주로 다시 오게 할 수 있다.[33]

왜 성령인가

성령께서는 교회가 진리를 회복하는 데 왜 그렇게 집요하신가? 만약 필요한 모든 것이 성도들을 1세기의 교회로 다시 회복하는 것이라면, 주님의 재림은 이미 일어났어야 했다. 그분은 돌아오기를 원하시며 돌아오실 것이다.

그런데 왜 그분은 돌아오지 않는가? 하나님께서 보내주신 새로운 계시로 우리는 교회의 회복이 그 자체로 끝이 아니라 끝으로 가는 수단임을 깨달았다. 하나님은 교회가 만물을 그리스도 아래 복종시키고 예언자들이 교회, 인류, 하늘과 땅에 관해 예언했던 만물을 회복하는 하나님의 도구가 되는 완전한 회복과 성숙에 이르도록 목적하셨다. 이것을 마지막 제3 교회개혁 동안에 모두 일어나도록 하나님께서 섭리하셨다. 교회는 모든 피조물의 완전한 개혁을 가져오도록 개혁될 것이다.

주 ·······

1. 마태복음 16장 18절

2. 누가복음 11장 29-32절

3. 에베소서 5장 27절

4. 느헤미야 4장 2절, 10절

5. 히브리서 6장 1-2절

6. 베드로전서 2장 24절 참조

7. 에베소서 3장 11절

8. 요한계시록 11장 15절

9. 마가복음 16장 16절

10. 요한복음 17장 21절 참조

11. 베드로후서 3장 13절

12. 마태복음 24장 14절

13. 사도행전 3장 21절

14. 출애굽기 15장 22-25절

15. 출애굽기 17장 6-7절

16. 요한복음 7장 37-38절

17. 《영원한 교회》, 225쪽

18. 신명기 2장 3절

19. 말라기 4장 5절; 마태복음 11장 9-14절; 이사야 40장 3-5절; 누가복음 1장 16-17절; 마태복음 17장 11절; 사도행전 3장 21절

20. 로마서 8장 29절; 요한계시록 11장15절

21. 에베소서 2장 8-9절; 고린도전서 12장 7절

22. 고린도전서 14장 1절, 31절, 39절; 로마서 12장 6절

23. 말라기 3장 1-5절; 고린도전서 3장 13절

24. 에베소서 4장 12절

25. 빌 해몬, 《사도, 선지자, 도래한 하나님의 운동》(Santa Rosa Beach, FL: Christian International, 1997년), 제6장

26. 출애굽기 13장 21-22절

27. 여호수아 5장 11-12절

28. 요엘 3장 9-10절

29. 빌 해몬, 《성도의 날》(Shippensburg, PA: Destiny Image, 2002년)

30. 요엘 2장 2절

31. 다니엘 2장 3-35절

32. 베드로후서 3장 11-13절

33. 마태복음 24장 22절; 베드로후서 3장 12절; 요한계시록 11장 15절; 19장 11-16절

9

PROPHETIC SCRIPTURES YET TO BE FULFILLED

제3 개혁의 계시와 준비

제3 개혁을 위한 준비

아담과 하와가 범죄하여 에덴동산에서 쫓겨난 후, 만물은 인류를 창조하신 하나님의 근원적 목적을 성취하기 위한 방향으로 나아가고 있다.[1] 하나님께서 자신의 형상과 모양대로 만드신, 인류를 향한 하나님의 근원적 목적은 이 땅을 하나님의 형상과 모양대로 인류를 가득 채울 때까지 그들 스스로 재생산하고 증가하는 것이다. 마지막 제3 개혁의 최종 목적은 인류를 향한 하나님의 근원적이며 영원한 목적을 확립하는 것이다.

하나님께서는 시작하기 전에 종말의 환상에서 출발하신다

하나님께서 우주에 하늘과 땅을 창조하시기 전에, 그분은 마음에서 인간을 그리셨다. 모든 것은 인간을 위한 기능과 목적을 위해 자신의 처지에 따라 설계되었다. 수백만의 별로 둘러싸인 은하수와 태양계는 마음에서 인간과 함께 만들어졌다. 지구는 태양의 주위를 자전하는 여덟 개의 행성 중에 특별한 행성이나. 하나님의 영원한 마음속에서 지구는 인간의 거처로 계획되었다. 태초에 지구는 하나님의 위대한 창조물인 인간을 위한 본부였다.

그는 대천사와 같았고, 수호천사로서 하나님의 우주 천사 성가대의 지도자로 예배했다. 그들은 하나님의 보좌와 하나님의 영원한 왕국을 하늘의 노래로 가득 채웠다. 이 찬란한 음악적 존재의 이름은 루시퍼다. 그는 임무를 위해 천사의 3분의 1을 거느렸다. 지구에는 각종 나무의 열매와 거대한 숲, 강과 바다가 있었다. 공룡과 같은 거대한 창조물들이 돌아다녔다. 루시퍼의 가슴속에는 지구만이 아니라 우주를 지배하고 싶다는 소망이 있었다. 그는 하나님을 정복하려는 반란을 주도했고 최고의 지배자처럼 그분의 자리를 탈취했다. 하나님은 미카엘과 천군 천사들을 보내서 루시퍼와 그의 천사들과 싸우게 하셨다.[2] 전쟁은 루시퍼와 그의 천사들이 패퇴敗退함으로 끝났다. 그들은 땅으로 떨어졌고, 지구와 지구 위에 존재하는 모든 것을 파괴하는 대참사를 초래했다.[3] 루시퍼와 그의 천사들은 빼앗은 모든 빛을 갖고 있었다. 지구는 완전히 어둠에 싸여 즉시 얼었고 수백만 년 동안 커다란 하나의 얼음 공이 되었다. 하나님께서 태초에 하늘과 땅을 창조하시는 본래의 목적을 수행하기 위한 준비를 마칠 때까지 그것은 무한하고 영원한 상태로 남아 있었다. 하나님께서 그분의 하늘 피조물 모두를 자신과 연합하는 데 허락하셨고 자신의 주요 계획을 나타내도록 준비하셨을 때 그것을 바라보고 주시하도록 허락하셨다. 하나님은 성령의 빛을 펼쳐 얼어붙은 지구를 따뜻하게 품으셨다.[4] 이것은 하나님께서 그분의 주요 계획을 이 땅에 옮기기 위해 지구가 거주할 수 있는 장소가 되도록 준비하신 첫 번째 준비 운동이다. 그분의 주요 계획은 그분의 형상과 모양대로 최대의 걸작을 창조하는 것이고, 이 땅에 인간을 창조하시고 모든 것의 주인으로 삼기 위함이었다.

탄생을 위한 하나님의 주요 목적을 이 땅에서 준비하기 위해 연속적인 6일이라는 준비 운동이 모든 것을 위해 요구되었다. 지구는 인간을 위해 만들어졌고, 인간은 지구로부터 만들어졌다.[5] 인간과 지구는 서로를 위해 만들어졌고 하나님의 영원한 목적을 위한 영원한 공동 운명을 갖게 되었다. 마지막 제3 교회개혁을 향한 하나님의 모든 목적을 파악하기 위해서는 반드시 이것을 이해해야 한다.

모든 것은 목적에 따라 설계되었다

우리는 하나님께서 창조하신 모든 것이 적재적소에서 기능하고 그것의 목적을 성취하기 위해 설계되었다는 것에 주목해야 한다. 새들은 깃털과 날개를 가졌고 하늘에서 그 기능을 발휘한다. 물고기는 물속에서 살도록 만들어졌다. 동물은 땅 위에서 살도록 만들어졌다. 인류는 흙과 하나님의 숨에서 나오는 영원한 생기로 창조된 몸이 있고, 영, 혼, 육이 그분과 교제할 수 있다. 인간에게는 이 땅에 창조된 어떤 피조물도 갖지 못한 능력이 있고, 말할 수 있는 능력과 하나님과 같은 창조하는 마음이 있어, 많은 언어를 창조하고 말할 수 있다.

인간의 신체는 많은 목적을 이룰 수 있도록 만들어졌다

인간의 몸은 하나님을 물질의 모양과 비슷한 것으로 표현한다. 하나님은 인간을 자신의 형상과 모양으로 만드셨다. 하나님의 주요 목적 중의 하나는 하나님의 유일한 독생자가 갖기 원했던 것과 정확히 일치하는 신체의 모양대로 인간의 신체를 만드는 것이었다. 사실, 예수 그리스도께서 입으신 몸은 신성이 거하는 곳이다. 골로새서 2장 9절은 신성의 모든 충만이 예수의 육체로 거한다고 말한다. 예수님의 몸은 영원한 하나님의 충만한 표현이다.

인간의 몸은 인류의 구원을 위해 고통당하고 피 흘리고 죽기 위하여 살과 뼈와 피로 이루어졌다. 인간의 몸은 하나님의 특별한 목적을 성취할 것이다. 그 몸은 짧게 사용된 후에 버려질 것으로 계획된 것이 아니다. 인간은 영, 혼, 육으로 이루어졌다.[6] 인간은 육체적이고 영적인 존재다. 몸은 죽을 수밖에 없는 특성을 지닌 존재다. 만약 육이 죽으면, 영은 영적 영역에서 계속해서 살아간다. 인간의 영은 육 없이 살 수 있지만, 육은 영 없이는 살아갈 수 없다. 만약 하나님께서 인간을 이렇게 설계하지 않았다면, 구원받을 수 없을 것이다. 하나님은 인간을 구원받을 수 있도록 창조하셨다. 루시퍼처럼 타락한 천사와 같은 영적 존재들은 구원받을 수 없다. 우리의 선조 아담이 죄를 지은 이후 하나님과 우리 사이가 멀어지고 죽음의 상태에 놓이게 된 것을 하나님께 감사해야 하는 것은 우리가 구원받을 수 있는 존재라는 것이다. 영, 혼, 육은 중요하며 하나님과 관련된다. 사도 바울은 우리의 영, 혼, 육이 주님 오실 때까지 죄 없이 보존되도록 기도했다. 그는 우리의 영뿐만 아니라 육도 그리스도의 몸의 지체라고 말했다.[7]

인간의 몸은 영원을 위해 창조되고 예정되었다

우리 몸의 살과 뼈는 하나님의 영원한 목적의 한 부분이다. 예수님의 살과 뼈는 영원토록 그 몸으로 사시고 통치하시기 위해 부활하셨다. 아담의 몸은 하나님께서 에덴동산 중앙에 그를 위해 심어 놓은 생명나무의 열매를 먹으면 영원히 살 수 있는 능력을 주셨다. 하나님은 사람에게 만약 선악을 알게 하는 열매를 먹으면 그의 몸에서 죽음이 작동하기 시작해서 생명나무의 접근을 차단할 것이라고 경고하셨다.[8] 아담은 열매를 먹었고 동산에서 쫓겨났다. 생명나무의 접근을 차단당함으로, 930년 후에 몸의 죽음을 맞이했다.

한 사람의 불순종의 죄 때문에 인류는 죽을 수밖에 없는 운명이 되었다.[9] 이제 모든 인간은 반드시 죽어 하나님의 심판대에 서야 한다.[10] 인간의 몸에 대한 하나님의 목적은 영원한 인간의 일부가 되는데 적합하도록 하셨다. 죽음으로 몸을 잃어버린 그리스도인은 첫 부활 때에 다시 몸을 얻게 된다.[11] 그리스도가 다시 오실 때까지 살아 있는 그리스도인들은 일순간에 생멸生滅에서 불멸不滅의 몸으로 변화될 것이다. 악한 자들은 그들의 몸이 불멸의 몸으로 부활하여 영원히 꺼지지 않는 지옥에서 타게 될 것이다. 이 지구에서 여전히 살고 있는 모든 인간의 육체는 부활하여, 의로운 자들은 주님과 함께 기쁨으로 영원한 생명으로 나아가며, 불의한 자들은 마귀와 함께 영원한 지옥으로 갈 것이다.[12]

하나님께 속한 구속된 인간의 몸

우리는 사도 바울이 그분의 피로 정결하게 되고 친히 사신바 된 하나님의 살아 있는 제물로 우리의 몸을 드려야 한다고 말한 이유를 알 수 있다.[13] 그리스도인의 몸은 자신에게 속한 것이 아니라 하나님에게 속한 것이다. 우리의 몸은 하나님의 성전이며 임재하시는 장소다. 그러므로 우리의 영과 몸으로 하나님을 영화롭게 해야 하며, 영과 육은 하나님께 속한 것이다. 예수님의 삶은 죽을 수밖에 없는 우리의 살과 뼈를 가진 몸으로 살게 되시고 나타나신 것이다. 그것이 살과 몸 가운데 나타난 죄가 하나님을 거스르는 죄인 이유다.

제2 개혁의 회복 운동 중의 하나는 성결 운동이다. 거룩한 삶—영, 혼, 육—을 살기에 충분한 은혜가 있다는 것이 계시된 진리다. 인간의 몸은 거룩하게 되었고, 주인의 쓸모와 영광을 위해 완전히 따로 구별되었다.[14]

제3 개혁의 완전한 참여자가 되기 위해서는, 제2 개혁에서 회복된 모든 진리가 살아서 실재하는 역사가 되어야만 한다. 우리는 머리의 지식인 계시부터 가슴의 신앙까지 끊임없이 진일보해야만 그것이 우리 삶의 핵심이 되고 하나님의 가슴과 마음에서 모든 행동이 유발된다.[15] 생멸하는 교회의 최후 세대는 최후의 적을 물리쳐야 한다.[16] 파괴되어야 하는 최후의 적은 육신의 몸에서 죽어야 한다. 예수님은 재림 때 이 적들을 물리치고 승리의 나팔을 불 것이다. 이것은 그리스도께서 감당할 몫이다. 그러나 그리스도의 몸과 연합한 지체 역시 그들이 감당할 몫이 있다. 교회는 부활의 삶과 믿음이 충만한 지경에 이르기까지 부단히 개혁되어야만 한다.[17] 그리스도께서 회복하신 모든 교리는 하늘로부터 하나님의 주권적 역사하심과 이 땅에서 받아들이고, 믿고, 참가하는 인류의 참여를 요구하는데 그리스도와 함께 상속자가 됨으로 하나님의 목적을 경험적 사실로, 예언적 성취로 가져온다. 이제 우리는 마지막 제3 교회개혁을 위해 모든 교회가 하나님의 목적을 이해하고 실천해야 함을 깨닫고 과감히 나서야 한다.

두 가지 개혁은 그 길을 예비한다

제1 개혁

제1 개혁의 목적은 세상에 교회를 탄생시키는 것이다. 교회는 모퉁잇돌이신 그리스도 예수께서 사도들과 선지자들의 터 위에 세우셨다.[18] 이것은 전 세계에 교회를 세우시기 위해 몇 가지 운동이 필요했다. 제1 교회개혁은 하나님의 목적을 성취했다.

제2 개혁

교회는 천 년의 암흑 시대 동안 쇠퇴했다. 근본적 형태에서 교회는 엄청난 타락을 했다. 1세기 교회의 살아 있던 진리는 종교적 전통과 인간의 교리에 의해 약화되었다.[19] 제2 개혁의 목적은 교회에 살아 있는 진리를 회복하는 것이다. 이것은 1517년부터 2007년까지 약 500년 동안 진리 회복 운동으로 일어났다. 마지막 회복 운동은 하늘에서 승리의 함성이 울려 퍼지고 이 땅에서 하나님께서 회복하신 사도들과 선지자들에 의해 메아리치도록 하늘의 선포를 위한 최후의 준비를 끝마쳤다.[20]

제3 개혁

제3 개혁의 때가 시작됐음이 선포되었다. 그러나 제1 개혁의 시작처럼(예수의 탄생이 시작되었던), 그것은 새 날이 떠오르고 하나님의 새 계약이 확립된 어떤 대중적 현시顯示가 나타나기까지 수십 년(30년)이 걸렸다. 제1 개혁을 연구해 보면 하나님께서 이 땅에 큰일을 행하셨음을 세계가 깨닫기까지 몇 가지 운동이 수십 년 이상 요구되었음을 알 수 있다. 나는 요한계시록 10장 17절을 제3 개혁의 시작을 알리는 상징으로 믿으며, 요한계시록 11장 15절을 제3 개혁의 끝을 알리는 상징으로 믿는다.

> 내가 본바 바다와 땅을 밟고 서 있는 천사가 하늘을 향하여 오른손을 들고 세세토록 살아 계신 자 곧 하늘과 그 가운데 있는 물건이며 땅과 그 가운데 있는 물건이며 바다와 그 가운데 있는 물건을 창조하신 이를 가리켜 맹세하여 가로되, 지체하지 아니하리니 일곱째 천사가 소리 내는 날 그 나팔을 불게 될 때에 하나님의 비밀이 그 종 선지자들에게 전하신 복음과 같이 이루리라(계 10:5-7 AMP)

힘센 천사는 일곱 나팔 소리로 첫 번째 음성을 내기 시작했고 그 나팔 소리는 요한계시록 11장 15절에서 마지막 음성이 끝마칠 때까지 계속되었다. 모든 하늘은 이제 이 세상의 나라가 주님과 그리스도의 나라가 되었다고 큰 소리로 환호하기 시작했다.

> 일곱째 천사가 나팔을 불매 하늘에 큰 음성들이 나서 가로되, 세상 나라가 우리 주와 그 그리스도의 나라가 되어 그가 세세토록 왕 노릇 하시리로다 (계 11:15 AMP)

사도들과 예언자들은 최후의 신비를 계시하였다

일곱째 천사의 나팔 소리가 나는 날에는, 하늘과 땅에서 확실한 일들이 벌어질 것이다. "하나님이 그의 종 선지자들에게 전하신 복음과 같이 하나님의 그 비밀이 이루어지리라"(계 10:7). 이 말씀은 두 가지로 예언적 적용이 가능하다. 첫째는 사람들에게 비밀이었던, 예언자가 과거에 예언한 모든 것이 이제는 드러나고 성취될 것이라는 선언이다. 둘째는 현재의 예언자들과 사도들은 계시, 이해 그리고 신비를 경험할 것이며 이것을 현 세대에게 알리게 될 것을 드러낸다.

이것이 예언자 사도 운동이 매우 적절하며 필수적인 이유다. 이 운동은 교회에 어떤 다른 회복 운동보다 더욱 많은 진리와 사명을 회복시킨다. 회복된 두 가지 주요 사명은 예언자와 사도의 사명이다. 우리는 복음주의 운동 이래로 사도와 예언자는 더 이상 유효하지 않으며, 교회 내에서 더 이상 사명을 감당할 수 없다는 교사들의 가르침을 발견하곤 한다. 비록 모든 회복 운동의 개척자들이 사도와 예언자지만, 아직 그들의 회복된 계시로부터 세워진 교단들은 그들의 계시만큼이나 인정받지 못하고 있다. 예언자와 사도의 사명에 관한 가르침과 승인, 수용과 장려는 예언자 운동이 탄생한 1988년까지는 일어나지 않았다. 1980년대에 가장 강조한 것은 예언이었고, 1990년대는 교회 내에서 사도가 확대되었다. 21세기 교회의 첫 십 년 동안 사도와 예언자를 회복한 이들 개척자들은 예언자와 사도 사역자들을 그리스도의 선물로 동일하게 인정했다.

왜 그렇게 필수적인가

에베소서 3장 3-5절은 하나님께서 거룩한 사도들과 예언자들에게 그분의 비밀을 알려주셨음을 드러낸다. 바울은 자신이 하나님께 받은 은총의 섭리가 사도가 되도록 허락하신 것이며, 그가 그들에게 설교한 말씀을 어떻게 받았는지를 설명했다. 그의 회복된 계시는 유대인들도 예수 그리스도 안에서 언제나 유효한 구원을 동일하게 접근할 수 있다는 것이다. 이것은 혁명적 가르침으로 1세기 교회 지도자들 모두가 받은 계시는 아니다. 바울은 그가 가르치는 것이 성경 연구에서 기인하거나 어떤 다른 책을 읽어서 된 것이 아니라 오직 신의 계시로 된 것임을 그들이 알도록 하였다.

> 곧 계시로 내게 비밀을 알게 하신 것은 [그것은 내가 전에 몇 마디 적은 것과 같으니라. 그것으로 말미암아 너희가 읽을 때에 그리스도의 비밀에 대하여 내가 알고 있는 바를 깨닫게 되리라.] 내가 먼저 간단히 기록함과 같으니 그것을 읽으면서 내가 그리스도의 비밀을 깨달은 것을 너희가 알 수 있으리라 이제 그의 거룩한 사도들과 선지자들에게 성령으로 나타내신 것 같이 다른 세대에서는 사람의 아들들에게 알리지 아니하셨으니(엡 3:3-5)

바울은 교회 반석의 기초를 놓았는데 그것은 사도와 예언자가 비밀의 계시를 받도록 기름 부었기 때문이다. 이것은 진리를 회복하려 한 선구적인 예언자와 사도에게 있어 특별한 일이다. 그들은 이스라엘 자손이 행할 바를 특별히 알고 있던 잇사갈 자손의 아들들과 같았다.[21]

이것은 열두 부족 중에 오직 한 부족일 뿐이며 그 부족 중에 단지 200명만 특별히 기름 부음을 받았다. 이것은 다윗을 왕으로 만들기 위해 나왔던 모든 이스라엘 병사 중의 0.1퍼센트였다. 이것은 대략 그리스도 사명자들의 비율과 비슷하다. 그들은 그분의 교회를 위해 하나님의 때와 목적을 알도록 특별히 기름 부음을 받은 '잇사갈의 아들들'이며 교회가 하나님의 때에 그 목적을 이루기 위해 행할 것들을 성취할 자들이다.

아모스는 하나님은 당신의 비밀을 그 종 예언자들에게 미리 알리지 않고는, 어떤 일도 하지 않으신다고 선언했다.[22] 구약성경의 대부분은 예언자들이 썼고, 신약성경의 대부분은 사도들이 썼다. 이때까지 밝혀지지 않았지만 이제는 그분의 거룩한 사도들과 예언자들로 말미암아 확연히 밝혀진 하나님의 비밀한 신비의 계시를 가져오기 위해 예언자들과 사도들이 그들의 사명을 충분히 회복하는 것이 왜 하나님께 필수적인지 알 수 있다.

이 땅에 아직 드러나지 않고, 이해되지 않고, 행해지지 않고, 완성되지 않은 하나님의 신비롭고 비밀스런 목적이 몇 가지 남아 있다. 이것은 하나님의 목적 가운데 예정되어 있는 것으로 마치 일곱째 천사가 나팔을 불기 시작하면 지혜와 계시의 영이 사도와 예언자에게 임하여 하나님 최후의 계시가 드러나고 성취되도록 한다. 이것은 절대적으로 만물이 성취되기 위해 필요한 것으로 마지막 제3 개혁 기간에 성취되도록 예정되어 있다.

일곱째 천사의 나팔 소리는 한번 짧게 울리는 것이 아니라 "일곱째 천사가 소리 내는 날"이라고 성경은 적고 있다. 요한계시록 10장 7절은 첫 번째 나팔 소리가 울리면 무슨 일이 일어날지를 드러내며, 11장 15절은 마지막 소리가 울리면 무슨 일이 일어날지를 드러낸다. 나팔 소리가 울리는 때는 불분명한 시간이다. 아마도 그것은 수십 년간 계속될지도 모른다. 많은 일이 일어나야 한다. 국가들은 염소와 양의 나라로 변화되어야만 한다.[23] 하나님 나라는 예수께서 유일하신 참 하나님이시며 인류의 구속자이심을 그들에게 증거하도록 모든 민족에게 강력히 나타내야 한다.[24]

우리는 제3 개혁 동안에 일어나야만 하는 많은 일을 감당할 것이다. 그것은 세상 왕국이 우리 주 예수님의 나라가 되고 그분의 기름 부음 받은 자, 그분의 교회가 되기까지 하나님 나라를 증거하며 세상의 변화를 초래하는 교회개혁을 명확히 포함할 것이다. 예수님은 교회의 머리이시며 승리한 성도들은 그리스도의 몸과 우주적으로 연합하여 만물을 그 발아래 복종시키며 그리스도와 함께 일하는 자가 될 것이다.

예언적 사도 운동은 제2 사도 시대를 요구한다

혹자는 사도와 예언자의 회복의 때를 '사도 개혁'이라고 말한다. 그것은 하나님께서 그리스도의 몸 안에서 완전하게 역사하셨던 사도와 예언자의 사역으로 교회를 개혁하신 바로 그때였다.

피터 와그너는 사도와 예언자의 사명을 전하도록 돕는 사도 개척자다. 그는 사도와 예언자의 사역에 관한 몇 권의 책을 저술했다. 피터 역시 국제사도연합(ICA) 조직에 앞장서고 있다. 나는 피터와 함께 사도연합의 일원으로 설립 때부터 지금까지 섬기고 있다.

전 세계에서 모인 수백만의 사도들이 일 년에 한 번씩 모여 친교하며 계시를 공유하며, 영적 관계를 증진하며 부르심과 보내심에 관해 서로가 확인하는 기회를 갖는다. 나는 세계 모든 대륙에 국제본부가 있고 수백의 교회와 수천의 사역자들로 이루어진 국제기독교 사도 네트워크의 감독이며 대사도다. 사도에게는 그들이 홀로 떨어진 섬이라고 느끼지 않도록 교회 내에서 유일하게 사역을 위해 사도로 부름받은 자들이라고 느끼지 않도록 겸손과 연합의 영성이 있다.

피터 와그너는 2001년이 사도 운동의 임계질량에 도달한 해임을 믿는데 그것은 전 세계 수천의 사역자와 교회들이 작금의 사도와 예언자를 분명하게 인식하기 때문이라고 한다. 사도의 소명을 받고 사역하는 수천의 사역자들이 있다. 신교도 운동 이래로 사도와 예언자는 목사라는 이름으로 받아들여지기 시작했다. 예언자 사도 운동은 그리스도 교회에 다시 한 번 예언자와 사도의 사명을 회복하는 중요한 목적을 성취했다. 예수님은 그분의 선물이신 예언자와 사도의 사명이 충분히 회복되고 교회에 성도 운동이 촉진되도록 역사함으로 마지막 제3 교회 개혁이 시작될 것임을 알고 계셨다.

성도 운동 – 제3 개혁을 위한 발사대

개혁을 일으키는 회복 운동

1517년의 신교도 운동은 제2 교회개혁을 일으켰다. 2007년에 탄생한 성도 운동은 2008년에 시작된 제3 개혁을 위한 촉매제이며 발사대였다. 교회사는 회복 운동이 막 시작될 때 부흥과 갱생의 때가 있었음을 증명한다. 예를 들어, 1901년에 위대한 오순절 운동이 탄생하기 바로 직전에 웰시 운동Welsh Movement이 있었다. 1947년에는 전 세계를 휩쓴 위대한 치유 부흥이 있었다. 1948년 2월에는 늦은비 운동이라 불리는 회복 운동이 있었다. 회복된 주요 진리는 안수의 교리와 예배 중에 나타난 많은 영적 축복과 성령의 은사들이다. 1948년은 대회복의 해였다. 예를 들어, 이스라엘은 그 해 5월에 자국의 영토에서 독립 국가로 회복되었다.

말라기가 예언한 예언자들의 대모임의 탄생을 위한 하나님의 주권적 역사하심과 간섭하심이 1987년 10월에 있었는데 그것은 마치 세례 요한이 그리스도의 초림을 예비했듯이 그리스도의 재림을 위해 사람들을 준비시키고 그 길을 예비토록 했다. 그것은 1년 후인 1988년 10월에 예언 운동으로 탄생했다.[25]

2007년 4월에 성도 운동이 탄생했고 주요 몇 나라와 그 모임에 참석한 국제 예언자들에 의해 증거되었다. 사역의 충분한 설명과 성도 운동의 목적이 《성도의 날》이라는 제목으로 소개되었다.[26] 성도 운동의 계시와 가르침은 제3 개혁을 예비하는 데 필수적이다. 계시의 몇 가지 열쇠는 아래와 같은 요소를 내포한다.

모든 성도는 사역자이며 지역 교회와 마찬가지로 시장에서도 왕국 증명자다. 성도들은 신의 은사와 사명을 활발하게 할 필요가 있다. 성도는 하나님 나라를 소유하며 증명한다. 모든 성도는 하나님의 초자연적 역사를 증명하며 지역 교회의 담 너머로 능력을 펼치며 인류의 실질적 필요와 더욱 많은 진리와 사명을 만나도록 능력과 특권을 가지고 있다.

이것은 마지막 제3 교회개혁 동안 충분한 능력과 권위로 모든 회복의 진리를 교회가 증명하기 위해 준비할 진리다.

주

1. 창세기 3장 1-8절

2. 요한계시록 12장 7-9절

3. 창세기 1장 2절

4. 창세기 1장 1-2절

5. 창세기 2장 7절

6. 데살로니가전서 5장 23절; 히브리서 2장 5-10절

7. 고린도전서 4장 10-11절, 6장 19-20절

8. 창세기 3장 11절

9. 로마서 5장 12절

10. 히브리서 9장 27절

11. 고린도전서 15장 51-52절

12. 다니엘 12장 2절

13. 로마서 12장 1절; 사도행전 20장 28절; 요한일서 1장 9절

14. 고린도전서 4장 10-11절, 6장 2절,

15. 골로새서 3장 1-3; 갈라디아서 2장 20절; 고린도전서 2장 16절

16. 고린도전서 15장 26절

17. 로마서 5장 12절; 히브리서 11장 5절

18. 에베소서 2장 19-22절

19. 마태복음 15장 3절, 6절; 마가복음 7장 13절

20. 요한계시록 10장 7절

21. 역대기상 12장 32절

22. 아모스 3장 7절

23. 마태복음 25장 31-33절

24. 마태복음 24장 14절

25. 성도 운동의 모든 역사는 《예언자와 예언자 운동》(Shippensburg, PA: Destiny Image, 1990년) 88-100쪽에 자세히 묘사되어 있다.

26. 빌 해몬, 《성도의 날》(Shippensburg, PA: Destiny Image, 2002년)

10

PROPHETIC SCRIPTURES YET TO BE FULFILLED

최종 목적지를 향한 점진적 계시

잠언 29장 18절을 이렇게 번역할 수 있다. "점진적 계시가 없는 백성은 목적 없이 배회한다." 다른 번역을 보면, "예언이 없는 백성은 절제를 버리고, 비전이 없는 백성은 멸망하게 되고, 예언이 없는 백성은 타락하게 된다"(NKJV).

예언자들은 이 땅의 사람들에게 하나님의 뜻과 목적을 드러내기 위해 하늘의 선택을 받았다. 예언적 계시는 교회가 하나님의 뜻을 이 땅에서 점진적으로 성취하기 위해 절대적으로 필요하다. 신구약 중간기인 400년 동안, 예언의 계시를 말하는 예언자는 없었다. 그러므로 그 시기에 사람들은 목적 없이 방황했다. 교회의 천 년 암흑 시대 동안 점진적인 계시도 없었다. 그러므로 교회는 타락했고 그 기간 동안 목적 없이 방황했다. 그러나 제2 개혁 초기에, 예언자들과 사도들은 교회를 회복하기에 필요한 진리의 계시를 받기 시작했다. 이 예언의 계시들은

1500년에서 시작하여 1900년도까지 100년마다 왔다. 20세기에 마지막 50년 동안, 10년마다 교회에 임하는 점진적인 계시가 있었다. 21세기 교회의 첫 10년 내에, 하나님의 점진적인 계시는 2007년 '성도 운동'의 탄생과 2008년에 마지막 제3 교회개혁 발족을 위한 신의 말씀을 드러내셨다.

개인적으로 나타난 점진적인 계시의 현재 역사

오늘을 살아가는 우리가 할 수 있는 것은 무엇인가? 우리 각 사람은 스스로에게 물을 것이다. 어떻게 하면 나의 핵심 가치와 신념과 확신을 발전시킬 수 있을까? 어떻게 하면 전인적 존재, 영, 혼, 육으로 오늘을 살아가는 사람이 될 수 있을까? 우리는 육적으로 어떻게 이루어졌는지 알고 있다. 눈의 색깔, 머리카락과 피부는 부모와 조부모, 가계의 역사에 따라 결정된다. 우리의 혼은—지성, 감정의 구성, 인격—태어날 때부터 어느 정도 결정된다. 그러나 우리가 생각하고 살아가는 방식은 주로 환경과 교육과 경험과 우리에게 영향을 주었던 모든 것으로 결정된다. 육적이고 혼적인 존재로 현재를 살아가는 우리는 앞서 언급한 모든 것에 의해서 결정된다.

우리 영 안에 사시는 것은 하나님과 우리의 관계, 즉 영이신 분에 의해 결정된다. 예수 그리스도와의 관계, 우리의 구원, 우리의 계시, 진리와 영적 삶의 체험은 우리가 그리스도의 교회 안에서 어떤 그리스도인의 모습 혹은 사역자로 존재하느냐에 따라 결정된다. 실제로 사람은 컴퓨터가 프로그램 되어 있는 것 이상 다르게 수행하거나 응답할 수 없는 것처럼 그의 전인적 존재가 살아온 이상만큼 다르게 생각하거나 행동할 수 없다.[1] 삶에서 우리의 결정은 대개 핵심적 가치나 실현될 것이라 믿는 삶의 목적에 기초한다.

계시는 율법에 대한 예외를 만든다

과거의 경험과 환경에 따라 사물을 바라보는 유일한 예외는 하나님의 깨달음을 받는 것이다. 성령께서 갑자기 우리가 결코 이해하지 못했던 것을 보도록 우리의 마음을 비추실 때, 우리는 다른 방식으로 응답할 수 있다. 사도 바울은 이러한 진리의 표본이다. 엄격한 바리새인이었던 그는 예수 추종자들이야말로 이단자이며 멸망시켜야 할 자들이라고 확신했다.[2] 그러나 예수께서 바울의 눈을 멀게 하고, 말에서 떨어뜨리고, 그에게 계시의 말씀을 주셨을 때 핍박자였던 사울은 복음 전도자, 사도 바울로 변화되었다.[3]

베드로도 마찬가지다. 유대인 랍비에게 교육을 받은 과거의 가르침 때문에 비유대인이 먼저 유대인으로 개종하지 않고도 예수 그리스도의 구원을 받을 수 있다는 사실을 받아들일 수가 없었다. 기도할 때, 그는 하늘에서 내려오는 부정한 음식들이 가득 찬 보자기 환상을 받았다. 그 음식을 먹으라는 하나님의 음성이 들려왔다. 그는 거절했고, 모세의 율법에 따라서 부정한 음식이라고 강변했다. 하나님은 베드로에게 내가 깨끗하게 했고 깨끗하다고 선언했으니 어떤 것도 부정하지 않다고 말씀하셨다. 베드로는 이 환상의 의미를 알 수 없었으나, 그가 사람들과 함께 비유대인 가정에 갔을 때, 사람들은 그에게 하나님께서 주신 말씀을 나눌 것을 청했다.[4] 베드로가 "그를 믿는 사람들이 다 그의 이름을 힘입어 죄 사함을 받는다"는 말씀을 전하자 사람들은 믿었고, 성령께서는 그들이 알지 못하는 영의 언어를 선물하심으로 그것을 증거하셨다. 사도 베드로는 오순절 날 120문도가 행했듯이 이탈리아 고넬료 가정에서 알 수 없는 언어로 말한 그 사실이 하나님께서 그들의 죄를 사하셨고 성령 세례를 주셨다는 결론에 이르게 되었다.[5] 이 계시와 체험은 사도 베드로의 신앙을 변화시켰고 그의 소명을 성취하도록 했다.

신의 계시의 단계는 우리가 행하고 싶은 그리스도인의 사역이 어떤 유형인지에 따라 결정된다. 계시는 제쳐두고 우리가 받을 가르침과 사명은 우리가 되고 싶은 그리스도인의 유형과 교회 사역자의 모습에 따라 결정된다.

스승은 우리 미래의 모습이다

우리가 받은 가르침과 중요시하는 기름 부음은 우리가 확립하려는 신앙이며 펼치려는 사역의 전형이다. 우리가 가장 매혹되고 감격하는 오중 사역자들은 삶의 본이 되며 우리는 그들을 재생산하게 된다. 우리는 생물학적인 부모를 선택할 수 없고, 키워주는 부모를 결정할 수도 없다. 죄인들은 사역자들이 그들을 예수 그리스도의 구원의 지식으로 인도하도록 정상적으로 선택하지 못한다. 그러나 그리스도인들은 스승으로 삼기 원하는 교회와 사역자들을 선택할 수 있는데 특별히 그들이 태어난 곳이 그들의 유년기 기독교 수준을 넘어 성장하지 못했다면 더욱 그렇다.

현재 진리를 넘어 진보하기

일반적으로, 사역자는 그(그녀)가 속한 회복된 진리와 교리들과 교단 법을 넘어서 진보하지 못한다. 그리고 회중도 그들의 목회자의 회복된 진리와 그리스도인의 성숙을 넘어서 진보하지 못한다. 그 법칙의 예외는 사역자와 성도들이 지역 교회나 교단 밖의 진보적인 가르침과 영적인 체험을 했을 때다.

일례

사도 바울은 세례 요한의 가르침과 사역을 스승으로 삼은 제자들을 만났다. 그들은 이 사건이 일어나기 전까지 한동안 세례 교인이었는데 20년 후에 세례 요한이 참수당했고 22년 후에 교회가 세워졌다. 그들은 훌륭한 세례 교인으로 역동적으로 실천하는 신실한 믿음의 소유자들이었다.

> 이르되 너희가 믿을 때에 성령을 받았느냐 이르되 아니라 우리는 성령이 계심도 듣지 못하였노라 바울이 이르되 그러면 너희가 무슨 세례를 받았느냐 대답하되 요한의 세례니라 바울이 이르되 요한이 회개의 세례를 베풀며 백성에게 말하되 내 뒤에 오시는 이를 믿으라 하였으니 이는 곧 예수라 하거늘 그들이 듣고 주 예수의 이름으로 세례를 받으니[6]

오늘날의 언어로 표현하면 바울을 은사주의 사역자라고 말할 수 있다. 그는 성령 세례의 증거로 방언하는 것을 결코 들어 본 적인 없는 몇몇 복음주의 그리스도인들을 만났다. 그는 그들이 배웠던 것보다 더 진보된 진리를 그들에게 깨우쳐 주었다. 그때 그는 그들이 성령을 선물로 받기를 간절히 기도했다. 그들은 성령을 받았고 방언을 말하며 진리와 체험이 진보되었다. 만약 이 세례 교인들이 사도 바울을 통해 현재의 진리를 접하지 못했다면, 그들의 남은 삶은 현 수준에 머물렀을 것이다.

은사 쇄신 운동 때, 과거 회복 운동을 기반으로 세워진 교단에 속한 수백만의 그리스도인이 방언을 말하는 성령의 은사를 접하게 되었다. 수십만의 그리스도인들이 이러한 체험을 했고 이 진리를 충분히 받고 행하고 전하기 위해 교단 밖으로 나왔고 그 진리를 전파했다. 이 체험을 한 많은 사역자와 성도들은 그들 교단 안에 있는 은사 모임에 참여했다. 더욱이 지금부터 약 30~40년 후에, 루터교, 감리교, 침례교 같은 주요 교단의 사역자 중 20~30퍼센트는 은사주의 사역자들이 될 것이다. 하지만 교단에 속한 은사주의자들조차 은사 쇄신 운동 때 그들이 받은 첫 경험 이상을 나아가지 못했다. 그리고 독립적 은사주의 교회를 시작했던 대부분의 사람들은 그들의 근본적인 은사주의 경험과 가르침을 넘어서는 진보를 하지 못했다.

결코 변화되지 않을 사람들

처음 기독교를 접하고 그 이상을 넘어서는 진보를 이룬 사람들은 거의 없다. 이집트에서 약속의 땅으로 가는 길 위에 야영지를 차린 그리스도인들의 모임이 있다. 몇몇 가족은 수많은 세대 동안 가톨릭교회에서 야영하고 있고, 약 500년 전에 설립된 첫 회복의 진리에서 오늘날까지 결코 조금도 나아가지 못했다. 마찬가지로, 몇몇은 오랫동안 역사적인 개신교도로 있었지만 복음적 성결 운동의 진리를 결코 경험하지 못했다. 똑같이 오순절주의자도 약 100년 전에 오순절 운동에서 회복된 것 이상으로 나아가지 못했다. 더욱이 많은 은사주의자도 예언적 사도 운동의 진리와 영적 체험으로 나아가지 못했다. 이제 예언적 사도 운동과 관련된 사람들은 성도 운동의 지도자와 참여자가 되려 하지 않는 것을 의심할 여지가 없다.

나와 내 가족은 회복된 진리가 충만하지 않는 곳에서 멈추기를 원하지 않는다. 나의 스승들과 교회를 향한 하나님의 총체적인 목적에 관한 회복과 계시의 가르침에 참여하게 됨으로, 나는 항상 회복된 진리를 따르는 추종자와 후원자가 되고 싶었다. 회복된 진리를 보여 주신 하나님께 감사를 드린다. 교회사에 대한 심도 깊은 연구의 갈망은 과거 운동의 실패에 관한 정보를 갖게 했다. 우리는 지금 새로운 진리를 열어야 하지만, 과거의 잘못된 계시와 부흥, 잘못된 가르침과 실천에 속아서는 안 된다. 다른 모든 사람처럼, 나 역시 과거의 총합이지만, 만약 저자가 누구인지에 대한 더 많은 지식을 갖고 있는 독자라면, 현재 알음알이에 그가 어떻게 이르렀는지, 어떻게 예수 그리스도와 그분의 교회에 속한 21세기 예언적 사도의 오중 사역자가 되었는지를 안다면 분명 도움이 될 것이다.

어떻게 저 사람은 회복 사역자가 되었는가

영적 유전자(DNA)

나는 1934년 7월 29일에 오클라호마에서 태어났다. 아버지와 어머니는 농부였고, 나와 형제 둘과 누이 둘이 농장에서 함께 자랐다. 우리는 오클라호마, 작은 마을 보즈웰 읍내에서 8킬로미터 떨어진 곳에서 살았다. 15세가 되던 1949년까지 우리 마을에는 전기도 전화도 없었다. 부모님은 결혼 당시에는 교회에 나가지 않으셨다. 그 이유는 아버지 가계의 뿌리는 감리교였고, 어머니는 침례교였기 때문이다. 아버지는 물을 뿌리는 세례였고, 어머니는 물속에서 침례를 받았기 때문에, 그들은 교회에 가는 것을 동의할 수 없었고, 결코 나가지 않았다.

내가 목회자가 된 후에, 어머니는 9세 때 거듭남과 설교자로 부르시는 소명을 느꼈다고 고백했다. 아버지는 결코 하나님을 만난 적이 없었다. 나는 그리스도인이 되기 전까지, 교회에 가 본 적이 없다. 마을에 몇몇 목회자들이 왔을 때, 우리 집에서 3킬로미터로 떨어진 곳에 소나무 정자를 세웠다. 나의 형제와 사촌과 친구를 포함해서 10여 명이 그들을 만나기 위해 말에 올랐다. 우리가 그곳에 간 이유는 소녀들이 많이 참석했기 때문이다. 그리고 소나무 정자의 모임을 후원하는 아주 신실한 어머니의 딸과 교제했기 때문이다. 하지만 그녀는 아직 그리스도인이 아니었다.

그 지역에 전기가 들어오지 않았기 때문에, 소나무로 지지해 놓은 막대기에 등불을 매달았다. 그들은 현악기를 연주하면서 아름다운 목소리로 노래를 불렀다. 그들은 매일 밤 설교를 했고 사람들을 구원받도록 제단 앞으로 이끌었다.

성경의 계시와 증언
몇 날 밤을 참석한 후에, 나는 그들이 성경을 가지고 설교하는 것에 주목했다. 그들이 말하는 것을 확인하고 싶어서 그들이 가지고 있는 책들 중 한 권을 얻고 싶었다. 나는 찢어지고 몇 장은 사라진 낡은 기드온 성경을 얻었다. 어느 누구도 가르쳐 주지 않았지만 성경을 읽기 시작했다. 나는 성경이 죽음 이후의 삶에 관해서 그리고 사람들이 천국 또는 지옥에서 영원히 살게 된다는 것을 말하고 있음을 발견했다. 내 안에서 지옥이라 부르는 뜨거운 장소에서 탈출하고 싶다는 열망이 꿈틀대고 있었다. 나는 내가 살았던 7월 보다 그곳이 더 뜨겁고 더 비참한 삶이라면 모든 방법을 동원해서라도 피해야 한다고 생각했다.

하나님은 동기 부여를 위해 꿈을 사용하신다

이 기간 동안, 꿈은 나를 더욱 필사적으로 만들었다. 나는 꿈속에서, 어떤 사람이 천국행 기차가 도착하며 천국 가기 원하는 사람은 누구나 올라타라고 방송하는 역 앞에 서 있었다. 기차에 타자 천국으로 올라가기 시작했고 구름을 통과했다. 그때 한 목소리가 들렸다. "천국행 표를 보여 주세요." 순식간에 모든 사람이 천국으로 들어갔지만, 나는 땅으로 돌아와야 했다.

이 표를 얻기 위해 필요한 것은 무엇이며, 어디서 그것을 얻을 수 있지? 나는 읍내에서 영화표를 구입하는 것 외에는 표를 구하기 위해 그렇게 열망해 본 적이 없었다. 며칠 후에 똑같은 꿈을 꾸었다. 꿈에 똑같은 상황이 벌어졌고, 그 순간 나는 총을 뽑아 들고 천국 문에 들어가게 해달라고 위협하고 있었다. 그러나 모든 사람은 들어갔지만 나는 이 땅에 남아야 했다. 소나무 정자 모임 때, 설교자는 말씀 중에 이렇게 말했다. "예수님이 바로 천국 가는 표입니다."

5주의 부흥회 기간 동안 둘째 주에 나는 하나님을 찾기 시작했다. 밤마다 말을 끌고 여자 친구를 집에 데려다 주고 다시 6킬로미터를 말을 타고 집으로 돌아왔다. 그리고 나는 무릎을 꿇고 소나무 정자 모임에서 성도들이 하는 것처럼 손을 높이 들었다. 같은 일이 2주 동안 계속되었지만, 16세 생일을 맞이하기까지 아무 일도 일어나지 않았다.

내 여자 친구는 내게 특별한 선물을 해도 좋다는 어머니의 허락을 받았다. 그녀는 상자 하나를 선물로 주었다. 그 상자에는 아름다운 겉표지와 지퍼가 있는 성경이 있었다. 성경을 잡는 순간, 내 속에서 어떤 일이 일어나기 시작했다. 나의 기도가 지난 두 주 동안의 기도와 다른 것을 기억하지는 못하겠지만, 갑자기 한 빛에 의해서 깨끗하고 순결해지는 것을 느꼈고 타지 않는 빛이 내면을 채우고 있었다. 나는 웃고 울기를 반복했다. 나는 점점 더 크게 소리 지르는 것을 깨닫지 못했다. 그때 아버지께서 일어나셔서 조용히 하고 빨리 자라고 화를 내셨다. 나는 훈제한 햄들이 걸려 있는 창고로 가서 2시간 동안 하나님을 찬양했다.

갱생의 길을 향하여

하루 종일 노새들과 옥수수 밭을 경작하고 우리는 다시 모임에 참석했다. 그들은 전처럼 제단 앞으로 나오라고 강권했고, 내가 나가면 여자 친구도 제단 앞으로 나가겠다고 말했다. 내가 일어났을 때, 그녀와 그녀의 친구 세 명도 같이 일어났고, 우리는 제단 앞으로 나갔다. 제단은 거친 발판으로 세로 두자, 가로 열두 자의 크기로 몇 개의 나무토막을 맞댄 후 지면을 톱밥으로 채워 넣었다. 우리가 앞으로 나가자, 찬양하는 사람들과 설교자는 "할렐루야!"를 외치기 시작했다. 우리를 위해 나갔는데 왜 그들이 기뻐하는지 궁금했다.

증거와 은사받기

무릎 꿇고 기도를 시작하자, 나를 위해 죽으셨다고 말씀하시는 십자가에 매달리신 예수님의 환상을 보았다. 환상을 보고 있을 때, 입 밖으로 말씀들이 흘러넘치기 시작했다. 나는 제정신으로 하나님께 감사하다고 고백했다. 작은형도 나와 함께 기도하기 시작했다. 나는 형이 불과 비를 보내달라고 기도하는 큰 소리를 듣기까지 옆에 있는지조차 알지 못했다. 그때 형이 말했다. "놓아 버려, 바로 그거야!" 나는 놓아야 할 것이 무엇인지 알지 못했기 때문에 내 손을 제단에서 떼었다. 그때 형이 이렇게 말했다. "그거야, 솔직하게 말하면 돼!" 형의 말을 듣고 나는 생각했다. "그가 그렇게 하라고 하는 것은 내가 할 수 있는 한 빠르고 큰 소리로 말하기 때문이야."

그러나 내 입에서 나오는 것을 보고 매우 놀랐다. 내가 모임에서만 사용하는 오클라호마 주 사람의 영어가 아니었기 때문이다. 약 30분 동안, 손으로 제단 의자를 칠 때마다 내 입에서 방언이 쏟아져 나왔다. 함께 제단 앞으로 나왔던 네 명의 젊은이는 성령의 은사를 받았고 방언을 하기 시작했다. 제단에 있을 때, 내 말을 타려는 친구들의 소리가 들렸고 그 소리가 웃겼지만 나는 신경 쓰지 않았다. 왜냐하면 그들이 나에 대해 생각하는 것보다 더 좋은 어떤 것을 받았기 때문이다. 5주간의 부흥회가 끝나자, 그리스도를 영접했던 사람들은 일주일에 한 번 학교 교실에서 설교자와 만났는데 학교는 우리 집에서 약 6킬로미터 정도 떨어진 곳이다. 이 만남은 석 달 동안 지속되었고 처음으로 나는 모임을 돕고 싶어서 읍내에 있는 교회에 가기 위해 말을 탔다.

교회에 첫발을 내딛다

나는 다른 교단과 교회가 있는지 알지 못했다. 그들은 자신들은 오순절파라고 말했고, 교회 간판에는 하나님의 성회라고 적어 놓았다. 나이 많은 성도들은 부르짖어 기도했고, 성령님과 함께 춤을 추었고 열정적으로 찬송을 불렀다. 그들은 〈보혈의 능력〉이라는 몇몇 찬송가를 불렀지만, 대부분의 찬송가는 '오래전에 해결된 옛 사건'에 관한 것이거나 천국 가는 것이 더 큰 영광이거나 '내가 죽었을 때, 할렐루야, 잘 가시오, 나는 날아가리'라는 내용이었다. 그들은 종종 세상과 분리되는 삶에 대해서 설교했다. 스포츠나 오락과 관계된 것들은 죄를 짓는 일이었다.

"숨쉬는 것을 빼고 모든 것은 죄다. 교회에서 해야 하는 것은 성화된 것이어야만 한다." 당시 나는 십대였지만, 하나님의 은혜는 그리스도인이었던 나의 가족과 친구들 보다 훨씬 신실하도록 했다.

나의 가족은 오클라호마에 있는 할리스로 이사를 갔다. 우리는 목화밭에서 일해야만 했는데 기르던 돼지와 가축들이 병에 걸려 죽었기 때문이다. 이사는 내가 고등학교를 졸업하기 6주 전이었다. 나는 16세에 모든 것을 끝마치고 졸업했다. 그 해 가을, 우리는 텍사스 웰링턴으로 이사했다. 나는 목화 수확이 끝날 때까지만 부모님과 함께 살았다. 이후 30년 이상을 예언 사역으로 성도들을 훈련하는 그 길을 결정하도록 만든 건 그 당시의 체험이었다.

하나님의 섭리를 통한 예비하심

교회에서 만난 한 형제가 자신은 하루에 목화 544킬로그램을 뽑아낼 수 있다고 사담했다. 나는 불가능하다고 생각했다. 내가 뽑아내거나 다른 사람이 뽑아낼 때도 가장 많이 뽑아야 181킬로그램을 넘지 않았기 때문이다. 그는 함께 도전하자고 제안했고, 우리는 일을 시작했다. 그는 4미터 자루를, 나는 3미터 자루를 가지고 일했다. 그는 두 줄에서 동시에 목화를 땄고 나는 한 줄에서 땄기 때문에 그가 한 줄의 일을 마치면 나는 그의 오른쪽에 있게 되었다. 우리는 새벽부터 어두워질 때까지 12시간을 일했다. 그는 4미터 자루를 다 채웠고 계량 마차에 가서 무게를 달더니 목화를 모두 비웠다. 나는 그를 따라갔다. 엘리사가 엘리야에게 하듯 나는 끝까지 최선을 다했다. 첫날부터 나는 내 기록을 경신했고 181킬로그램을 넘겼다. 화요일에는 226킬로그램, 수요일에는 272킬로그램, 목요일에는 317킬로그램을 달성했다. 금요일에는 371킬로그램을 수확했는데 그는 마침내 544킬로그램을 달성했다. 목화밭에서 전문가였던 그와 일하면서 나는 모든 것을 할 수 있었고, 내 능력의 두 배나 되는 수확을 할 수 있었다.

이 방법으로 나는 국내와 세계의 주요 예언자들과 사도들을 훈련시키고 있다. 언젠가 아버지는 이런 말씀을 하셨다. "어린 노새를 훈련하는 방법은 정확히 쟁기로 밭을 갈 수 있는 늙은 노새와 함께 갈게 하는 것이란다." 만일 당신이 더 성공적이고 열매 맺는 사람이 되길 원한다면, 어떻게 하면 사역의 열매를 맺는지 아는 하나님의 성숙한 사역자들에게 배워야 한다.

새로운 진리 회복을 위한 변화

1951년 10월, 17세에 집을 떠나 텍사스 애머릴로에서 일하게 되었다. 내가 제1 하나님의 성회 교회에 참석했을 때, 교회 친구들 몇몇과 성령님의 위대한 역사가 있는 한 교회를 방문했다. 그들은 소리지르지 않고 하나님을 찬양했다. 찬양은 한 시간 동안 지속되었고 예배의 분위기가 잦아들자 몇 가지 예언이 강력하게 선포되었다. 그들은 예배와 예언의 물결 속에서 충만해졌다. 주님 앞에서 소리치고 열광적으로 춤을 추던 오순절 교회에 익숙했던 내게 그것은 매우 낯설었다. 나는 그 예배에서 다시 태어났고, 1952년 10월부터 그 교회를 섬겼다.

설교자들은 영광스러운 미래와 교회의 승리를 설교했다. 또한 모든 그리스도인은 그리스도의 몸 안에서 목회사역을 해야 한다고 강조했다. 처음으로, 나는 교회가 교단이나 건물이 아니라 그리스도의 몸과 유기적으로 연합한 모임이라는 가르침을 들었다. 나는 오순절 교회에서 방언과 통변 은사를 받았지만, 지금은 예배 가운데 회중 앞에서 예언하고 있다.

안수받은 설교자 되기

내 가슴속에 설교자에 대한 열망이 있었지만 하나님께서 그 길을 원하실지, 그리고 그분이 원하시면, 어떻게 해야 하는지 전혀 알지 못했다. 1953년 2월, 한 예언자가 교회에 왔고 내 생애 첫 예언의 말씀을 주었다. 하나님께서 나를 사역자로 부르신다는 소망과 격려의 말씀이었다. 늦은 8월, 차를 몰고 오리겐 주 포틀랜드에 있는 신학교에 원서를 냈다. 학교에 다니던 10월에 나는 네 명의 목회자가 은사와 소명을 예언하는 예언 장로회로 오라는 부르심을 받았다. 나는 다음 해 2월 4일에 안수를 받았고 19세에 사역을 시작했다. 나는 한 달 동안 복음을 전했고 그 후 워싱턴 토페니쉬에시 목사 안수를 받았다.

교회 역사와 회복의 확립

사역한지 2년 후, 1955년 8월 13일에 에벌린 힉손과 결혼했다. 6년의 목회 기간 동안, 우리는 매년 회복 회의를 위해서 캐나다 브리티시 컬럼비아 북쪽 서리로 여행을 떠났다. 이곳은 내 영혼 깊이 교회 회복의 씨앗을 심어준 곳이다. 그 후 25년간 나의 전공은 교회사였다. 교회가 시작된 이래 발생했던 부흥과 운동과 관련된 찾을 수 있는 모든 것을 조사했다. 나는 1959년에 교회 회복에 대해서 가르치기 시작했다.

55년간의 점진적 계시 – 1954~2009년

나는 25년 동안 모든 회복된 진리를 가르치고 설교했다. 성령 안에서 주된 사역은 예언과 성령 충만한 사람들을 얻는 것이고 주님께 자유와 기쁨을 찬양하도록 하는 것이었다. 나는 신학대학에서 5년 (1964-1969) 동안 구약성경을 가르쳤는데, 그것은 나의 성경 지식을 확장시켰고 심화시켰다.

회복 운동 참여

나는 오순절 모임에 참석하면서 그리스도인이 되었고 1950년에서 1952년 가을까지 오순절 교회에 출석했다. 나는 늦은비 운동에 참여하는 복원된 회복의 진리와 사역을 수용한 교회에 참석했다.[7] 그리고 예배, 안수, 예언의 새로운 길을 통합시키고 싶어서 신학대학에 입학했다. 1953년 10월 1일 목요일 밤에 신학대학에서 만든 예언 장로회에서 개인적인 예언을 받았다.[8] 워싱턴에서 6년 동안 목회하면서 매년 캐나다 브리티시컬럼비아 서리에서 개최되는 회복 회의에 참가했다. 컨퍼런스를 책임진 사도는 랙 레이젤Reg Layzell인데, 그는 사도와 교사로서 회복된 진리와 사역에 관해 균형 잡히고 성경적인 건전한 가르침을 주신 분이다. 내가 가진 회복 사역의 씨는 그 당시에 내 영혼 안에 심겨진 것이다.

나의 점진적 계시와 체험은 오순절 모임에서 거듭남과 성령 세례로 시작되었고 오순절의 진리와 사역 안에서 확립되었다. 회복 운동의 사역자로 사역을 시작했고 1960년대의 은사 쇄신 운동과 1970년대 신앙 운동에 참여했다. 그리고 1973년에 하나님께서는 끝없이 쏟아지는 예언을 강권적으로 체험하게 하셨다. 이러한 영적 체험과 계시는 나를 성령의 은사인 예언 사역으로 성도들을 활성화시키도록 밀어 넣었다. 1977년, 사역을 위해 여행을 떠남으로 성도들을 활성화시키는 은사를 활용하기 시작했고, 1979년에 성령의 금요 철야 학교를 시작했다. 수백 명의 그리스도인이 배움으로 영적 사역에 활성화되었고 많은 사람이 금요일 밤에 예언을 받았다. 이 체험과 계시는 30년 동안 우리가 그리스도의 몸을 갖게 되는 주요 사역을 확립했다.

1977~1978년에 나는 책에 쓰게 된 중요한 예언을 받았다. 정말로 나는 이 말씀에 대해 많은 관심을 기울이지 않았다. 아니 기울일 수 없었다. 책을 쓰기에는 전도 여행이 너무 바쁘고 멈출 수가 없었다. 1970년대에 글을 쓰고 그것을 책으로 출판하는 것은 오늘날 컴퓨터가

하는 것처럼 쉬운 일이 아니었다. 글을 쓰는 것에 대해 나보다는 주님께서 더 진지하셨다. 1978년 5월, 애틀랜타에서 사역하는 중에 요로결석에 걸렸다. 그날 밤 계절 학기 학위 수여식에 참석하는 대신, 결석을 제거하기 위해 병원에 입원해야 했다. 6주 회복기를 보낸 후 피닉스에 있는 집으로 돌아왔을 때, 하나님께서는 테이프에 녹음을 하고 글로 쓰고 타자를 쳤던 모든 예언을 찾을 것과 그것을 연대기 순으로 정리하라고 하시면서 내가 첫 예언을 받았던 1952년부터 시작하라고 지시하셨다.

1977~1978년에 받았던 중요한 두 가지 예언을 타이핑하면서 놀라지 않을 수 없었다. 그 예언은 이렇게 기록되어 있었다. "주님께서는 여행을 멈추고 책을 쓰라고 말씀하셨다." 예언의 일부분은 책을 아홉 번이나 반복하고 있었다. 나는 학사학위 주제를 책으로 쓰기 시작했는데 그것은 인류를 창조하신 예수님과 하나님의 목적을 다룬 것이다. 나는 유창하게 쓸 수 없었다. 나는 내 심중에 가장 가까이 계시며 가장 사랑하는 예수님에 관해 쓰기 원한다고 기도했다. 예수님은 마침내 말씀하셨다. "나는 네 마음속에 가장 가까이 있으며 사랑스러운 것을 쓰기 원치 않는다. 그러나 내 마음속에, 교회에 가장 가까이 있으며 사랑스러운 것을 쓰기 원한다."

3년 후에 나는 그리스도의 교회에 대해서 썼고 제목은 《영원한 교회》다. 내가 받았던 많은 계시를 5부로 나누어서 기록했는데, 마지막 세대의 사역을 포함하여 교회의 기원, 교회의 퇴보, 교회의 회복의 시간, 교회의 궁극적인 소명과 목적으로 채워졌다. 1981년에 그 책을 출판하고, 교회에 관한 설교를 지속적으로 하기 시작했다.

순종은 새 계시와 임무의 문을 활짝 연다

2년 후에 책은 전 세계의 교회를 통해 보급되었고, 하나님께서는 새로운 환상과 임무를 주시기 위해 말라기 4장 5-6절 말씀을 주셨다. 말씀의 핵심은, 예언은 개인과 공동체에 적용된다는 것이다. 이는 예수님의 초림을 예비한 한 명의 예언자에게 적용되었고, 그리스도의 재림을 예비한 예언자 무리에 적용되었다. 그 계시는 《선지자와 개인적 예언》 2장에 쓰여 있다.[9]

1988년 10월, 예언 운동은 한 컨퍼런스 중에 탄생했는데 후에 하나님께서 양육하기 원하시는 예언자들의 위대한 모임에 관한 메시지를 설교했다. 이것을 탄생시킨 하나님의 강권적인 역사하심은 나의 두 번째 예언에 관한 책 《예언자들과 예언 운동》에 잘 묘사되어 있다.[10] 우리는 그때 예언자와 예언 사역에 관한 강연, 세미나, 컨퍼런스를 시작했다. 예언에 관한 세 번째 책은 《예언자들, 유혹을 피하고 실천하는 원리들》이다.[11] 나는 예언자들, 예언 사역자들, 예언 성도들이 예언 사역에서 훈련할 수 있도록 가르치고 활용할 수 있는 300쪽 분량의 안내서를 만들었다.[12] 20년 동안 250,000이상의 성도들과 사역자들이 전 세계의 모든 대륙에서 이 안내서로 훈련을 받았다.

회복의 사도가 되기 위해, 사도는 온전히 회복되어야 한다는 것을 알았다. 그래서 나는 《사도들, 예언자들, 그리고 하나님의 역사하심의 다가옴》[13]이라는 책을 썼다. 사도들은 1990년대에 교회 안에서 다시 회복되었다. 사도 운동은 내 자신과 CI로 인해 1998년 10월 회의에서 완전히 새롭게 태어났다.

주님께서는 1970년대에 회복하셨던 그때 예언자와 사도의 사역을 교회에 다시 회복하시기 위해 20세기 마지막 50년 동안 일어날 일들을 계시해 주셨다.

연대	오중 사역	운동
1950년대	복음 전도자	구원의 복음
1960년대	목사	은사 쇄신
1970년대	교사	신앙 회복 운동
1980년대	선지자	예언 운동
1990년대	사도	사도 운동

성도 운동을 위해 다섯 가지 은사로 무장하다

오중 사역자들이 1세기 교회에서 활동할 때, 성도 운동을 탄생시켰다. 교회사와 지혜의 계시를 통해서, 나는 하늘에서 내려오는 다섯 가지 은사가 사역자들이 성도들을 무장시키는 임무를 행하고 성취했을 때, 성도 운동을 초래한다는 것을 알았다.[14] 1997년부터 2007년에 교회 내에서 성도 운동이 탄생할 때까지 다가오는 성도 운동에 대해 설교했다. 나는 성도 운동으로 이루시려는 것과 그것을 향한 하나님의 목적을 드러내기 위해 《성도의 날》을 썼다.[15]

확장되고 넓어진 환상과 목표

55년의 사역 동안, 하나님께서 원하시는 궁극적인 목적은 교회인 신부를 완전하게 하는 것이라고 설교했다. 사역자들에게 하늘로부터 내려오는 다섯 가지 은사를 주신 그리스도의 목적은 성도들을 그리스도의 장성한 분량과 사역에 이르게 하기 위함이다.

나의 목표는 그리스도와 함께 에베소서 4장 11-16절, 5장 23-32절, 히브리서 6장 1-2절, 로마서 8장 17절의 말씀을 성취하는 일꾼이 되는 것이었다. 그분은 점과 흠이 없는 영광의 교회를 자신을 위해 나타내시고, 성숙한 교회가 하나님께서 자신을 위해 영원 전부터 되게 하시고 행하시려는 모든 것 안에서 그리스도와 함께 공동 상속자가 되도록 준비하셨다. 교회가 충만히 회복되고 완전해졌을 때, 그리스도는 그분의 교회와 부활하시고 승천하시어 하늘에서 예수 그리스도와 함께 영원한 삶을 누릴 것이다.

이사야의 예언 명령을 성취하는 때(카이로스)

> 네 장막터를 넓히며 네 처소의 휘장을 아끼지 말고 널리 펴되 너의 줄을 길게 하며 너의 말뚝을 견고히 할지어다 이는 네가 좌우로 퍼지며 네 자손은 열방을 얻으며 황폐한 성읍들을 사람 살 곳이 되게 할 것임이라(사 54:2-3)

핵심을 묘사하고 지시하는 단어들을 주목하라. 넓히며, 널리 펴되, 너의 줄을 길게 하며, 견고히 할지어다, 퍼지며. 이것은 마지막 제3 교회개혁에 참여하려는 모든 사람에게 주어진 말씀이다. 만약 우리가 이 명령에 순종한다면, 그분은 우리가 열방을 상속받으며 황폐한 성읍을 사람이 거할 수 있는 곳으로 만들 것이라는 약속을 주셨는데, 그것은 열방을 변화시키고 만물을 회복하라는 말씀이다.

확장되고 넓어진 교회의 궁극적 목적

이것은 마지막 제3 교회개혁에 관한 계시가 임했을 때 나타난 것이다. 나의 환상과 에베소서 4장 11-16절에서 요한계시록 11장 15절 말씀까지 교회를 향한 하나님의 목적을 이해하기 위해 나는 넓어져야만 했다. 현재 나의 환상과 계시는 이 세상 나라가 주님의 나라가 되며 그분의 기름 부음받은 자, 곧 교회가 될 때까지 그리스도의 신부로서 나타난 완전한 교회를 갖는 것만이 아니라, 세상을 심판하실 주님의 군대를 세우려는 완전한 교회를 갖는 것이다. 전에 나는 그리스도의 성숙과 사역으로 교회가 완전하게 되는 것은 하나님의 목적의 결말이라고 생각했다. 이제 성령의 계시는 나의 이해를 넘어 나의 환상을 넓히고 교회를 향한 하나님의 목적을 확장하였다.

교회가 이루어야 할 임무는 무엇인가

제3 개혁의 계시는 교회를 완전하게 하고 회복하시는 하나님의 목적은 만물의 회복을 불러오는 도구가 되도록 이 땅에서 그리스도의 몸과 연합하는 것이다. 사도행전 3장 21절을 새로운 번역으로 보면 예수께서 교회를 회복하기까지 하늘에 계신 것만이 아니라, 만물을 회복하기까지 계신다고 하셨다.

리빙 바이블은 이렇게 말한다. "옛적에 예언한 대로, 그는 죄에서 만유를 마지막 회복하실 때까지 하늘에 남아 계셔야만 했기 때문이다."

죄에서 만물의 최후 복구는 아담과 루시퍼의 죄로 말미암아 잃어버린 모든 것을 포함한 회복을 확장하고 넓힌다. 이것은 예수께서 그분의 성숙과 사역이 만물을 회복하는 주요 수단이 되도록 교회를 회복하신 사실을 우리에게 제공한다. 아직 밝혀지지 않거나 명백하지 않은 것은 교회가 여전히 죽을 수밖에 없는 운명에 처해 있는 동안 만물을 얼마나 많이 회복할 것인지와 교회가 불멸하게 된 이후에 완수될 일이 얼마나 많이 남아 있게 될 것인가다. 그분은 이제부터 영원까지 만물 안에 계시며 행하실 것이다. 그래서 그리스도와 함께 일하기 위해 헌신한 사람들과는 전혀 상관이 없다.

내 개인적인 바람은 하루 빨리 영원한 몸을 입는 것이다. 그때 내 사역도 하나님의 뜻이 하늘에서 이루어진 것 같이 땅에서도 이루어지듯 고통이나 혼란 없이 무제한 이루어질 것이다. 그것은 나에게 휴거, 부활 승천이 일어날 때에도 동일할 것이다. 만일 나에게 투표권이 있고 이것이 중요하다면, 그 일을 통치하고 다스리기 전에 먼저 안식년 7년에 투표할 것이다. 만약 7년을 택할 수 없다면, 나는 3년 반을 택할 것이고, 만약 계획대로 되지 않는다면 단 5분이라도 택할 것이며, 그들 중 어느 누구도 사용하지 않는다면 그때는 즉시 기쁘게 바로 바꿀 것이다. 그 안에 거하는 모든 사람이 '의가 있는 곳인 새 땅' 에서 하나님의 거룩한 백성으로 살기까지 눈을 반짝이며, 불멸의 몸을 입고, 온 세계를 지배하고 다스리시는 그리스도와 함께 일할 것이다.[16]

종말의 예언 대 예언의 계시

초기의 내 종말론적인 관점은 세대주의 신학자들에 기초를 두고 있다. 나는 오순절 스승들에게 배운 것처럼 그리스도의 임박한 재림을 기다렸다. 사실, 그들은 어느 순간 다시 오시는 그리스도를 기다리지 않는 사람이라면 완전한 신자가 아니라고 넌지시 내비쳤다.

1954년부터 1963년까지, 나는 그리스도의 재림은 1963년 말에 반드시 일어날 것이고 목회와 선교 여행을 하던 지역 교회에서 가르쳤다. 클래런스 라킨Clarence Larkin의 세대주의 도표는 어떻게 그것이 일어날 것인지를 보여 주기 위해 교회 앞마당에 널브러져 있었다. 나는 당신에게 그리스도의 재림이 그날에 일어나지 않을 것이라고 말할 필요가 있다는 것을 생각하지 못했다. 신학자로서, 나는 이 모든 것을 짐작했지만, 나의 성별된 예언은 1960년 초에 무언가 일어날 것이라는 영혼의 느낌을 받았다. 무언가가 일어났다. 은사 쇄신 운동이 1963년에 전 세계 교회를 통해 휩쓸기 시작했다. 약 25년 후에 또 다른 세대주의 사역자들은 1988년에 예수님이 오신다고 예언했고, 또한 그 일이 그때 일어날 수밖에 없는 88가지 이유를 책으로 펴냈다. 예수님의 재림은 일어나지 않았다. 그럼에도 불구하고, 1988년에 영적으로 의미심장한 일이 일어났는데, 바로 예언 운동이다. 세대주의가 복음주의 교회와 오순절 교회 사이에 유행하게 된 이래, 최근 몇 세기 동안 주님의 재림의 날로 지정된 것은 수백 개가 넘는다.

나는 이제 세대주의자보다는 개혁 회복 신학자에 더 가깝다. 이제 이 두 신앙의 차이점과 교회를 향한 하나님의 목적에 관한 우리의 관점에 그들에게 얼마나 영향을 미치는지 살펴보자.

신학적 개념의 차이점

하나님은 교회를 향한 목적을 가지고 계신다. 한 사람이 하나님의 목적을 어떻게 바라보는가는 그의 신학적 배경에 따라 결정된다. 바꾸어 말하면, 이것은 주님의 재림과 종말에 대한 그의 기대에 영향을 미친다. 만물의 성취를 위해 교회가 감당해야 할 역할이 무엇인가는 그의 신앙에 영향을 미친다. 기본적으로 중요한 두 개념이 존재한다. 세대주의 관점과 개혁된 회복의 관점이다.

세대주의자들의 관점 - 들림

세대주의 관점은 복음 운동 때 만들어졌다. 사도들과 예언자들의 사역이 교회의 기초를 세우고 신약성경을 썼다는 관점이다. 기초가 서고 성경이 완성되자, 사도들과 예언자들의 사역은 더 이상 필요하지 않았고, 세대주의는 교회에서 사라졌다. 세대주의자들 역시 교회의 기적적인 요소를 동일하게 믿었다. 그들은 초자연적인 기적, 치유, 마귀로부터의 해방, 또는 오늘날 교회 안에서도 여전히 역사하는 성령 세례의 방언을 믿지 않았다. 그들이 받아들이는 유일한 초자연적 체험은 성령께서 역사하시는 중생의 체험이었다. 그들 중 대부분은 주권자의 것이며, 성령께서 초자연적 역사하심으로 얻게 되는 영생의 선물을 받아들인다. 그들이 이것을 진리 체험으로 받아들인 이유는 이미 신교도 운동을 통해 회복되었기 때문이다.

세대주의자들의 교회에 대한 개념

세대주의자들은 교회의 목적이 타인의 구원을 위해 예수 그리스도의 증인이 되려는 성도들을 위한 것이라고 본다. 그들이 갖고 있던 마지막 때에 교회의 관점은 요한계시록 3장에 나와 있는 라오디게아 교회에 주신 그리스도의 말씀에 기초한 미지근한 '라오디게아 교회' 다.

그들은 예수께서 오셔서 완전한 파멸에서 교회를 구하시기까지 믿음을 붙잡는 남은 자들이 될 것이라 믿었다. 그들은 휴거를―성도의 승천―직그리스도가 세상을 점수하고 대환난이 시작되기 전에 성도들을 이 땅에서 대피시키기 위해 오는 하나님의 헬리콥터로 생각했다.

그리스도 재림의 유일한 목적은 하나님 진노의 재앙과 심판이 이 땅의 악한 자들에게 퍼부어질 때 이 땅에 사는 성도들을 하늘로 옮겨 이곳에 있지 않게 하는 것이다. 이러한 개념으로 그들 대부분은 전천년주의자들이었고 환난 전 휴거를 설교했다. 이것은 그들이 하나님의 다음 계획이 이 땅에서 성도들을 하늘로 '들림' 하고 그 일이 대환난 이전에 일어난다고 믿고 있음을 의미한다. 세대주의자들은 예수께서 어느 순간에 오시는 증거가 세상이 악함과 재난으로 휩싸이게 되는 것이라 생각했다. 그들은 그분의 재림을 막을 수 있는 유일한 방법은 구원받지 못한 자들이 다시 태어나도록 조금이라도 더 시간을 주시려는 그분의 은혜라고 믿었다.

세대주의자들의 관점은 스스로를 복음주의자, 근본주의자라고 말하는 그리스도인들에 의해 최근까지 유지되고 있다. 더욱이 오늘날 교회에서 성령의 세례는 무의미한 체험이라고 믿는 오순절주의자들은 마지막 때의 교회의 목적을 세대주의자들의 관점에 동의한다. 몇몇 모임은 예수께서 재림하셨을 때, 교회에는 단지 '남은 자' 혹은 '소수의 선택받은 자' 밖에 남아 있지 않고 그들의 바람은 하늘로 구출되기까지 더러운 세상 조직을 떠나 그들 스스로를 지키는 것이라고 강조한다. 다른 사람들은 그리스도께서 다시 오시기 전에 남아 있는 짧은 시간 동안 가능한 한 많은 사람에게 증인이 될 필요가 있다고 강조한다.

기본적으로 그들은 교회의 목적은 그리스도인들과 더 많은 사람들이 지옥에서 구원받고 승리하는 것이라고 믿는다. 그때 하나님은 영원토록 하늘로 옮겨 사랑하시고 기쁨을 주시려는 구속된 큰 백성을 소유하게 되신다. 그들은 이 땅의 문제에서 벗어나 영원한 안식을 얻게 되는 하늘나라를 바라볼 것이다. 이것이 1963년에 그리스도의 재림을 기대했을 때 내 생각 속에 있던 것이다.

복음주의자들은 선교 지향적이다

이들은 교회의 완전한 회복 혹은 '질' 보다는 '양' 에 더 큰 환상을 갖고 있기 때문에, 예수 그리스도에 대한 많은 지식을 하나님을 소개하는 데 사용했다. 그들의 구원을 위한 복음 전파를 통해 수백만의 사람들이 주께로 돌아왔다. 가장 큰 교단 중에 몇몇은 구제와 선교의 비전을 통해 성장했다. 많은 신자들이 규칙적으로 성경을 읽고, 기도하고, 제자 삼고, 죄에서 떠나기 위해 노력했다. 그들은 자신들이 받은 비전의 분량대로 신실하게 살았다.

그리스도의 영원하심 – 영원한 안식, 영원한 소명

하나님께서는 나에게 성도들이 하늘에서, 하나님의 새 땅에서, 다가오는 시대에서 행해야 할 것들에 관해 몇 가지 계시와 통찰을 주셨다. 나는 지금부터 영원까지 모든 것이 되시며 행하시는 예수와 공동 상속자로 그리스도 안에서 유산의 위대한 비전을 성도들에게 주려고 노력했다. 우리는 그리스도의 영원하심이 영원한 안식이 아닌 영원한 소명임을 알아야 한다.[17] 우리는 할렐루야를 외치는 유랑민, 떠도는 구름,

방황하는 별들이 되지 않을 것이며, 더욱이 성도들은 천사들, 케루빔(지품智品천사 : 하나님을 섬기며 보좌를 떠받치는 천사, 창 3:24), 세라핌(치품熾品천사 : 인간과 닮은 모습으로 세 쌍의 날개가 있는 천사, 사 6:2, 6)이 되지 않을 것이다. 우리는 영원히 구속받은 성도들이 될 것이다.

그리스도께서 살고 계시는 천상의 세계는 하나님께서 통치하시는 곳이며, 하나님의 일을 계속해서 수행하는 곳이며, 성도의 사회적 임무와 사역을 하나님의 사랑으로 행하는 곳이다. 그리스도의 몸 안에서 목회는 영원한 부르심이다.[18] 머리되시는 예수 그리스도가 영원하듯이 그리스도의 몸 역시 영원하다.[19] 성도들은 천국의 개념을 신화적 존재로, 영원토록 표류하는 곳으로, 사람들의 얼굴에는 이상한 표정과 머리에는 후광과 함께 긴 예복을 입고 유랑하며 계속해서 주님을 찬양하기만 하는 유령 장소로만 여기는 암흑 시대에서 구원되어야 한다. 하나님의 새 하늘과 새 땅은 사람들이 함께 살아가며 실제 일을 행하는 장소가 될 것이다. 하나님께서 새 하늘과 새 땅을 창조하신 후에 일어날 일들을 알고 싶다면 이사야 65장 17-25절을 읽어 보라.

회복주의자들의 관점 – 성숙

개혁 회복 신학자들은 신약 전체가 교회를 세우기 위한 청사진이라고 한다. 모든 진리, 사역과 성경에 나타난 초자연적 현시는 오늘날 교회가 받아들이고, 믿고, 명백하게 하기 위함이다. 그들은 1세기 교회가 모든 세대의 원형이라 믿었다. 그러나 모든 진리와 교회의 초자연적 사역을 잃어버리기까지 그곳에는 3세기 어간에 시작되었고 계속되었던 교회의 대타락이 다가왔다. 교회는 역사학자들이 '교회 암흑 시대'

라고 불렀던 1500년까지 지속된 천 년의 시간을 지나왔다. 그때 제2 개혁이 시작되었다.

교회개혁은 '회복 운동'이 시작된 이래로 진행되었다. 각각의 회복 운동은 대타락 때 잃어버린 몇몇의 진리와 사역을 회복시켰다. 회복 신학자들은 그리스도 교회의 대배교가 이미 일어났다고 믿는다. 비록 세상은 죄악의 잔이 넘쳐 나고 거짓의 목소리가 택한 자들까지 속이기 위해 찾아다닐지라도, 진보하는 교회는 결국 승리하며 점점 더 영화롭게 될 것이다. 회복된 그리스도인들은 그리스도가 다시 오시기 전에 교회가 필요한 수를 채우듯이 성숙한 교회로 완성되리라고 믿는다.

"각각 그들에게 흰 두루마리를 주시며, 그들의 동무 종들과 형제들도 그들이 죽은 것처럼 죽기로 되어 있는 사람의 수number가 차기 complete까지 좀더 쉬어야 한다고 말씀하셨다"(계 6:11 필립 번역).

교회는 '성숙'하기까지 '들림' 받지 않을 것이다

교회가 '성숙'을 통해 맡게 된 역할은 그리스도의 형상에 순응하듯이 만물의 회복이다. 구원의 복음과 하나님 나라의 복음이 온 세계에 전파될 것인데,[20] 그것은 예수의 말씀과 그분께서 행하신 초자연적인 사역까지 포함한다. 이러한 방법을 통해 교회는 진정 이 땅에 그리스도의 몸을 명백하게 나타낼 것이다. 성경은 모든 피조물이 마지막 제3 개혁 동안 하나님의 목적을 성취할 교회를 간절한 기대와 함께 열렬히 기다리고 있음을 보여 준다. 이는 그들을 하나님의 영광스러운 자유로 해방시킬 것이다.[21]

성도들이 영원한 몸을 입게 될 때, 루시퍼의 타락과 인류의 죄로 영향을 받은 하나님의 피조물들에게 연쇄반응이 일어날 것이다. 죽음으로 몸을 잃어버린 믿음의 모든 영웅과 성도들은 만물을 성취할 교회를 시나브로 재림하시도록 하늘에서 높임을 받은 예수님은 부활의 능력으로 그들의 몸을 회복할 것이다. 성도들조차 내적으로 신음하고, 쇠퇴와 죽음에서 몸이 구속되기를 간절히 고대하고 있다.[22] 예수님도 만물의 회복을 가져올 마지막 제3 개혁을 열렬히 고대하시고 다시 오셔서 하늘과 땅의 모든 악한 것과 악한 영을 제거하기 위해 교회(신부)와 연합하실 것이다. 그분의 법과 의가 정결하게 되고 회복된 새 하늘과 새 땅에 넘치게 할 것이다.

하나님은 목적을 이루시기 위해 이 땅의 백성을 사용하신다

노아는 옛 세상에서 새로운 세상으로 인류를 보호하고 이동시키기 위해 방주를 만들었다.[23] 아브라함은 하나님께서 특별히 선택하신 백성의 선조로 사용하셨고, 이스라엘 민족이 되었다. 하나님은 그를 축복하시고 믿음의 조상이 되게 하셨고, 모든 백성은 그를 통해 복을 받게 될 것이라는 약속을 주셨다.[24] 하나님은 모세를 통해서 이집트에서 종살이 하던 이스라엘을 해방시키셨고 율법을 주시고 하나님의 길을 따라가는 삶을 살도록 하셨다. 그는 하나님의 성막을 지었고, 그곳은 그들 가운데 임하는 하나님의 현존을 나타내는 장소가 되었다.[25] 여호수아는 이스라엘 백성이 요단을 건너기 위한 도구가 되었고 군사력으로 가나안 거민들을 물리치고 '약속의 땅'의 한 민족이 되는 이스라엘을 세웠다.[26]

사무엘은 선지자 학교를 시작했고, 인간과 소통하는 하나님의 목소리가 되는 수백 명의 예언자를 세웠다. 또한 그는 이스라엘을 다스릴 왕을 세웠다.[27] 다윗 왕은 후에 하나님 마음에 합한 사람으로 이스라엘의 적을 물리쳤고 하나님의 목적을 이루기 위해 선택한 백성을 위해 그분의 나라를 세웠다. 다윗은 하나님께서 아브라함에게 약속하신 모든 땅과 지중해에서 유프라테스 강까지 정복한 유일한 사람이다.[28]

하나님께서는 그분의 위대한 목적인 구원과 하나님과 인간의 화해를 가져올 수 있는 사람을 찾을 수 없었다.[29] 그래서 자신의 아들을 죽을 수밖에 없는 인간이 되게 하셨다.[30] 예수님은 하나님이 아버지가 되시는 유일한 사람이 되셨다. 아담은 하나님의 손에 창조되었지만, 예수님은 오직 하나님의 독생자로 태어나셨다.[31] 하나님의 완전한 사람이시고, 이전에 살았던 자 중에 유일하게 죄가 없으신 분이다. 인간의 구속을 위해 온전하고 유일하게 받으시는 제물이 되셨다.[32] 인간이신 그리스도 예수께서 죽으시고 묻히시고 부활하심을 통해, 인류의 새로운 탄생을 가져왔다.[33] 백성이 아니었던 백성이 하나님의 백성이 되었다.[34] 그들은 이 땅에서 교회라 불리는 새로운 종족이 되었다. 새로운 종족이 되는 유일한 길은 거듭나는 것이다.

육으로 다시 태어나는 것이 아니라, 영으로 태어나는 것이다.[35] 예수 그리스도께서 우리의 죄를 위해 죽으시고 다시 사셨음을 마음으로 믿고 입으로 시인하며 삶으로 그리스도를 영접하면 우리는 거듭나고 그리스도 안에서 새로운 피조물이 된다.[36] 옛 것은 지나갔고, 모든 것은 새롭게 되었다.[37] 한 사람이 하나님께 거듭남으로 새로운 피조물이 되었을 때, 전능하신 하나님은 그들의 아버지가 되고, 예수 그리스도는 그들의 주님이시며 구원자가 되신다.[38] 그들은 에클레시아 혹은 교회라 불리는 기름 부음받은 신자의 몸으로 세례를 받았다.[39] 이 새 피조물을 특별한 백성으로 부르는 다른 이름은 신자, 그리스도의 몸의 지체, 그리스도인, 성도이다.[40] 이제 새로운 이류가 제3 개혁 동안 다음처럼 사용될 것이다. 하나님 나라 증거자, 일곱 산 사역자, 엘리야 혁명가, 다윗의 무리, 여호수아의 세대, 변혁자, 최후의 변화 세대.

회복된 그리스도인은 누구인가

기본적으로, 모든 그리스도인은 회복된 사람들이다. 다른 말로 하면, 그들은 회복 운동으로 생겨난 교단에 속한 교회의 지체들이다. 회복 운동은 그 당시 교회에 존재했지만 활발하지는 않았던 진리와 사역과 실천을 회복한 것이 아니라 초기 교회에 드러난 확실한 진리와 사역과 실천을 회복했다. 이러한 진리를 전파하고 실천하기 위해서, 그들은 새로운 교회 모임과 교단을 세울 필요가 있음을 발견했다.

교회 회복

주요 개신교 교단들은 지난 500년 동안 회복 운동이 있었기 때문에 생겨났고 존재했다. 그리스도인들은 주요 회복 운동을 통해 설립된 교단에 속해 있다. 모든 사람은 회복된 성도들이다. 질문이 있다. 회복되기를 원했던 사람들은 얼마나 많은 진리를 행했는가? 그들의 교단이 회복 운동으로 생겨난 이후에 성령께서 모든 진리를 회복하시는 사역은 왜 멈추었는가?

교회 회복의 시기가 완료되었음을 우리는 어떻게 알 수 있는가? 그리스도께서 교회를 완전히 회복하시기 위해 예정하신 모든 진리와 영적 경험을 회복하는 운동은 무엇인가? 아직까지 전부는 아니지만, 하나님께서는 그분의 교회를 위해 의도하신 모든 진리 중에 어느 정도를 회복하셨다. 만일 교회에 다가올 회복 운동이 더 있다면, 결정을 위해 신뢰할 만한 기준이 되는 진리의 말씀이 존재할 것이다. 만일 문자 그대로 그리스도의 재림이 아직 일어나지 않았다면, 교회를 위한 더 많은 영적 회복이 다가올 것이다.

사도행전 3장 21절은 그리스도의 재림은 모든 것을 회복하기 전까지는 일어나지 않을 것이라고 강조한다. 이것은 사도들과 예언자들이 예언했고 성경에 적혀 있는 최후의 일이 회복되자마자, 예수님은 순식간에 빛나는 눈동자를 하시고 즉시 이 땅에 다시 오심을 의미한다.[41] 성경의 진리에 기초하여, 만일 우리가 예수 그리스도의 재림이 아직까지 일어나지 않았다고 믿는다면, 우리는 더욱 많은 회복을 믿어야만 한다. 왜냐하면 만물이 지금 회복되었다면, 그때 그리스도 예수께서는 이 땅을 다스리시는 주권자로, 왕으로 이미 오셨기 때문이다. 만약 만물이 회복되었다면, 지금 우리는 부활한 성도가 되었고 불멸의 교회로 승천했을 것이다.[42]

우리가 불멸의 교회를 체험하지 못했고 감당하지 못했음으로 그리스도께서는 오시지 않으시며, 만물은 교회 내에서 교회로 말미암아 회복되지 않으며 성취되지 않는다.

하나님의 다음 계획은 무엇인가

하나님의 예정표에 나타난 다음의 주된 일은 그리스도의 재림이 아닌 또 다른 주요 회복 운동이다. 왜냐하면 최후의 순간에 만물이 회복되면, 주님의 재림은 일어나야만 하기 때문이다. 예수님은 교회를 위해 다시 돌아오시기를 간절히 열망하신다. 최후의 일이 회복되는 순간, 예수님은 죽었던 성도들의 영혼을 데리고 돌아오실 때, 그리스도께서는 큰 소리로 외치시고, 가브리엘은 나팔을 불 것이다.[43]

예수 그리스도는 성도들의 몸을 부활시키고 그분의 구속된 영과 혼과 육을 가진 백성으로 그들을 재결합시킬 것이다. 동시에, 여전히 이 땅에 사는 성도들의 몸을 불멸하게 하시고 그들을 공중으로 들어 올려 다른 성도들과 연합하게 할 것이다.

이런 기적적인 일로, 그리스도 예수께서는 그분의 교회를 그분의 신부가 되도록, 하늘나라와 이 땅을 그분과 함께 다스리도록 유일하고 영원한 교회로 재결합하신다. 그렇기 때문에 현재 성도들은 단지 임박한 재림을 소망하며 하늘만 응시하기보다는 더 많은 회복을 위해 일하며 더 많은 회복을 믿어야 한다.

예언자들이 말한 만물의 온전한 회복이 있기까지는 재림은 있을 수 없다. 이것은 사도 베드로가 우리에게 "하나님의 날이 임하기를 사모하라"고 말했을 때 언급한 것이다.[44] 우리는 그리스도의 오심이 곧 일어날 것이라고 설교함으로 재촉할 수는 없지만 그분의 재림을 위해 "그 길을 예비하고 사람들을 준비시킴"으로 재촉할 수 있다.[45] 우리는 회복할 필요가 있는 것에 관해 예언의 계시를 받음으로 그 길을 예비할 수 있고 그때 만물의 회복을 초래하는 성령의 손에 들린 도구가 됨으로 그리스도께서 하늘 나라의 놓임을 받을 수 있다. 우리는 모든 성도를 예수님의 형상과 모양으로 변화하도록 준비시킴으로 그들은 그리스도의 충만한 인격과 사역을 보여 줄 수 있다.[46]

최후 세대

작금의 오중 사역자들과 성도들은 그리스도께서 오시기 전에 생멸하는 교회의 최후 세대가 성취하고 이루어야만 하는 것임을 인정해야한다. 최후 세대 성도들이 하나님의 목적을 이루기 위해서는 길과 진리요 생명이신 그리스도의 충만하심을 입어야 한다.[47] 성도들은 예수님과 하나님이 하나인 것처럼 그들도 믿음으로 하나가 되어야 한다. 예수님은 성도들이 하나가 되기까지 세상은 그분을 믿지 않으며 그분께 속하지 않을 것이라고 선언하셨다.[48]

교회사에 기록되지 않았던 가장 위대한 추수가 하나 됨이 될 때 일어날 것이다. 사도 바울은 그리스도의 몸 된 지체들마다 그들의 목회 사역을 온전히 감당하기까지, 오중 사역자들은 계속해서 성도들을 양육해야만 한다고 하나님의 계시를 통해 선포했다.[49]

하나님의 목적을 이루는 진리를 선포하라

성경의 이 사실들은 그리스도 예수께서 돌아오시기 전에 먼저 이루어야만 하는 것들 중 일부에 지나지 않는다. 우리는 임박한 그리스도의 재림보다는 이 일을 더 많이 전해야 한다. 주의 재림을 선포하라. 그리고 그 길을 예비하고 사람들을 준비시켜라. 그리하면 그리스도께서 오실 것이다. 우리는 그분을 기다리지 못한다. 그분이 우리를 기다리신다. 복음주의 사역자들은 수백 년 동안 그리스도께서 즉시 오신다고 선포했다. 그들이 문자 그대로 주님의 오심을 갈구하는 동안, 그리스도께서는 주요 회복 운동에 나타난 진리처럼 계속해서 영적으로 오셨다.

복음주의자들과 오순절주의자들은 오랫동안 하나님의 다음 계획은 그리스도의 재림이라고 선포했다. 노아가 백 년 동안 홍수가 일어날 것이리고 외친 것처럼 이날 준 한 날이 정확한 날이 될 것이다. 그분은 오실 것이다. 그러나 만일 그와 그의 가족이 이행移行 세대가 되도록 노아가 홍수를 외쳤지만 방주를 준비하지 않았다면 그들은 구세계를 신세계로 이행하는 준비를 하지 못했을 것이다. 이행 세대가 오늘날도 존재한다. 그들은 그리스도의 형상에 적합한 방주를 준비함으로 옛 땅을 새 땅으로 이행시킨다. 그리스도의 재림 예언은 홍수의 예언이 이제 역사가 된 것처럼 곧 역사가 될 것이다. 그분의 오심은 사실이고 일어나겠지만, 그것은 만물이 드러나고 성취되기까지 일어나지 않는다. 우리는 단지 간구함으로 그분의 오심을 재촉할 수는 없지만, 성령과 함께 만물을 회복함으로 서두를 수는 있다.

회복을 위한 하나님의 예비와 준비

예수께서 이 땅에 계시는 동안, 그분의 몸은 하나님께서 거하시는 집이요 본부가 되었다.[50] 이제 그리스도의 몸과 하나 된 교회는 이 땅에 있는 예수 그리스도를 위한 집이고 본부다.[51] 예수님 개인의 몸은 하나님께서 인류의 구속을 위해 공급하고, 극복하고, 성취하기 위해 사용하시는 것이다. 그분의 피 흘리심은 교회를 얻기 위해 값을 지불한 것이다.[52] 그분은 죽음에서 부활하심으로 권세를 받으셨고 오순절에 보내주신 성령을 통해서 교회를 세우셨다.[53] 예수님의 몸은 하나님의 충만하심으로 가득하며, 하나님의 모든 뜻과 인류를 향한 목적을 이루기 위해 사용되었다.[54]

예수님과 교회는 영원히 함께 일할 것이다

인류를 향한 하나님의 목적은 그분과 교제함으로 구속받은 백성들의 특별한 그룹을 갖게 하는 것이며 그분의 영광을 이 땅에 보여 주는 것이다.[55] 특별한 백성들은 그분의 교회를 만든다. 이는 그리스도의 신부가 되기 위한 교회를 향한 하나님의 목적이었고 성도들을 하나님의 상속자요, 예수 그리스도와의 공동 상속자인 교회(신부)의 일부가 되도록 만든다.[56] 이것은 교회는 그리스도와 하나이며 지금부터 영원까지 그분이 행하시며 존재하실 모든 것에 참여하는 것을 의미한다.

하나님은 교회를 위한 목적을 가지고 계신가? 맞다. 하나님은 예수 그리스도를 향한 목적을 가지고 계셨던 만큼, 계신 만큼 갖고 계신다. 예수께서 하늘에 계신 아버지를 온전히 나타내신 것처럼 교회도 그리스도를 온전히 나타내는 것이 하나님께서 교회를 향한 목적이다.[57]

예수님은 몸소 임무를 완성하셨다

이 땅에서 육의 몸을 입고 계실 때, 예수님은 재림 때까지 개인적으로 예언된 모든 것을 이루셨다. "하나님이 모든 선지자의 입을 통하여 자기의 그리스도께서 고난 받으실 일을 미리 알게 하신 것을 이와 같이 이루셨느니라."[58] 예수께서 "다 이루었다" 그리고 "아버지여, 아버지께서 내게 하라고 주신 일을 내가 이루었습니다"라고 선언하셨을 때, 그것은 예수께서 일을 마치셨고 홀로 모든 일을 이루셨음을 드러내신 것이다.[59] 예수님은 모든 일을 완성하신 후에 아버지께 다시 올라가셨고, 그때 그분께 말씀하셨다. "내가 네 원수로 네 발등상이 되게 하기까지 너는 내 우편에 앉아 있으라."[60]

오늘날 예수님의 주요 사역

지금 예수님은 '성도들을 위해 간구하시기' 위해서 하늘 보좌 하나님 우편에 앉아계신다.[61] 그분은 하나님께서 시작하신 모든 것을 성도들이 마치도록 교회를 위해 기도하신다. 외로운 사역자이신 예수님의 임무는 영원히 끝났다. 다시는 그분 홀로 어떤 일도 행하지 않으실 것이다. 그 밖에 행해야 할 것은 성도들과 함께, 성도들에게서, 성도들을 통해 행하실 것이다.[62] 예수님은 성도들이 모든 원수를 그 발등상이 되게 하시고 만물을 회복하고 성취하도록, 그 길을 예비하도록, 그리고 재림을 위해 백성들을 준비하도록, 하늘 아버지와 함께 일하도록, 성도들을 중보하신다.

예수님은 자신을 교회와 영원히 연합하신다

그분은 처음부터 교회와 연합하셨고 퇴보의 기간에도 신부를 버리지 않으셨다. 그분은 교회에 회복을 주시기를 계속하셨고, 교회(신부)가 궁극적 소명에 도달하기까지 계속하실 것이다. 예수님은 교회가 그분의 영원한 목적을 수행하도록 그분의 능력을 행할 수 있도록 대표자로 위임하셨다.[63] 아버지께서 자신에게 모든 것을 위임하는 권위를 주셨기에 그분의 권위를 교회에 위임하셨다.[64] 이 말은 예수께서 하나님의 영광을 감소시켜 아버지의 능력을 가졌기 보다는 더 이상 그분으로부터 영광을 취하지 않으신다는 것을 의미한다. 예수님의 권위는 아버지의 뜻을 행하시는 그분에게 기초한다. 마찬가지로 성도의 권위도 하나님의 말씀과 뜻과 길을 따라 그리스도의 마음으로 사역하는 그곳에 기초한다.

아직 드러나지 않고, 회복되지 않고, 성취되지 않은 만물은 그리스도의 교회 안에서, 그리스도의 교회로 말미암아, 그리스도의 교회를 통해서 이루어진다. 예수님은 아버지의 명령을 알고 계셨다.

"하나님이 영원 전부터 거룩한 선지자들의 입을 통하여 말씀하신 바 만물을 회복하실 때까지는 하늘이 마땅히 그를 받아 두리라"(행 3:21).

하나님 아버지께서 아들에게 선언하셨다. "너는 최후의 값을 치렀다. 너는 모든 것을 주었고 나의 뜻을 모두 성취하였다. 너는 모든 것을 실천했고, 지금 내 우편에 앉아 있다. 그리고 너의 교회를 지켜보아라. 너의 피 값으로 샀고 모든 적을 정복할 수 있도록 성령을 보냈고, 네 발아래 꿇게 하였다."[65]

성도는 예언의 성취를 위한 그리스도의 도구다

21세기 교회는 예수께서 예언을 성취하셨던 것처럼 예언의 말씀을 성취해야 할 소명이 있다. 교회가 성취해야 할 많은 신구약의 예언의 말씀이 있다. 죽을 수밖에 없는 교회는 예수께서 재림하기 전에 마지막 세대 교회를 향한 하나님의 목적과 적합한 모든 성경 말씀을 성취해야만 한다. 그러므로 예수께서 하늘에서 내려오시기 전, 실제로 회복되고 활성화되어야 하는 예언의 말씀을 이해할 필요가 있다. 우리가 그리스도께서 다시 오시기 위해 활성화되고 회복되고 성취되어야만 하는 것들을 알 때 우리는 하나님과 함께 그들의 온전한 회복을 위해서 함께 일해야 함을 알게 된다. 우리는 이스라엘 70년 포로생활이 모두 성취되면 온전한 회복의 적합한 때가 되리라는 예레미야의 예언적 계시를 받은 다니엘처럼 될 수 있다.[66] 그분은 고향 땅에서 이스라엘의 회복이 성취되리라는 예언을 위해 중보하셨다. 하나님께서 인간을 창조하신 이래로, 그분과 함께 그것을 성취하기 위해 참여하려는 사람 없이는 이 땅에서 아무것도 행하지 않으셨다.

우리는 이사야가 "되돌려 주라, 말할 자가 없도다"(사 42:22)라고 예언적인 고발장을 보냈던 실패한 죄인 세대가 되기를 원하지 않는다. 그때 하나님의 백성과 이스라엘 민족의 회복을 가져오리라 믿고 일한 지도자는 아무도 없었다. 회복에 대해서 어느 누구도 말하지 않았지만, 하나님께서 말씀하셨다. "내가 회복할 것이다."[67]

우리가 범사에 그리스도에게까지 자라기까지, 우리가 그분의 형상을 닮기까지, 점과 흠이 없는 영광스러운 교회가 되기까지, 그분처럼 되기까지, 우리가 온전한 사람을 이루어 그리스도의 장성한 분량이 충만한 경지에 이르기까지 회복, 믿음에서 믿음으로 성장하기, 힘에 힘을 더하기, 영광에 영광을 더하기, 은혜와 지혜로 자라기를 말씀하는 30개가 넘는 성경 말씀이 있다.

성경은 하나님께서 예정하신 목적을 교회가 이루기까지 "경계에 경계를, 교훈에 교훈을" 진리의 회복에 진리의 회복이 있을 것이라고 분명히 가르친다. 성경 세 곳에서 '들림'에 대해 말하는 반면 30곳 이상에서 '성숙'을 말하고 있다. 그것은 그분께서 우리를 하늘로 휴거하시겠다고 말씀하신 것보다 그리스도의 형상과 사역에 장성한 분량이 되라고 열 번 이상 말씀하심으로 훨씬 더 중요함을 드러낸다. 하나님께서 관심을 쏟는 것에 우리 역시 관심을 쏟아야 한다.

주 ....

1. 잠언 23장 7절

2. 사도행전 9장 1-9절

3. 사도행전 9장 1-9절

4. 사도행전 9장 1-9절

5. 사도행전 10장 33-48절

6. 사도행전 10장 44-48절, 2장 5-12절, 11장 15절

7. 빌 해몬, 《영원한 교회 》(Santa Rosa Beach, FL: Christian International, 1981년), 61쪽

8. 빌 해몬, 《선지자와 개인적 예언 》(Shippensburg, PA: Destiny Image, 1987년)

9. 같은 책, 2장

10. 빌 해몬, 《예언자와 예언자 운동 》(Shippensburg, PA: Destiny Image, 1990년)

11. 빌 해몬, 《선지자, 함정, 신조 》(Shippensburg, PA: Destiny Image, 1991년)

12. 빌 해몬의 《영적 은사 사역을 위한 안내서 》는 CI와 다양한 지역 교회에서 매년 몇 번씩 배운 것이다. 더 많은 정보를 원한다면 1-800-388-5308로 연락하라.

13. 빌 해몬, 《사도, 선지자, 도래한 하나님의 운동 》(Santa Rosa Beach, FL: Christian International, 1997년)

14. 에베소서 4장 11-13절

15. 빌 해몬, 《성도의 날 》(Shippensburg, PA: Destiny Image, 2002년)

16. 베드로후서 3장 13절

17. 에베소서 3장 1-7절

18. 에베소서 1장 18절

19. 고린도전서 12장 27절; 에베소서 3장 21절; 골로새서 1장 18절, 24절; 에베소서 1장 22-23절

20. 마태복음 24장 14절; 요한복음 14장 12절

21. 로마서 8장 19-22절

22. 로마서 6장 19-23절; 히브리서 11장 39-40절

23. 창세기 6-8장

24. 창세기 12장 1-5절

25. 출애굽기서

26. 여호수아 1장 1-18절; 창세기 15장 18절

27. 《예언자와 예언자 운동 》 17–28쪽, 198쪽

28. 사무엘상 19장 20절; 사무엘하 8장 15절

29. 이사야 59장 16절

30. 요한복음 3장 16절; 히브리서 2장 5절; 갈라디아서 1장 1절

31. 창세기 2장 7절; 요한복음 1장 14절; 에베소서 1장 3절

32. 히브리서 5장 5절

33. 에베소서 1장 3–6절; 고린도전서 15장

34. 베드로전서 2장 9–10절

35. 요한복음 3장 3–5절

36. 로마서 10장 9절

37. 고린도후서 5장 17절; 에베소서 2장 11–13절

38. 로마서 8장 14–17절

39. 고린도전서 12장 12절

40. 《성도의 날》, 21–42쪽

41. 고린도전서 15장 52절

42. 요한계시록 20장 4–6절

43. 데살로니가전서 4장 13–18절

44. 베드로후서 3장 12절 참조

45. 《선지자와 개인적 예언 》, 21쪽

46. 로마서 8장 29절

47. 요한복음 14장 6절

48. 요한복음 17장 20–23절

49. 에베소서 4장 13절

50. 골로새서 2장 9절

51. 고린도전서 12장 27절; 에베소서 2장 22절

52. 사도행전 20장 28절

53. 로마서 1장 4절; 사도행전 2장 4절

54. 사도행전 3장 18절

55. 히브리서 2장 10절; 에베소서 1장 6절, 11절

56. 로마서 8장 17절; 《영원한 교회 》, 345쪽

57. 에베소서 4장 7–16절; 골로새서 2장 9절; 누가복음 14장 17절

58. 사도행전 3장 18절

59. 요한복음 19장 30절; 17장 4절 참조

60. 히브리서 1장 13절

61. 로마서 8장 34절 참조

62. 에베소서 3장 20절

63. 요한일서 4장 17절; 에베소서 3장 10-11절; 마태복음 28장 18-20절

64. 요한복음 17장 18절; 마태복음 28장 18절

65. 사도행전 3장 21절; 히브리서 1장 13절

66. 다니엘 9장 2절; 예레미야 25장 1-14절

67. 요엘 2장 25절

11

PROPHETIC SCRIPTURES YET TO BE FULFILLED

마지막 제3 개혁 : 나라가 오게 하소서

하나님 나라의 정신으로 이행하기

천국 백성의 태도, 정신, 사고방식은 무엇인가? 오늘날 천국 백성의 사고방식과 교회의 사고방식에는 어떤 차이가 있는가? 대부분의 교단 신학교와 신학대학은 학생들에게 어떻게 하면 성공적인 목사가 되며 개 교회를 부흥시킬 수 있는지를 가르친다. 훈련된 목사들은 사람들을 예수 그리스도에게로 이끄는 법을 배우고 교회를 개척한다. 이것은 좋은 가르침이지만, 목회를 한 우리는 종종 우리의 목회 동기가 너무나 개인적이었음을 발견한다. 우리는 구원받은 사람들을 얻기 원하며 그들을 훈련해서 교회의 믿음 충만한 그리스도인들로 만들고 싶다. 그러나 우리의 성공의 척도는 더 넓은 예배당과 더 많은 교인을 모으는 것이다.

대부분의 목회 사고방식은 사회와 도시를 위해 교회가 무엇을 할 것인가 보다는 교회를 위해 사회와 국가가 무엇을 할 수 있는지를 생각한다. 우리는 도시와 지역 교회를 회심시키고 채우기 위한 사람들의 자원이 모인 곳으로 바라보고 있다.

하나님 나라의 정신은 묻고 있다. 나와 내 지역 교회가 사회와 도시를 위해 무엇을 할 수 있는가? 우리는 어떻게 지역에 하나님 나라를 건설할 도구가 될 수 있는가?

로마서 14장 17절은 하나님 나라는 성령 안에 있는 의와 평강과 희락이라고 말한다. 하나님 앞에 우리가 바로 서도록 전가된 의가 나타나 성경의 기준과 하나님 나라의 원칙에 따라 만물을 바르게 하는 의가 나타난다.[1] 교회는 타락을 없애기 위해 기도하고 행하며 바른 일을 하도록 지혜를 제공함으로 하나님 나라 건설을 앞당길 수 있다. 우리는 어려움에 처한 가족과 부부에게 평안을 줄 수 있으며 도시 안에 각기 다른 모임에 더 큰 조화를 가져오고 친교를 행함으로 기쁨을 줄 수 있다.

교회는 이것을 성령 충만할 때 할 수 있다. 우리는 하나님의 음성을 들을 수 있고 인류에게 필요한 해결책을 줄 수 있는 신의 전략을 받을 수 있다. 하나님 나라의 사고방식은 우리를 이 질문 앞으로 인도한다. 만약 예수께서 하나님의 나라를 임하게 하고 그분의 뜻을 하늘에서와 같이 땅에서도 이루시기 위해 단지 필요한 것을 명령하시기 위해 다시 오셨다면, 우리는 우리의 사회와 도시가 하나님 나라의 원리에 따라 움직이도록 할 수 있는 것이 무엇인가? 우리는 그리스도와 함께 다스리고 지배하는 것을 말하고 있지만, 그러나 하나님 나라의 의로운 도시가 되기까지 얼마나 많은 교회가 어떤 생각으로 일을 해야 하며 또 그들의 도시를 위해 어떻게 변화를 가져올 수 있는가? 그리스도와 함께 이 모든 땅을 다스리고 지배할 그들이 교회/하나님 나라의 합법적 정부를 알아야만 하는 것은 확실하다. 성경이 생각하며 확신하는 그리고 하나님의 원리를 문서의 형태로 보여 주는 것은 미국 헌법이다. 생명, 본성, 성격, 하나님의 성령은 미국 헌법을 살아 있게 하고 집행하는 동기부여가 된다.

예수님은 육신이 되신 하나님의 말씀이며 인간의 생명과 육체를 실제로 증명하셨다.[2] 성경에서 우리가 그리스도의 충만함에 이르러야 한다고 말할 때, 그것은 우리가 하나님 말씀의 충만함에 이르러야 한다는 의미다. 제3 개혁의 성도들은 그들이 모든 진실, 즉 "이제는 내가 사는 것이 아니요 오직 내 안에 그리스도께서 사시는 것이라 왜냐하면 내 생명이 그리스도와 함께 하나님 안에 감추어졌음이라"[3]를 말할 수 있기까지 하나님의 말씀과 그리스도의 생명으로 충만해야 한다.

지배하는 훈련하기 – 다스리는 공부하기

성도는 하나님 나라를 소유하며 그것을 이 땅에 세울 것이라고 말한 다니엘 7장의 모든 예언의 말씀을 우리가 성취하려 한다면 오중 사역은 성도들에게 강도 높은 훈련을 시작해야만 한다.[4]

> 그에게 권세와 영광과 나라를 주고 모든 백성과 나라들과 다른 언어를 말하는 모든 자들이 그를 섬기게 하였으니 그의 권세는 소멸되지 아니하는 영원한 권세요 그의 나라는 멸망하지 아니할 것이니라 … 지극히 높으신 이의 성도들이 나라를 얻으리니 그 누림이 영원하고 영원하고

영원하리라 … 옛적부터 항상 계신 이가 와서 지극히 높으신 이의 성도들을 위하여 원한을 풀어 주려고 때가 이르매 성도들이 나라를 얻었더라 … 그러나 심판이 시작되면 그는 권세를 빼앗기고 완전히 멸망할 것이요 나라와 권세와 온 천하 나라들의 위세가 지극히 높으신 이의 거룩한 백성에게 붙인 바 되리니 그의 나라는 영원한 나라이라 모든 권세 있는 자들이 다 그를 섬기며 복종하리라(단 7:14, 18, 22, 26-27)

이 땅의 나라는 우리 주님의 나라, 그분의 기름 부음받은 자, 교회가 되며 그리고 그들이 영원무궁토록 통치할 것이다(계 11:15). 당신은 우리 하나님 아버지이시며 우리는 당신의 나라가 임하도록 그리고 당신의 뜻이 하늘에서와 같이 이 땅에서도 이루어지도록 기도합니다. 나라와 권세와 영광이 영원토록 아버지의 것이기 때문입니다. 아멘.[5]

하나님 나라의 사고방식을 계발하라

내가 1953년에 받은 예언의 말씀은 제1 예언 장로교에서 행해진 것으로 다음과 같다. "주가 이같이 말씀하신다. 내 목적은 오직 너를 붙잡고 있는 것이다."[6]

주님께서 말씀을 통해 깨닫게 하시기까지 예언의 계시를 주신 후 30년의 시간이 흘렀다. 말라기 4장 5-6절의 계시와 적용을 통해 이해가 되었다. 예수님은 메시아를 위해 길을 예비한 자가 엘리야의 예언을 성취한 세례 요한이라고 말씀하셨다.[7] 이제 교회의 최후의 날에 나에게 임한 새로운 예언의 계시는 하나님께서 세례 요한이 그리스도 초림의 길을 예비했듯이 그리스도 재림의 길을 준비하기 위해 엘리야의

영을 받은 예언자 모임을 양육하라는 것이다.[8]

하나님의 특별한 목적을 요청하고 준비하기

주님께서는 나에게 말씀하셨다. "나는 내가 이전에 참여했던 운동의 개척자나 주요 사역자로 만들지 않았다. 나는 너를 위한 때와 목적을 갖고 있다. 나는 오랫동안 너를 나와 내 교회를 위해 처음부터 선택하여 행하기 위해 너를 훈련하고 시험하고 사역을 준비시켰다. 그 길을 예비하기 위해 예언자의 위대한 모임을 양육하고 나의 재림을 위해 백성을 준비시켰다."

나는 이 계시를 전 세계 교회를 다니며 설교하기 시작했다. 나는 내가 가르친 예언자 정신을 그들에게 전수하기 시작했는데 그들은 하나님의 음성을 들으며 하나님 예언의 말씀을 다른 사람들에게 전할 수 있는 태도와 믿음을 소유한 성도이며 사역자들이다. 크리스천 인터내셔널(CI) 사역을 통해, 우리는 250,000명 이상의 그리스도인들에게 예언 사역을 가르쳤는데 그들은 세계 전역에서 수백 수천 번 훈련을 받았다. 나는 55년의 사역 동안 예언자로서, 50,000명 이상의 사람들에게 개인적 예언을 준 사역자로 나의 소명을 담당했다. 이들은 대통령부터 어린아이까지 직업과 위치가 다양하다. 이 모든 경험을 뒤로하고 여전히 주님의 말씀을 예언하는 나를 위해 믿음의 훈련이 필요하다. 그것은 사도 바울이 "만약 우리가 받은 은사가 예언이면 우리가 믿음의 분량대로 예언합시다"[9]라고 했기 때문이다.

나는 기계적으로 단지 예언만을 하지 않았다. 왜냐하면 성령이 충만한 신자이며 예언자였기 때문이다. 다른 말로 하면, 만약 내가 예언의 말씀을 받기에 믿음이 충분하지 않았다면 그때 나는 어떤 것도 받지 못했을 것이다. 나는 성도들을 가르쳤는데 만약 내가 그것을 찾지 않았다면 나는 그것을 볼 수 없었을 것이다. 적극적으로 듣지 않았다면 듣지 못했을 것이다. 믿지 않았다면 받지 못했을 것이다. 그리고 하나님의 신실함으로 나에게 주시는 정확한 말씀을 확신하지 않았다면 그 예언의 말씀을 받을 만한 믿음이 없었을 것이다.

하나님 나라의 정신, 사역, 기적

하나님 나라의 지성을 갖도록 성도를 훈련하는 것은 중요하다. 하나님 나라의 사고思考는 당신이 하나님 나라의 속성과 기적을 증명할 수 있다는 이해요 믿음이다. 당신이 거주하는 지역에 하나님 나라가 영향력 있게 임하도록 당신을 부르셨음을 믿어야 한다. 하나님 나라는 성령이 당신 내면에 존재하듯 당신 내면에 존재함을 이해함으로 성령을 섬기듯이 하나님 나라를 섬길 수 있다.[10] 사도 바울은 고린도후서 3장 6절에서 우리는 성령의 일꾼들이라고 선언했다. 목사는 이 진리를 성도들에게 주지시킴으로 그들이 하나님 나라를 그들의 생업과 가족과 일터와 거하는 모든 곳마다 영향력 있게 증거할 수 있도록 해야 한다.

사도와 예언의 개척자들은 진리를 저술해야 한다

진리 회복 운동의 개척자들은 마르틴 루터와 다른 사람들처럼 회복된 진리의 성경적 사실들을 제공할 수 있도록 책을 저술해야 한다. 이 회복의 원리를 이해했기에 나는 예언자와 예언자 사역에 관한 세 권의 책을 저술했다. 예언서 3부작의 제1권은 1987년에 출판된 《선지자와 개인적 예언)이다. 이 책은 예언 사역과 예언의 임무에 관한 계시와 이해를 포함한다.

활성화를 위한 주권자의 방문

주권자이신 하나님의 방문이 1988년 10월에 개최된 예언자 모임을 위한 두 번째 회의에서 이루어졌다. 나는 성령에 사로잡혔고 하나님께서 행하시는 예언자의 위대한 모임의 환상을 받았다.[1] 예수님은 이 예언자 모임을 양육하는 개척자와 아버지 역할을 나에게 맡기셨다고 말씀하셨다. 나는 그분의 사명을 수락했고 내가 맡은 예언 운동의 개척자와 아버지의 역할을 감당하기 위해 노력했다. 그때 나는 오직 예언자와 사도들을 회복하기 위한 목적만을 생각했다. 그때 성도들이 성도 운동을 초래하기에 충분히 활성화되고 성숙되며 준비된다.

점진적 계시

나는 만물의 최후의 성취가 예수 그리스도의 재림임을 알았다. 그래서 나는 예언자 모임이 세례 요한이 그리스도 초림의 길을 예비하였듯이 그리스도 재림을 위한 주님의 길을 예비하는 것임을 알게 되었다. 나는 하나님께서 그분이 정확히 오시는 순간까지 일어날 어떤 것도 드러내지 않는다는 것을 깨달았다.

제2 개혁은 교회 회복을 예정하셨듯이 제3 개혁은 만물의 회복을 미리 예정하셨다는 것을 그분은 드러내셨다. 만물의 회복과 마지막 개혁은 정확히 예수님의 재림이 일어나기 전에 먼저 성취될 것이다. 예언자와 사도 모임은 먼저 일어날 것이고 교회에 하나님의 비밀을 알게 하셔서 만물이 회복되고 성취되게 할 것이다.[12] 이것은 그분의 재림을 위해 하늘로부터 놓여질 그리스도를 위해 필요한 최후의 준비와 회복을 통해 그 길을 예비한다.[13]

새로운 중점, 새로운 진리, 새로운 용어, 확장된 환상

이것은 우리가 그리스도의 몸 안에서 전하는 진리와 사명을 표현하는 용어를 다르게 사용하는 이유다. 주제는 회의에서 다음과 같이 다양하게 주어졌다. 하나님 나라의 주창자, 도시 변혁을 위한 교회개혁, 세계 변혁을 위한 하나님 나라의 증거. 만약 마지막 제3 개혁을 한 문장으로 요약한다면 다음과 같다.

최후의 교회개혁은 주권자와 이 땅의 통치자로 이 땅에 영광스럽게 재림하시는 그리스도를 위한 민족의 변혁과 만물의 회복으로 하나님 나라를 증명할 것이다.

왕이신 예수 – 이 땅의 하나님의 영역과 나라

세례 요한은 "회개하라 천국이 가까이 왔느니라"고 선포했다(마 3:2). 그리고 마가복음 1장 15절을 보면 예수님은 갈릴리에 오셔서 하나님 나라의 복음을 전하면서 말씀하셨다. "때가 찼고 하나님의 나라가 가까이 왔으니 회개하고 복음을 믿으라." 예수님은 왕이고 하나님의 영역이셨다. 예수님은 하나님 나라를 증거하기 위해 오셨던 하나님 나라셨다. 이제 이 땅에 하나님 나라를 증거하기 위해 그분을 위한 때가 찼다. 그것이 하나님 나라가 우리 안에 있다고 말하는 이유다. 왜냐하면 그리스도께서 우리 안에 계시기 때문이다.

예수님은 하나님 나라가 무엇인지 가르치셨고 증거하셨다. 이 땅에서 그분의 생애가 끝날 때 쯤, 그분은 십자가에 달리셨고 장사되셨고, 그분의 교회를 세우시기 위해 부활하셨다. 교회는 모든 민족에게 하나님 나라를 증거하기 위한 교회의 때가 차기까지 하나님 나라를 내포한다. 제3 개혁은 하나님 나라를 완전히 증거하기 위해 아버지께서 지정하신 때다.

새 인간의 창조 – 교회, 하나님 나라의 백성

사복음서에서 예수님은 하나님 나라를 100번 이상 말씀하셨고 그때 새로운 인류를 창조하시기 시작하셨다는 계시의 말씀을 하셨다. 교회라는 인류, 그들은 이 땅에 존재하는 인간들과는 완전히 다를 것이다. 그들은 다른 인간들과 마찬가지로 육적으로 태어났지만 살아 계신 하나님의 성령으로 말미암아 다시 태어난 존재들이다. 그들은 실제로 하나님에게서 태어났으며 하나님의 자녀가 되었다. 그들은 영적으로 어둠의 세계에서 빛의 세계인 하나님의 나라로 옮기게 되었다.[14]

하나님께서 새롭게 창조하신 인간을 위해 예비하시고 허가하신 곳이 에덴동산이다. 예수 그리스도 안에서 새롭게 된 인간을 위해 권세를 주시고 예비하신 곳은 그리스도 예수와 함께 하나님의 하늘 보좌 오른편에 앉게 하신 것이다.[15] 교회 백성은 하나님께서 인류를 창조하신 이래 하나님께서 창조하신 가장 혁명적인 것이 될 것이다. 더욱이, 제3 개혁은 오랫동안 하나님 나라를 증거할 백성을 길러낼 것이며 그때 구원의 최후 역사는 그들을 영원한 하나님 나라의 백성으로 변화시킬 것이다. 교회 백성은 죽을 육체 가운데 영원한 생명을 받을 것이다.

육체로 구원받은 하나님 나라의 백성은 죽지 않을 육체로 영원한 생명을 받을 것이다. 하나님께서는 이 땅에 인류를 창조하신 궁극적인 목적을 성취하는 방향으로 점차적으로 행하신다.

예수님은 교회를 세우고 이 땅에 하나님 나라를 건설하도록 설교하셨다

예수님은 제자들에게 말씀하셨다. "나는 내 교회를 세울 것이다."[16] 그러나 그들은 예수님과 함께 지낸 삼 년이 지나자 그분이 말씀하신 것을 하나도 기억하지 못했다. 유대인 랍비들은 그들의 메시아가 올 때, 그분께서 이스라엘을 회복하고 그들의 나라를 모든 나라의 머리로 만들 것이라고 가르쳤다. 이것이 제자들의 생각이었다는 증거가 그들이 부활하시고 하늘로 승천하시려는 예수님께 한 질문 안에서 발견된다. "주님, 주께서 이스라엘 나라를 회복하심이 이때입니까?"[17] 그때는 성령께서 유대인의 오순절 날 교회를 세우시고 성령의 계시를 그들에게 주어 예수께서 가르치셨던 것을 그들이 이해하고 적용하지 못하던 때였다.

예수님은 성령이 오실 때 그들에게 가르쳤던 모든 것을 가져오실 것이며, 적절한 적용이 그들을 모든 진리로 인도하도록 깨달음을 주시겠다고 약속하셨다.[18] 우리가 제1 개혁을 발견했을 때 사도들이 완전히 새로운 계약과 교회 시대가 왔음을 이해하기까지 수년이 걸렸다. 진정 나중 된 자였던 사도 바울, 그는 완전한 계시를 받았고 교회들에게 편지를 썼으며 그것은 신약성경 14권의 책이 되었다.[19]

글자 그대로 사실로 드러날 주의 기도

예수님은 제자들에게 다음과 같이 기도하라고 말씀하셨다. "아버지의 나라가 오게 하시며 아버지의 뜻이 하늘에서 이루어진 것 같이 땅에서도 이루어지이다."[20] 복음주의 설교자와 오순절 설교자들은 이 기도의 영적 적용을 정확히 설교하지만, 거기에는 문자 그대로 오늘날 적용할 수 있는 어떠한 계시도 존재하지 않는 것처럼 보인다. 그들은 교회의 휴거 이후와 일천 년의 천년왕국 시대가 있을 것을 설교했다. 그들은 하나님 나라가 임하도록 그들 각자의 삶에 변화를 가져오는 그분의 뜻이 이루어지도록 기도할 수 있지만 그러나 지금 하나님의 나라가 임하며 도시와 민족에 변화를 가져오는 어떤 계시도 갖고 있지 않았다.

회복의 원리 중 하나는 설교자는 과거에도 미래에도 취해야 할 진리에 위치하며 그 진리를 오늘날의 세대들에게 경험적 사실로 만든다는 것을 기억하라.[21] 이제 제3 개혁의 계시는 하나님 나라의 증거자와 주창자가 되도록 교회에 도전한다. 우리의 삶과 가족뿐만 아니라 공동체와 정부, 국가는 하나님의 나라가 임하고 그분의 뜻이 이루어지도록 기도하고 일하며 믿어야 할 때다. 주님으로부터 임하는 새로운 계시와 목적, 믿음과 시험은 하나님께서 이 예언의 기도를 성취하기 위해 사용하시는 사람들이 되도록, 그리스도인들은 하나님께서 교회의 승리자가 되도록 계획하셨음을 믿게 하려는 것이다.[22]

"아버지 하나님, 우리는 이제 당신의 나라가 오며 당신의 뜻이 하늘에서와 같이 이제 이 땅에서 이루어짐을 믿습니다."

나와 함께 시작하자, 그리고 이 나라의 왕국이 예수 그리스도와 그분의 교회가 통치하고 다스리는 날이 오기까지 나의 가족과 공동체와 정부와 국가까지 그것을 확장하도록 하자.

그것이 선포되었음으로 정말 존재하는가

요한계시록 11장 15절은 예언적으로 다음과 같이 선포한다. "세상 나라가 우리 주와 그의 그리스도의 나라가 되었다." 미래 사건의 예언은 그것들을 사실적 실재로 말하며 없는 그것을 마치 있는 것처럼 부른다.[23] 영원한 하나님께 부름받은 진정한 예언자는 영원한 차원에서 활동하는 자로서 그곳은 과거도 현재도 미래도 존재하지 않는다. 그분은 처음이며 나중이다.[24] 하나님께서는 미래에 우리가 존재하고 행하도록 생각하신 것들만 말씀하신다. 하나님께서는 마치 그것들이 이미 존재한 것처럼 존재할 것이라고 예언적으로 말씀하신다. 하나님의 예언적 선포는 일어날 자연적 사건이며 인류의 역사로 기록될 것이다. 예언은 일어나지 않은 역사이며, 역사는 성취된 예언이다.

예를 들어, 인류를 구원하시는 메시아의 오심에 관한 예언들이 4000년 동안 있었다. 예수님은 오셨고 메시아의 오심에 관한 모든 예언을 성취하셨다. "그러나 하나님이 모든 선지자의 입을 통하여 자기의 그리스도께서 고난 받으실 일을 미리 알게 하신 것을 이와 같이 이루셨느니라."[25] 이제 이 예언은 지난 2000년 동안 역사가 되었다. 마찬가지로, 요한계시록이 기록된 이후로 교회 1세기 동안에 세상 왕국이 하나님의 왕국이 되리라는 예언은 단지 예언적 말씀으로 남아 있다. 이제 교회는 그리스도와 함께 일함으로 이 예언을 글자 그대로 사실로 성취하기 위해 새로운 기독교의 시대로, 하나님의 새로운 목적으로,

교회의 사명으로 진입했다.

교회에 요구와 임무가 너무 많은가

교회의 도전하는 임무는 하나님께서 여호수아와 이스라엘 백성에게 주셨던 임무보다는 무겁지 않다. 그들은 가나안 땅에 들어가 거민들의 모든 것을 빼앗으라는 명령을 받았다. 거기에는 높은 성벽을 쌓은 도시와 군사적 요새와 싸움에 능한 강력한 전사들을 갖춘 서른 명이 넘는 왕들이 버티고 있었다. 더구나 그 땅에는 수백만의 사람들이 살고 있었다. 그곳에는 하나님께서 그들에게 약속하신 거주지에서 살기 위해 정복하고 멸망시켜야만 하는 일곱 족속이 있었다.

> 네 하나님 여호와께서 너를 인도하사 네가 가서 차지할 땅으로 들이시고 네 앞에서 여러 민족 헷 족속과 기르가스 족속과 아모리 족속과 가나안 족속과 브리스 족속과 히위 족속과 여부스 족속 곧 너보다 많고 힘이 센 일곱 족속을 쫓아내실 때에 네 하나님 여호와께서 그들을 네게 넘겨 네게 치게 하시리니 그 때에 너는 그들을 진멸할 것이라 그들과 어떤 언약도 하지 말 것이며 그들을 불쌍히 여기지도 말 것이며(신 7:1-2)

하나님께서는 그들 나라가 이스라엘보다 크고 강한 족속임을 알고 계셨지만 그러나 모든 전투에서 그들과 함께하심으로 필적하게 하셨음을 주목하라. 그들이 그 땅에 들어가기 전에, 모세는 그들에게 다음과 같이 명령했다. "너희는 그들을 두려워하지 말라 너희 하나님 여호와께서 너희를 위하여 싸우시리라 하였노라."[26] 그리고 군사작전의 많은 시간이 흐른 뒤에 여호수아 10장 42절은 다음과 같이 기록한다. "이스라엘의 하나님 여호와께서 이스라엘을 위하여 싸우셨으므로 여호수아가 이 모든 왕들과 그들의 땅을 단번에 빼앗으니라."

교회는 여호수아가 섬겼던 동일한 하나님을 섬긴다. 하나님은 변하지 않으신다.[27] 예수님은 그분의 백성을 위해 싸우는 강한 전사다.[28] 그분은 우리가 받을 상속의 땅에 진입했다고 선언하셨고, 그 상속의 땅은 이 세상의 나라이며 그분은 싸움에서 우리가 이기도록 합류하실 것이다.[29]

하나님께는 모든 것이 가능한가

세계 각 나라에 영향을 미치는 교회 사상과 하나님께서 집행하실 심판과 초자연적 하나님 나라의 증거는 그들이 그리스도인의 민족이 되기까지 우리의 이해를 넘어 존재한다. 그것은 마치 가브리엘이 마리아에게 한 약속처럼 믿을 수 없는 것으로 그는 인간이 알지 못하는 방식으로 남자 아이를 가질 것이라고 말했다. 마리아는 그것이 어떻게 가능한지에 대한 이해 없이 믿었다. 천사는 그것은 자연적 능력으로 되는 것이 아니라 성령으로 잉태하여 아들을 낳게 된다고 상세히 말해주었다. 그분은 하나님의 아들이며, 결코 끝이 없는 왕국을 세우실 것이다. 그때 가브리엘은 그것을 이해하려고 노력하지 말고 단지 믿기만 하라고 했다. 왜냐하면 하나님께는 모든 것이 가능하기 때문이다.[30] 후에, 예수님은 제자들에게 말씀하셨다. "네가 만일 믿을 수 있거든 믿는 자에게는 모든 것이 가능하다."[31] "나를 믿는 자는 내가 하는 일을 그도

할 것이다."[32]

마찬가지로, 우리는 우리의 믿음의 기초를 우리가 현재 아는 것과 경험한 것에 두어서는 안 된다. 하나님은 제3 개혁의 사람들을 위해 새롭고 특별한 무언가를 하려 하신다. 하나님은 우리 스스로는 할 수 없는 것을 우리를 위해 행하시려 하신다. 또한 그분은 신명기 2장 25절에서 이스라엘을 위해 행하신 변혁을 오늘날 이 민족을 위해 동일하게 선포하신다. "오늘부터 내가 천하 만민이 너를 무서워하며 너를 두려워하게 하리니 그들이 네 명성을 듣고 떨며 너로 말미암아 근심하리라 하셨느니라."

하나님은 하나님 나라 백성의 존경과 경의를 백성들 내부에 놓아두기 시작하셨고, 그들을 받아들이지 않고 일하지 않도록 두려움을 놓아두셨다. 주님께서 만약 자신을 위해 우리를 거룩한 백성으로 세우도록 허락하고 그분의 명령을 지키고 그분의 길을 걷는다면, "…땅의 모든 백성이 여호와의 이름이 너를 위하여 불리는 것을 보고 너를 두려워하리라"고 약속하셨다.[33]

이스라엘 – 일곱 민족, 교회 – 일곱 왕국의 문화

조니 엔로우Johnny Endow는 그의 책 《일곱 산에 관한 예언》[34]에서 이스라엘이 일곱 개의 문화와 사회와 또는 인류의 활동과 싸워야만 했던 일곱 족속을 대비시킨다. 그는 이것을 '산'이라고 부른 이사야 2장 2절을 언급한다. "말일에 여호와의 전의 산이 모든 산 꼭대기에 굳게 설 것이요 모든 작은 산 위에 뛰어나리니 만방이 그리로 모여들 것이라."

가나안 족속	산
헷 족속	미디어(모든 통신 수단을 통한 나쁜 뉴스)
기르가스 족속	정부(타락)
아모리 족속	교육(학교, 대학교, 이성적 사고)
가나안 족속	경제(탐욕)
히위 족속	축제(연예, 예술, 스포츠, 유혹)
브리스 족속	종교(우상숭배)
여부스 족속	가정(거절)

엔로우는 책에서 하나님 나라를 반대하는 그들의 특성을 나타내는 각 족속들이 '신봉하는 것'을 묘사했다. 예를 들어, 헷 족속은 하나님 나라의 좋은 소식보다는 나쁜 소식을 나타내는 미디어다. 아모리 족속은 하나님 나라의 마음가짐이나 그리스도의 마음보다는 이성을 나타내는 교육이다. 그는 또한 일곱 족속에게 해당되는 악한 나라, 각 나라를 이길 수 있는 가장 좋은 사역, 그것의 기초적인 선교, 일곱 족속 하나하나를 가장 좌절시킬 수 있는 하나님의 속성에 대한 목록을 작성했다.

많은 사도와 예언자들이 각기 다른 전문 용어를 사용해서 제3 개혁에 관한 책을 저술했다.[35] 그러나 이제 수많은 나라의 수많은 사역자가 교회가 진입한 새로운 기독교 시대에 관해 설교하며 책을 쓰고 있다. 그들은 이사야 43장 19절 말씀이 이전보다 지금 더욱 잘 적용된다고 강조한다. "보라 내가 새 일을 행하리니 이제 나타낼 것이라 너희가 그것을 알지 못하겠느냐." 이 말씀은 제1 개혁과 제2 개혁에 적용되었고,

이제 마지막 제3 교회개혁에도 특별히 적용될 것이다.

여덟 번째 왕국의 산은 다른 모든 왕국을 다스린다

여덟 번째 왕국의 산은 하나님의 왕국이다.

> 말일에 여호와의 전의 산이 모든 산 꼭대기에 굳게 설 것이요 모든 작
> 은 산 위에 뛰어나리니 만방이 그리로 모여들 것이라(사 2:2)

> 이 여러 왕들의 시대에 하늘의 하나님이 한 나라를 세우시리니 이것은
> 영원히 망하지도 아니할 것이요 그 국권이 다른 백성에게로 돌아가지
> 도 아니할 것이요 도리어 이 모든 나라를 쳐서 멸망시키고 영원히 설
> 것이요(단 2:44)[36]

8은 새로운 시작의 숫자다. 하나님 나라는 모든 민족과 이 세상 왕
국을 지배하고 다스리도록 부르심받았다. 8은 새로운 질서를 위한 과
도기를 나타내는 숫자다. 8은 옛 세계에서 새로운 세계로 나아갔던 방
주 안의 사람들 숫자다. 하나님은 만물을 6일 동안 만드시고 7일째 쉬
셨다. 8일째 날은 새로운 시작이다. 율법 아래에서 유대인들은 7일째
모였지만 교회의 새로운 시대가 왔을 때, 그리스도인들은 8일째 되는
날 모였고 그날은 새로운 한 주의 첫날이었다. 다윗은 이새의 8번째
아들이었고 장막을 새롭게 지으라는 명령을 내렸다.[37] 무지개 분광 안
에는 7가지 색깔이 있다. 8번째는 새로운 분광의 시작이다. 피아노의

8번째 음은 새로운 옥타브(8도 음정)의 시작이다. 성경 안에는 동일한 뜻을 지닌 다양한 8들이 무수히 존재한다. 하나님은 8일째 유대인 아기의 할례를 명하셨고 그들은 하나님과의 계약을 통해 이 땅에서 새로운 삶의 시작을 증명했다.

우리 세대에서는 8로 끝나는 해에 의미심장한 회복 운동이 일어났다. 1948년에 늦은비 회복 운동이 시작되었고, 이스라엘은 다시 나라가 되었다. 1988년에 예언 운동이 시작되었다. 1998년과 2008년은 각각 사도 운동과 마지막 제3 개혁의 시작을 알리는 해다. 이 제3 개혁 동안, 여덟 번째 왕국—하나님 나라—은 이 세상 모든 나라를 소유하고 다스릴 것이다. 크리스천 인터내셔널 가정 교회 벽에, 우리는 교회와 하나님 나라가 이 세상 7왕국 모두를 다르시는 것을 묘사한 4×12 피트 되는 색채가 화려한 배너를 걸어 놓았다. 만약 8년째 되는 매 십년마다 그 패턴이 계속 유지된다면 2018년에는 주님의 군대 운동을, 2028년에는 하나님 나라 세우기 운동, 2038년에는 그리스도의 재림을 볼 수 있을 것이다. 이 계획된 날짜들은 단지 흥미로운 추측이지 예언의 계시는 아니다. 비록 하나님께는 명확한 때와 시기와 의미심장한 숫자를 가지고 계시지만 하나님은 예언의 성취를 분명한 날과 달과 연도가 아닌 때에 행하신다. 성경은 그리스도인들에게 하나님의 때와 시기를 알라고 권고한다. 지금이 제3 개혁의 때이며 시기임을 알아야 한다.[38]

변화 – 염소와 양 민족과 세상 왕국

예수님은 마태복음 25장 31-34절에서 다시 오실 때 정의로운 양의 민족과 악한 염소의 민족이 이 땅에 있을 것이라고 말씀하셨다. 그분은 단지 개인이 아닌 민족들을 말씀하셨다. 우리가 이 세상의 왕국과 민족이 하나님의 왕국이 될 것이라고 말할 때 우리는 모두 민족이 양의 민족으로 변화되는 것이 아니라 이 땅에서 제거될 염소의 민족이 됨을 깨달아야 한다. 양의 민족은 하나님 나라의 민족이 되기 위해 남을 것이다. 하나님 안에서 영원한 소명을 가진 민족들이 존재한다. 이것은 이스라엘 민족으로 예시된다. 그러나 예수님이 다시 오실 때 그들이 이 땅에 유일한 양의 민족으로 존재하지 않을 것이다.

만물은 새 예루살렘과 양의 민족으로 새롭게 된다

요한계시록 21장을 보면, 하나님께서는 옛 하늘과 땅을 깨끗하게 하셔서 그들을 새 하늘과 새 땅으로 변화시키신다. 하나님의 집은 이 땅의 사람들 가운데 있을 것인데 하나님께서 만물을 새롭게 하셨기 때문이다.[39] 새 예루살렘은 하늘로부터 지구 주위를 선회하기 위해 내려오며 그것은 빛을 위해 해와 달을 필요로 하지 않는다. 왜냐하면 하나님의 어린양이 어떤 햇빛보다 더욱 밝게 비추기 때문이다.

그리고 24절은 구원받은 자들의 민족들이 그 빛 가운데서 다니겠고 땅의 왕들이 자기들의 영광과 존귀를 가지고 그리로 들어가리라고 말한다. 요한계시록 22장 2절은 생명나무의 잎사귀들은 그 민족들을 치유하기 위함이라고 말한다. 예수님은 요한계시록 2장 26절에서 이기고 나의 행위를 끝까지 지키는 자에게는 내가 민족들을 다스릴 권능을 주겠다고 약속하셨다. 그리고 이긴 자들은 철장鐵杖으로 그들을 다스릴 것이다.

성경 말씀에서 이것을 발견했을 때 매우 충격이었다. 그것은 지금 이 땅뿐만 아니라 새 땅에서도 항상 민족이 존재한다는 것이다. 명백히, 하나님 오른편에 앉게 될 양의 민족은 천년왕국 시대에도 계속 있도록 허락을 받아 새 땅에서 살고 활동할 것이다.

> 인자가 자기 영관으로 모든 천사와 함께 올 때에 자기 영광의 보좌에 앉으리니 모든 민족을 그 앞에 모으고 각각 구분하기를 목자가 양과 염소를 구분하는 것 같이 하여 양은 그 오른편에 염소는 왼편에 두리라 그 때에 임금이 그 오른편에 있는 자들에게 이르시되 내 아버지께 복 받을 자들이여 나아와 창세로부터 너희를 위하여 예비된 나라를 상속받으라 … 그들도 대답하여 이르되 주여 우리가 어느 때에 주께서 주리신 것이나 목마르신 것이나 나그네 되신 것이나 헐벗으신 것이나 병드신 것이나 옥에 갇히신 것을 보고 공양하지 아니하더이까(마 25:31-34, 44)

하나님 오른편에 둔 의로운 양의 민족은 하나님 아버지로부터 그들을 위해 예비하신 왕국을 물려받을 것이다. 하나님 왼편에 있던 자들은 마귀와 그의 천사들을 위해 예비한 영원한 불에 던져질 것이다. 천국과 지옥의 실재를 믿는 신실한 그리스도인들은 예수 그리스도와 영원히 보내도록 예비된 곳을 얻기 위해 노력을 다할 것이다. 만약 우리가 예수께서 설명하신 양과 염소의 민족을 정말로 믿는다면 우리의 민족이 양의 민족이 되기 위해 모든 노력을 해야 한다. 우리는 차이점을 만들 수 있는가? 그렇다. 왜냐하면 하나님께서 사회 각 영역에서 영향력을 발휘하여 하나님 나라를 증명하려는 지원자들을 위해 새로운 전략과 지혜와 은총과 초자연적 능력과 준비를 따로 떼어 놓으셨기 때문이다.

아르헨티나의 에드 실보소Ed Silvoso는 제3 개혁의 주요 개척자로서 특별히 민족을 변화시키는 사역에 쓰임받았다. 그는 《변혁》을 썼는데 이 모든 것이 어떻게 사실로 될 수 있는지 가장 좋은 가르침과 사례를 보여 준다.[40] 또한 그는 기업의 영역에서 정부의 영역에서 다른 그 밖의 영역에서 변혁을 가져오는 사람들을 묘사한 12장의 DVD를 만들었다. 나는 2008년에 아르헨티나에서 개최된 에드의 컨퍼런스에 연설자로 참여했다. 수백의 사업가와 정부 관계자, 그리고 다른 주요 그리스도인 지도자들이 참석했다. 그들은 마지막 제3 교회개혁의 주요 진리 중의 하나인 변혁의 메시지에 헌신했다. 신디 제이콥스Cindy Jacobs는 하나님의 나라를 세우기 위한 길과 방법을 모색한 《개혁 선언 Reformation Manifesto》[41]를 저술했다.

이 시대의 끝을 알리는 가장 강력한 표적과 결정적 요소

20세기 첫 50년 동안 가장 강력한 이 시대의 징후는 이스라엘이 독립 국가로 회복된 것이다. 20세기 마지막 50년 동안 가장 강력한 이 시대의 징후는 1988년에 예언자 운동의 탄생을 가져오기 위해 시작된 가장 위대한 예언자들의 모임이다. 이 기간 동안 모든 오중 사역자들의 회복은 하나님의 때와 목적을 드러내는 가장 강력한 또 하나의 징후였다. 이제 제3 개혁의 때에 가장 강력한 징후는 모든 민족에게 전파될 하나님 나라의 복음이 될 것이다.[42]

그리스도의 재림과 이 시대의 종말의 표적

마태복음 24장에, 많은 그리스도인이 심중에 간직하고 있는 동일한 질문을 사도들이 물은 기록이 있다. 제자들은 예수님께 묻는다. "우리에게 말씀해 주십시오. 어느 때에 이런 일들이 있겠습니까? 또 주께서 오시는 때의 표적과 세상 끝의 표적이 무엇입니까?"[43] 예수님은 세상과 그들에게 일어날 일들에 관해 말씀하셨다. 거기에는 전쟁과 전쟁의 소문과 민족이 민족을 대적하고 지진과 기근과 경제적 혼란과 그리스도인들의 핍박이 있게 될 것이다. 그러나 이 모든 일이 일어나더라도 당혹하지 말라고 말씀하셨다. 왜냐하면 이 시대가 끝날 때까지 계속될 일이기 때문이다. 예수님은 또한 제자들에게 이 일이 우리가 생멸의 교회 시대의 끝에 얼마나 가까이 있는지를 결정하는 요소가 아님을 알게 하셨다. 그리고 그 일이 가장 위대한 표적이 될 것이며 다가올 종말을 결정하는 요소가 되리라고 계시하셨다.

"이 천국 복음이 모든 민족에게 증언되기 위하여 온 세상에 전파되리니 그제야 끝이 오리라"(마 24:14). 이것은 이 시대의 종말에 우리가 얼마나 가까이 있는지를 결정하는 예수 그리스도의 주권적 지배를 그들에게 증언함으로 모든 민족에게 증거되는 하나님 나라의 복음이다. 예수님은 민족의 지도자들이 전능하신 하나님의 아들 예수 그리스도 외에는 참 하나님과 인류의 구원자는 없다는 사실을 알기까지 초자연적 능력과 지혜, 기적으로 증명해야만 하셨다.[44] 모세가 이집트에 대항하여 하나님의 강력한 기적을 보여 주었을 때 바로가 했듯이 그들은 여호와 하나님의 주권을 인정해야만 한다.[45]

하나님은 그분을 인정하는 이교도 왕을 사용하신다

제3 개혁 동안, 하나님 나라의 복음은 왕들과 대통령, 그리고 이 세상 지배자들에게 예언하는 예언자들을 포함할 것이다. 하나님은 사람으로 그리고 사람에게 표적과 이적으로 그들의 예언을 확증할 것이다. 예언자들은 하나님의 말씀을 선포하여 인류가 여호와 하나님께 무릎 꿇고 경배하며 예수님과 같은 하나님은 그 어디에도 없음을 깨닫게 할 것이다. 요한계시록에 나타난 두 가지 예언의 증거가 좋은 예다. 실제로 일어난 이 기록을 다니엘에서 찾을 수 있다.

다니엘은 바벨론 제국의 왕인 느부갓네살에게 무릎 꿇고 예언의 말씀을 주었다.

> 왕이여 그 해석은 이러하니이다 곧 지극히 높으신 이가 명령하신 것이 내 주 왕에게 미칠 것이라 왕이 사람에게서 쫓겨나서 들짐승과 함께 살며 소처럼 풀을 먹으며 하늘 이슬에 젖을 것이요 이와 같이 일곱 때를 지낼 것이라 그 때에 지극히 높으신 이가 사람의 나라를 다스리시며 자기의 뜻대로 그것을 누구에게든지 주시는 줄을 아시리이다(단 4:24-25)

다니엘이 예언한 대로 하나님께서 그 말씀을 하시고 성취된 후에, 느부갓네살 왕은 고백과 감사를 담은 편지를 그가 다스리는 120민족의 제후들에게 보냈다.

> 그 기한이 차매 나 느부갓네살이 하늘을 우러러 보았더니 내 총명이 다시 내게로 돌아온지라 이에 내가 지극히 높으신 이에게 감사하며 영

생하시는 이를 찬양하고 경배하였나니 그 권세는 영원한 권세요 그 나라는 대대에 이르리로다 땅의 모든 사람들을 없는 것 같이 여기시며 하늘의 군대에게든지 땅의 사람에게든지 그는 자기 뜻대로 행하시나니 그의 손을 금하든지 혹시 이르기를 네가 무엇을 하느냐고 할 자가 아무도 없도다 그 때에 내 총명이 내게로 돌아왔고 또 내 나라의 영광에 대하여도 내 위엄과 광명이 내게로 돌아왔고 또 나의 모사들과 관원들이 내게 찾아오니 내가 내 나라에서 다시 세움을 받고 또 지극한 위세가 내게 더하였느니라(단 4:34-36)

어떤 이들은 지원할 자발성을 부여받는다

제3 개혁 동안, 전능하신 하나님께서 모든 민족을 다스릴 것이다. 어떤 민족은 하나님께서 이집트를 심판했듯이 취급하실 것이다. 또 어떤 민족은 낮추시어 바벨론의 느부갓네살 왕에게 하셨듯이 행하실 것이다. 어떤 이들은 하나님께서 자발성을 주셔서 하나님의 백성을 돕도록 하시어 하나님 나라를 세우는 그들을 지원하게 하신다.

좋은 예를 페르시아 왕 고레스의 치세에서 볼 수 있다. 이사야는 무려 몇 백 년 전에 하나님께서 고레스라는 이름의 왕을 예정하시고 그가 하나님의 백성에게 그들의 민족을 회복하고 거룩한 성전을 재건하는 데 도움을 줄 것이라고 예언했다. 잠언 21장 1절은 왕의 마음이 여호와의 손에 있다고 말한다. 하나님은 여전히 주권자이시며 강제로 설득하든 혹은 스스로하든 그분의 뜻에 따라 행하도록 인류를 다루신다. 예언이 성취되는 하나님의 때가 이르고 하나님의 목적이 활성화되고 이루어질 때, 하나님께서는 하나님 나라를 건설하고 적기適期에 그분의 목적을 성취하도록 하나님의 백성과 함께 일하려는 민족의 지도자들의 마음 안에 그것을 놓으실 것이다.

빛의 왕국 대 어둠의 왕국

예수님은 마태복음 24장에서 마지막 때에 "나라가 나라를 대적하는" 격렬한 일들 중의 하나가 일어날 것이라고 말씀하셨다. 이것은 선한 영적 세계와 악한 영적 세계 사이에서 일어나는 전쟁이다. 그것은 악의 제국과 사탄의 나라를 하나님 나라의 영적 백성들이 반대하는 것이다. 이 땅에 제3 개혁이 활발히 진행되면, 사탄의 영역이었던 중간 하늘에서 큰 일이 발생하고 그들은 하나님의 보좌가 있는 세 번째 하늘에서 쫓겨날 것이다.

사탄과 그의 사자使者의 모습은 이기적이며 자기 주장이 강하다. 사탄의 왕국은 가장 사납고 비열하며 악한 천사들이 지배한다. 모든 악한 영혼은 가장 높은 위치에 가장 위대한 자가 되고 싶어 한다.

나는 루시퍼가 처음 하늘에서 추방당했을 때를 서술한 요한계시록 12장 7-12절이 부정되거나 삭제 없이 현재 일어날 것이라 믿는다. 사탄과 그의 사자들이 첫 하늘에서 내어 쫓김을 당하자, 지구 주위의 대기에 즉시 펴졌다. 12절에 예언자가 말한 성도들이 제3 개혁을 일으킬 것이라는 말씀이 성취되었다. "그러므로 하늘과 그 가운데에 거하는 자들은 즐거워하라 그러나 땅과 바다는 화가 있을진저 이는 마귀가 자기의 때가 얼마 남지 않은 줄을 알므로 크게 분내어 너희에게 내려갔음이라 하더라."[46]

사탄은 우는 사자가 삼킬 자를 찾아 두루 다니듯 강렬하게 자신의 일을 착수했다. 이날 성도들의 유일한 안전과 승리의 장소는 하나님께서 준비하신 지극히 높은 처소다. 하나님 오른편이 예수 그리스도가 계신 하늘 처소다. 성도들의 왕국 처소는 그들의 발아래 모든 적과 더불어 하늘과 땅의 명명된 모든 나라와 권세와 이름을 훨씬 능가한다.[47] 그리스도 안에서 그들의 위치를 알지 못하고 그 하늘 처소가 작동하는 법을 모르는 그리스도인들이라고 공언한 그들에게는 재난의 때가 될 것이다. 사탄의 나라가 이 땅에 내려오는 동안 교회의 승리자들은 예수 그리스도가 계신 하늘 처소로 올라갈 것이다. 이것은 물리적 장소가 아니라 성도들을 위한 영적 영역이며 실재다. 우리는 영으로 그리스도와 더불어 보좌에 앉기까지 우리의 육체로 여전히 이 땅에서 걸어야만 할 것이다.

우리는 이전에 직면하지 않았던 사탄의 나라와 권세의 절정에 직면하게 되었다. 사탄은 모든 지옥의 가장 강하고 무장된 군대를 불러올 것이다. 우리는 이제 이전에 받았던 것보다 더 위대한 하나님의 권능과 기름 부음과 은혜와 지혜와 믿음을 받아야만 한다. 어제의 축복은 오늘의 도전을 위해 충분하지 않다. 제2 개혁은 제3 개혁의 하나님의 목적을 성취하기 위해 필요한 진리와 권능을 회복하였다. 모든 회복의 개혁가들은 계시의 새 포도주와 교회에 쏟아 부어 주시는 하나님 나라를 증명하기에 충분히 넓은 새 부대가 되어야만 한다. 생멸하는 교회의 마지막 세대는 승리하기 위해 일어나 교회를 정복하기 위해 도전해 온 가장 강력한 적들을 항복시킬 것이다.

천국과 지옥은 인류 앞에서 얼굴을 맞대고 만날 것이다

《영원한 교회》 5부에서 교회의 목적에 대해 다음과 같이 썼다.[48]

영적 세계의 활동은 마지막 날 동안 활발할 것이다. 사탄의 마귀적 활동은 더욱 가속화될 것이다. 만약 우리가 이 시대의 마지막 해에 진입했을 때, 모든 사람은 마귀에게 속한 영혼이 되거나 성령에게 속한 영혼이 될 것이다. 마귀를 추방하는 사역은 더욱 가속화될 것이다.[49]

육의 세계와 영의 세계 사이의 장막은 더욱 활짝 열릴 것이다. 이것은 성도들이 더욱 많은 천사의 방문을 받도록 할 것이다.[50] 사탄이 지배하는 세계로부터 영적 존재들은 자신들이 지목한 영역으로부터 추방당할 것이며 인간 사회에서 더 위대한 활동을 하도록 강요받을 것이다. 하나님의 천사로 무장된 군대가 이 모든 땅에 하나님의 나라를 세우는 교회 군대와 충심으로 일하기 위해 내려올 것이다.[51]

시대의 마지막 전투는 모든 일이 인류 앞에서 얼굴과 얼굴을 맞대고 만나는 천국과 지옥을 위해 예비되어질 때 발생할 것이다.[52]

주

1. 로마서 8장 4절; 요한복음 3장 7절; 로마서 3장 21절-26절; 4장 11절; 10장 10절; 빌립보서 1장 11절
2. 요한복음 1장 1절, 14절
3. 갈라디아서 2장 20절; 골로새서 3장 1-3절 참조
4. 다니엘 2장 34-35절; 7장 14절, 18절, 22절, 27절
5. 마태복음 6장 10절; 요한계시록 11장 15절
6. 빌 해몬, 《선지자와 개인적 예언》(Shippensburg, PA: Destiny Image, 1987년),

6쪽

7. 마태복음 11장 10-11절

8. 《선지자와 개인적 예언》, 19쪽

9. 로마서 12장 6절

10. 누가복음 17장 21절

11. 빌 해몬, 《예언자와 예언자 운동》(Shippensburg, PA: Destiny Image, 1990년), 95쪽

12. 에베소서 3장 3-5절; 요한계시록 10장 7절

13. 사도행전 3장 21-25절; 이사야 40장 3-5절

14. 요한복음 3장 3-5절; 골로새서 1장 13절

15. 에베소서 1장 20절; 2장 6절

16. 마태복음 16장 18절

17. 사도행전 1장 6절

18. 요한복음 14장 6-17절

19. 에베소서 3장 3-5절

20. 마태복음 6장 10절

21. 빌 해몬, 《영원한 교회》(Santa Rosa Beach, FL: Christian International, 1981년), 305쪽

22. 요한계시록 2장 7절, 11절, 17절, 26절; 3장 3절, 5절, 12절, 21절; 12장 11절; 21장 7절

23. 로마서 4장 17절

24. 요한계시록 1장 8절

25. 사도행전 3장 18절

26. 신명기 3장 22절

27. 말라기 3장 6절; 히브리서 13장 8절

28. 출애굽기 15장 3절

29. 에베소서 1장 17-19절; 요한복음 17장 20-26절

30. 누가복음 1장 26-38절

31. 마가복음 9장 23절; 마태복음 17장 20절; 요한복음 11장 40절

32. 요한복음 14장 12절

33. 신명기 28장 9-10절

34. 조니 엔로우, 《일곱 산에 관한 예언》

35. 같은 책, 신디 제이콥스, 《개혁 선언》(Minneapolis, MN : Bethany House Publishers, 2008년), 에드 실보소, 《변혁》(Ventura, CA: Regal Books, 2007년)

36. 다니엘 2장 34-35절 참조

37. 사무엘상 16장 10절; 사도행전 15장 16절

38. 데살로니가전서 5장 1-5절

39. 요한계시록 21장 1-8절

40. 《변혁》

41. 《개혁 선언》

42. 마태복음 24장 14절

43. 마태복음 24장 3절; 마가복음 13장 3-10절

44. 다니엘 4장 24, 34-35절

45. 출애굽기 7-11장

46. 요한계시록 12장 12절

47. 에베소서 1장 17절; 2장 6절; 3장 10절

48. 《영원한 교회》, 324-325쪽

49. 마가복음 16장 17-18절; 마태복음 10장 7-8절; 12장 28절; 누가복음 1장 34절; 9장 1-6절

50. 히브리서 13장 2절; 마태복음 1장 20절; 4장 11절; 사도행전 8장 26절; 10장 3절; 12장 7절; 27장 23절

51. 히브리서 11장 14절

52. 요한계시록 19장 17-21절

12

나라에 참여할 수 있는 자격

예수께서 말씀하셨다. "진실로 진실로 네게 이르노니 사람이 거듭나지 아니하면 하나님의 나라를 볼 수 없느니라."[1] 그 후 예수님은 하나님 나라에 들어가기 위해 두 가지를 요구하셨다. "진실로 진실로 네게 이르노니 사람이 물과 성령으로 나지 아니하면 하나님의 나라에 들어갈 수 없느니라."[2]

예수님은 그들의 메시아로 그리스도 예수를 거절했던 유대인들은 하나님 나라에 들어갈 자격이 없다고 말씀하셨다. 왜냐하면 그분을 거절한 그들은 쫓겨나고, 그 나라는 하나님 나라의 열매를 맺는 민족(교회)이 받을 것이기 때문이다. 만약 그들이 그 나라의 왕, 예수 그리스도를 영접하지 않으면 누구도 그 나라에 들어갈 수 없다.[3]

예수님은 이 세상의 부자가 하나님 나라에 들어가기가 얼마나 어려운지를 말씀하셨다.[4]

- 누구든지 하나님의 나라를 어린 아이와 같이 받아들이지 않는 자는 결단코 거기 들어가지 못하리라 하시니라[5]

- 우리가 하나님의 나라에 들어가려면 많은 환난을 겪어야 할 것이라[6]

- 예수께서 이르시되 '손에 쟁기를 잡고 뒤를(뒤에 것을 갈망하는 것) 돌아보는 자는 하나님의 나라에 합당하지 아니하니라 하시니라'[7]

- 주여 주여 하는 자마다 (위대한 사역을 행하는 자들이) 다 천국에 들어가는 것이 아니요 다만 하늘에 계신 내 아버지의 뜻대로 행하는 자라야 들어가리라[8]

- 하나님이 세상에서 가난한 자를 택하사 믿음에 부요하게 하시고 또 자기를 사랑하는 자들에게 약속하신 나라를 상속으로 받게 하지 아니하셨느냐[9]

그 나라를 들어가거나 상속받으려는 자들이 멈춰야 하는 실천

우리는 다음의 성경 말씀이 교회 밖 죄인들에게 쓴 것이 아니라 고린도와 갈라디아 교회 지체에게 쓴 것임을 알아야 한다. 바울은 그가 편지를 썼던 사람들이 구원받았고 성령 충만하다는 것을 알았지만 만일 그들이 하나님의 의로우심에 반하는 어떤 죄나 일을 행한다면 하나님 나라에 들어가는 것을 보장하지 못한다고 했다. 그들이 만약 이런일을 하면, 하나님 나라에 참여하거나 유업을 받을 수 없다고 강조했다. 만일 우리가 이러한 불의한 태도나 행동을 한다면, 우리 자신을 점검해야 할 것이다.

> 불의한 자가 하나님의 나라를 유업으로 받지 못할 줄을 알지 못하느냐 미혹을 받지 말라 음행하는 자나 우상 숭배하는 자나 간음하는 자나 탐색하는 자나 남색하는 자나 도적이나 탐욕을 부리는 자나 술 취하는 자나 모욕하는 자나 속여 빼앗는 자들은 하나님의 나라를 유업으로 받지 못하리라[10]

> 육체의 일은 분명하니 곧 음행과 더러운 것과 호색과 우상 숭배와 주술과 원수 맺는 것과 분쟁과 시기와 분냄과 당 짓는 것과 분열함과 이단과 투기와 술 취함과 방탕함과 또 그와 같은 것들이라 전에 너희에게 경계한 것 같이 경계하노니 이런 일을 하는 자들은 하나님의 나라를 유업으로 받지 못할 것이요[11]

최근에 번역된 메시지 성경으로 같은 구절을 읽어 보자.

> 여러분이 항상 자기 마음대로 살려고 할 때 여러분의 삶이 어떻게 될지는 아주 분명합니다. 사랑 없이 되풀이되는 값싼 섹스, 악취를 풍기며 쌓이는 정신과 감정의 쓰레기, 과도하게 집착하지만 기쁨 없는 행복, 껍데기 우상들, 마술쇼 같은 종교, 편집증적 외로움, 살벌한 경쟁, 모든 것을 집어삼키지만 결코 만족할 줄 모르는 욕망, 잔인한 기질, 사랑할 줄도 모르고 사랑받을 줄도 모르는 무력감, 찢겨진 가정과 찢어

진 삶, 편협한 마음과 왜곡된 추구, 모든 이를 경쟁자로 여기는 악한 습관, 통제되지도 않고 통제할 수도 없는 중독, 이름뿐인 꼴사나운 공동체 등이 그것입니다. 더 열거할 수도 있지만 그만하겠습니다. 여러분도 알다시피, 내가 여러분에게 경고한 것이 이번이 처음은 아닙니다. 여러분이 자신의 자유를 그런 식으로 사용하면, 여러분은 하나님 나라를 상속받지 못할 것입니다.[12]

하나님 나라의 일꾼을 충분히 확보하기 위해, 하나님은 성령께 몇몇 주요 집을 정결하게 하라고 하셨다. 우리는 베드로와 바울과 선지자 말라기를 통해 말씀하신 강화된 때에 진입했다. "하나님의 집에서 심판을 시작할 때가 되었나니."[13] 각 사람들의 행위는 불로서 연단을 받겠지만 그들이 당하는 불의 연단을 마치 이상한 일 당하는 것 같이 여기지 말고 오히려 너희는 그리스도와 함께 육체가 십자가에 못 박히는 고난에 참여함으로 이 땅에 증언된 그분의 영광에 참여하는 것을 기뻐하라.[14] 왜냐하면 그분의 영광이 물이 바다를 덮음같이 땅을 덮을 것이고, 성도들을 영화롭게 하기 위해서 오실 것이기 때문이다.[15]

불로 연단하시고 은으로 연단하시는 그분의 날을 누가 기다릴 수 있을 것인가? 그분은 성도들을 용광로에서 금과 은을 연단하는 것 같이 깨끗하게 하고 거룩하게 하실 것이다.[16] 제3 개혁 개척자, 전파자, 증거자가 되기 위해 부름받은 이들은 불세례에 참여했듯이 우리는 마지막 제3 개혁을 위한 하나님의 목적을 이루기 위해 온전히 정결하게 준비될 것이다.[17]

그 나라와 초자연적인 힘

하나님 나라의 설교가 언급될 때마다 초자연적 현시를 수반했다. 처음으로 예수님은 열두 제자를 사역지로 보내면서 이렇게 말씀하셨다. "가면서 전파하여 말하되 천국이 가까이 왔다 하고 병든 자를 고치며 죽은 자를 살리며 나병환자를 깨끗하게 하며 귀신을 쫓아내되 너희가 거저 받았으니 거저 주라."[18] 예수님께서 말씀하셨다. "내가 만일 하나님의 손을 힘입어 귀신을 쫓아낸다면 하나님의 나라가 이미 너희에게 임하였느니라."[19] "하나님의 나라는 말에 있지 아니하고 오직 능력에 있음이라."[20] 그 나라는 육체적 경험에서 오는 것도 아니고, 먹고 마시는 종교적인 규례에서 오는 것도 아니라, 오직 성령의 의와 평강과 희락에서 오는 것이다.[21]

교회는 하나님의 뜻이 하늘에서 이루어진 것 같이 땅에서도 이루어지게 하는 영적 하나님의 나라다. 그러나 제3 개혁의 교회는 세상이 전에 보여 주지 못했던 그 나라를 그들이 증거할 수 있도록 신앙과 능력의 새로운 차원에 이르러야만 한다. 하나님께서 제3 개혁 개혁가들이 자유하도록 위대한 능력과 지혜와 은혜로 기름을 부으시어 견뎌내기까지 우리는 하나님과 동행해야 한다.

새롭고 알려지지 않은 곳으로 나아가기 위해 필요한 새 능력

하나님께서 제1 개혁 동안 교회 시대의 탄생을 준비하셨을 때, 사도들은 하나님의 목적을 성취하기 위해 필요한 것이 무엇인지, 혹은 무슨 일이 일어날지를 조금밖에 알지 못했다. 그들은 여전히 때와 시기와 예수님께서 이스라엘을 회복하시기 위해 무슨 일을 행하실지에 관한 질문만을 하고 있었다.[22] 그들은 예수께서 십자가에 못 박히시고 묻히시고 부활하시고, 교회를 세우실 것을 깨닫지 못했다. 그들은 새로운 인류의 탄생을 위한 도구가 되려 했다. 그들은 이전에 알지 못하고 경험하지도 못한 새로운 영역, 기능, 책임으로 나아갔다. 그들은 하나님께서 세상의 기초를 놓으실 때부터 계획하셨던 그 목적을 막 성취하려 했다.[23] 그들은 지금까지 일어난 그 어떤 일보다 비용이 드는 일을 이 땅에 세우려 했다. 그것은 생명 자체보다 하늘과 땅의 창조주를 의미했는데 왜냐하면 그분은 자신에게 가장 값진 것, 교회를 사기 위해 자신의 생명을 주셨기 때문이다.[24]

가장 중요한 첫 번째 일

예수님은 제자들에게 예루살렘에 돌아가 아버지께서 약속하신 것을 보내실 때까지 기다리는 것이 가장 중요하다고 말씀하셨다. 아버지께서 약속하신 이것은 그들이 결코 알지 못하던 능력을 부여 받는 것이다.[25] 그들이 새로운 은혜와 능력의 선물을 받지 못하면 하나님의 목적을 성취하는 것은 불가능하다. 그들은 또한 하나님께서 그들을 통해 이루시기 원하는 것을 위해 지혜와 계시의 영을 받을 것이다.[26]

제1 개혁 운동과 각각의 회복 운동, 새 계시, 기름 부음과 능력은 교회에 다시 진리가 세워지도록 했다. 마찬가지로 마지막 제3 교회개혁에 참여하는 우리는 우리의 소명과 임무를 성취하기에 필요한 모든 것을 완전히 깨닫지 못한다. 그러나 하늘나라는 제3 개혁 동안 나라의 목적을 성취하기 위해 하나님께서 사용하시는 자들에게 새로운 능력과 계시와 은혜를 부어 주신다.

강력한 능력을 약속하신 성경의 예언

구약성경에서 '그날'을 말하는 대부분의 말씀은 예언자들이 마지막 제3 개혁 동안 그들이 발견할 성취다. 이스라엘과 예루살렘에 관한 언약과 예언은 교회에도 적용할 수 있다는 것이 성경 해석학적 원리다. 그러므로 다음의 성경 구절은 그들이 과거에 육적 이스라엘과 예루살렘에 행했던 것처럼 오늘날 교회에 적용이 가능하다. 사도 바울은 이스라엘에게 말한 모든 말과 행했던 모든 일은 이 종말의 때에 교회에 실례와 경고를 주기 위해 쓰여진 것이라고 선언했다. "그들에게 일어난 이런 일은 본보기가 되고 또한 말세를 만난 우리를 깨우치기 위하여 기록되었느니라"(고전 10:11).

"그 날에 여호와가 예루살렘 주민을 보호하리니 그 중에 약한 자가 그 날에는 다윗 같겠고 다윗의 족속은 하나님 같고 무리 앞에 있는 여호와의 사자 같을 것이라 예루살렘[하나님 나라의 사람, 교회]을 치러 오는 이방 나라들을 그 날에 내가 멸하기를 힘쓰리라"(슥 12:8-9).

제3 개혁의 날에 연약한 나라의 성도는 다윗 같은 강한 용사가 될 것이다. 지금 다윗의 집처럼 감당하는 자들은 그리스도의 사역과 더 위대한 사역을 행하기까지 능력을 받을 것이다. 이것이 바로 우리의 과거의 능력으로 우리 미래의 성취를 기초해서는 안 되는 이유다. 하나님 나라의 증거자가 되려는 사람은 새로운 강력한 능력과 권능을 부여 받게 될 것이다.

교회, 하나님 나라 성도들과 공동체는 하나님의 위대한 목적을 성취하기 위해 서로 연합하려 한다. 교회의 하나 됨과 그리스도와 함께 동역하는 자들은 수천 배로 능력이 커질 것이다.

그 작은 자가 천 명을 이루겠고 그 약한 자가 강국을 이룰 것이라 때가 되면 나 여호와가 속히 이루리라(사 60:22)

이는 여호와께서 강대한 나라들을 너희 앞에서 쫓아내셨으므로 오늘까지 너희에게 맞선 자가 하나도 없었느니라 너희 중 한 사람이 천 명을 쫓으리니 이는 너희의 하나님 여호와 그가 너희에게 말씀하신 것 같이 너희를 위하여 싸우심이라(수 23:9-10)

또 너희 다섯이 백을 쫓고 너희 백이 만을 쫓으리니 너희 대적들이 너희 앞에서 칼에 엎드러질 것이며(레 26:8)

어찌 하나가 천을 쫓으며 둘이 만을 도망하게 하였으리요(신 32:30)

다섯 명이 함께 싸우고 있다고 생각해 보자, 그들은 한 명당 이십 명의 적을 무찌를 수 있다. 그러나 백 명의 용사가 뭉치면 한 명당 백 명의 적을 무찌를 수 있다. 하나님께서 두 사람이 연합했을 때 열 명의 능력을 부어 주실 것이고, 혼자 천 명을 무찌르면 만 명을 무찌르게 될 것이다. 이 성경 구절들은 그들이 왕들이 통치하는 약속의 땅, 가나안 땅으로 들어가서 그들을 물리칠 때, 그들의 나라를 이스라엘 나라로 만들려 할 때 이스라엘에게 주신 약속이다. 또한 이 세상의 악한 왕들을 물리치고 그들을 하나님 나라로 만들려는 나라—교회—성도들에게 약속하신 말씀이다. 하나님께서는 교회와 지구에 그분의 목적을 완성하시기 위해 그분과 동역하려는 그들을 위해 위대한 일들을 준비해 놓으셨다.

예수님은 이 모든 성경 구절보다 더 심오하고 강력한 말씀을 하셨다. "내가 진실로 너희에게 말하노니 여자가 낳은 자 중에 세례 요한보다 큰 이가 일어남이 없도다 그러나 천국에서는 극히 작은 자라도 그보다 크니라"(마 11:11). 예수님께서 세례 요한은 아브라함, 모세, 다윗, 여자가 낳은 모든 자보다 더 크다고 말씀하셨다. 그러나 더 놀라운 일은 천국에서는 가장 작은 자라도 요한보다 크지 않은 자가 없다는 것이다. 이것은 오늘날 우리가 온전히 이해하기 어려운 것처럼 그 당시 바리새인들도 온전히 이해할 수 없었다.

구약성경에 나타난 하나님의 어떤 위대한 사람보다 하나님의 나라를 침노하는 자가 '더 위대한 자'가 되는가? 어쨌든 "보다 더 위대한"이라고 예수님이 말씀하신 뜻은 무엇일까? 세례 요한이 그렇게 위대한 점은 무엇인가? 세례 요한은 메시아의 오심을 위해 그 길을 예비하고 사람들을 준비시킨 예언적 개혁가였다. 명백히, 하나님께서는 예언의 목적을 성취할 수 있는 사람들에게 엄청난 중요성을 두신다.

요한은 기적도 행하지 않았고 모세와 다윗처럼 어떤 위대한 업적도 이루지 못했다. 다만 메시아가 이 땅에 드러나도록 길을 예비했을 뿐이다. 아마도 그것이 예수님께서 천국에서 가장 작은 자가 세례 요한보다 크다고 말씀하신 하나의 이유일 것이다. 하나님의 나라가 오도록 그리고 그분의 뜻이 하늘에서 이루어진 것 같이 땅에서도 이루어지도록 사람을 준비하고 길을 예비하는 가장 작은 자는 하나님의 관점에서 위대하다는 칭함을 받을 것이다.

마지막 제3 교회개혁에 참여하는 자들은 하나님의 목적을 성취할 수 있도록 모든 하늘의 자원을 받을 것이다. 동시에 모든 지옥의 군대는 제3 개혁의 개혁가들을 멈추도록 찾아 나설 것이다. 왜냐하면 만일 그들이 성공하면, 사탄의 자유와 이 땅의 통치는 끝나기 때문이다. 그는 결박당하여 일정 기간 동안 무저갱에 던져질 것이고, 영원한 불 못에 들어갈 것이다. 하나님의 완전하신 뜻을 그분의 목적에 맞게 이루는 승리자가 되는 것보다 성도에게 더 큰 보상은 없다.

주 ....

1. 요한복음 3장 3절
2. 요한복음 3장 5절
3. 마태복음 21장 43절; 누가복음 13장 28절
4. 마가복음 10장 24절
5. 누가복음 18장 17절; 마가복음 10장 15절
6. 사도행전 14장 22절
7. 누가복음 9장 62절
8. 마태복음 7장 21절
9. 야고보서 2장 5절
10. 고린도전서 6장 9-10절
11. 갈라디아서 5장 19-21절
12. 갈라디아서 5장 19-21절(TM)
13. 베드로전서 4장 17절
14. 베드로전서 4장 12절
15. 하박국 2장 14절; 민수기 14장 21절; 데살로니가전서 1장 10절
16. 말라기 3장 1-3절
17. 고린도전서 3장 13절
18. 마태복음 10장 7-8절
19. 누가복음 11장 20절
20. 고린도전서 4장 20절

21. 로마서 14장 17절
22. 사도행전 1장 6절
23. 에베소서 3장 11절
24. 로마서 8장 3-4절; 사도행전 20장 28절; 에베소서 5장 25절
25. 사도행전 1장 8-14절
26. 에베소서 1장 18-19절

13

주님의 음성

예언자들, 주님의 음성을 듣기 위한 열쇠

하나님은 에덴동산에서 아담과 하와와 함께 걷고 말씀하셨다. 그러나 우리는 그들이 에덴에서 추방당한 후에, 사람들에게 개인적으로 말씀하시는 하나님을 발견하지 못한다. 그분은 항상 인류의 대변자로 남자 또는 여자를 택하셨다. 인류가 하나님께 기도하기까지, 아담 이후 After Adam(AA), 200년의 시간이 걸렸다고 성경은 계시한다. 예언자 에녹을 통해 하나님께서 사람들에게 말씀하시기까지, 아담 이후 900년 이상이 걸렸다.[1] 에녹은 진정한 예언자였다. 그는 아들의 이름을 므두셀라라고 했는데 "그가 왔을 때 심판이 일어날 것이다"라는 의미다. 므두셀라는 아담 이후 687년에 태어났고, 969세까지 살았고 아담 이후 1656년 홍수의 날에 죽었다. 아마도 그는 노아가 방주로 들어가기 직전 그 주에 죽었을 것이고, 홍수는 땅을 멸망시켰다.

하나님께서는 홍수 전에 땅에 살았던 2천만 명 중에 한 사람에게 말씀하셨다. 그분은 노아에게 인류를 보존할 수 있도록 방주를 지으라고 지시하셨다.[2] 하나님께서 이 땅의 또 다른 사람에게 말씀하신 것은 400년 후다. 하나님은 아브라함에게 선택받은 백성의 조상이 될 것이라고 말씀하셨다.[3] 또한 꿈과 해몽을 통해 야곱과 요셉에게 말씀하셨다.[4] 약 400년 후에, 바로에게 강력한 이적으로 하나님의 백성을 이집트에서 건져낼 것이라고 모세에게 말씀하셨다.[5] 하나님은 시나이 산 정상에서 하늘과 땅을 창조하신 모습을 다시 보여 주심으로 모세로 하여금 창세기를 기록하게 하셨다. 또한 모세는 성막의 청사진과 하나님의 율법과 명령의 세부사항을 받았다.[6]

하나님은 여호수아에게 이스라엘 백성을 약속의 땅으로 인도하라고 말씀하셨다.[7] 그분은 첫 번째 성을 취하라고 지시하였고, 약속된 가나안 땅에 들어가도록 요단을 가르시고 마른 땅이 되는 기적을 보여 주셨다. 하나님은 여리고 정복을 위한 특별한 지시를 내리셨고 가나안에 사는 모든 "…을 신봉하는 사람"들을 물리치기 위해 군사작전을 어떻게 해야 하는지를 가르쳐 주셨다.[8]

몇 백 년 후에 사사들이 이스라엘을 다스리던 때, 하나님은 선지자 사무엘을 양육하셨다. 선지자 사무엘은 선지자 학교를 세웠고 백 명의 선지자를 훈련시켰다. 선지자들은 이스라엘의 왕들과 민족과 백성에게 하나님의 말씀을 전하는 중요한 통로였다. 선지자들은 하나님께서 400년 동안 인류에게 말씀하시기를 멈추시기까지 "그러므로 여호와께서 이르시되"를 계속 전했다. 그 후에 그분은 광야에서 외치는 하나님의 예언의 소리가 되도록 세례 요한을 세우셨다. "회개하라, 메시아께서 이미 이 땅에 나타나실 준비를 마치셨다."

예수님은 예언자, 제사장, 왕, 이스라엘의 약속된 메시아, 인류의 구세주다. 부활하신 후에, 예수님은 성령으로 교회를 세우셨다. 그리고 교회 안에 그분의 예언의 음성을 대언할 예언 사역을 두셨다. 또한 그들이 주님의 예언의 음성을 모두가 대변할 수 있도록 성도들에게 충만한 성령을 약속하셨다.[9] 이제 우리는 모든 진리와 사역의 기초가 되는 성경에 적혀 있는 로고스 말씀을 가지고 있다. 그러나 예수님은 여전히 개인과 민족에게 특별한 개인적 말씀을 전할 예언의 음성을 필요로 하신다.

예언자들은 나라와 왕국을 감독한다

하나님은 예레미야를 통해 하나님의 방식과 원리를 세우셨다. "내가 너를 여러 나라의 선지자로 세웠노라. 보라 내가 내 말을 네 입에 두었노라. 보라 내가 오늘 너를 여러 나라와 여러 왕국 위에 세웠느니라."[10]

이것은 또한 정부와 도시들을 포함하는데 하나님께서 예레미야에게 도시와 개인들에게 전할 예언의 말씀을 주셨기 때문이다. 하나님은 인류에게 예언자들의 음성을 통해서 그분의 경고, 약속, 목적을 말씀하셨다. 하나님은 그분의 말씀과 뜻을 예언자들에게 말씀하시고 그 나라의 운명을 정하신 하나님의 예언의 음성에 그 나라가 어떻게 응답해야 하는지를 말씀하신다. 그들의 응답은 그 민족이 양의 민족 혹은 염소 민족인지를 일부분 결정하게 될 것이다.[11]

3차 세계대전과 개인의 임무에 관한 환상

1992년에, 하나님께서는 1996년과 2006년 사이에 3차 세계대전을 시작하려는 사탄의 계획에 대한 환상과 계시를 주셨다. 그분은 2차 세계대전 때 독일, 일본, 이탈리아가 한 것과 같이, 중국, 구 공산국가, 두 이슬람 국가가 삼자 회담을 통한 비밀 협상 소식을 계시하셨다. 이 일은 주님께서 계획하신 일이 아니라 사탄이 이 땅을 파괴하기 위한 계획이라고 말씀해 주셨는데 두 수석 예언자를 통해서 지시하셨다. 내가 태평양 연안 국가들을 방문해서 사탄의 계획에 대항하는 영적 전투에 대해 사역자들과 성도들에게 말씀을 전했다. 그분께서 말씀하시길, 만일 교회가 영적 병기를 들고 싸우기 위해 일어난다면, 성령 안에서 전쟁을 이길 것이고, 우리의 군사들은 싸우지 않고 죽지도 않을 것이라고 말씀하셨다. 만일 우리가 중도에서 겨우 승리한다면 전쟁의 50퍼센트는 육으로 싸우게 될 것이다.

나는 태평양 연안 국가들의 위치를 파악했다. 그 국가들은 태평양에 인접해 있었다. 3차 세계대전의 삼자 협상을 위해 찾던 국가들에 근접해 있던 국가들에게 가장 먼저 이 사실을 알렸다. 1992년에 한국, 일본, 필리핀, 싱가포르, 말레이시아, 인도네시아, 대만, 홍콩, 호주, 하와이, 그리고 캘리포니아와 알래스카와 같은 서부 해안 태평양 연안 국가들의 예언자 모임에 참석했다.

우리가 각 나라에서 한 일을 싱가포르의 예를 들어 설명하겠다. 나는 사탄의 계획을 멈추기 위한 하나님의 명령을 설교했다. 나는 단상으로 모든 사역자를 불렀다. 백여 명이 나왔다. 45분 동안 우리는 하나님을 높이 찬양하며 예언의 선포와 강력한 믿음의 외침을 통해서 영적 전쟁을 수행했다. 그것은 마치 적진에 원자폭탄을 떨어뜨린 것과 같아서 그들의 연합체와 계획을 파괴했다.

나는 2000년까지 매년 다른 국가를 방문했다. 그때 나는 우리가 영으로 전쟁에서 이겼고 육으로 싸우지 않아도 됨을 주님께서 보여 주시는 것을 느꼈다. 국가가 국가를 대항하는 동서 전쟁을 일으키려는 마귀의 계획이 실패로 돌아가자, 그는 작전을 변경하고 3차 세계대전이 일어나도록 연쇄반응을 바라며 테러 공격을 시작했다. 세계무역센터를 공격한 테러리스트들은 단지 수천 명의 미국인을 죽이고, 경제시스템을 혼란스럽게 했을 뿐만 아니라, 세계를 전쟁으로 몰아넣기 위해 사건을 벌인 것이다. 예언자들의 예언적 선언과 성도들의 전투는 사탄의 계획을 바꾸거나 멈추게 하며 국가의 운명에 영향을 줄 수 있다.

예언자와 사도 – 변화의 열쇠

예언자와 사도는 항상 하나님께서 이 땅과 그분의 교회에게 행하실 새로운 일의 열쇠를 가지고 있다. 하나님께서는 예언자와 사도를 이 땅을 창조하실 때 청사진을 받고 기초를 놓은 자들로 세우셨다. 그리스도의 몸인 모든 사역자 중에서, 그들은 그리스도의 비밀에 대한 계시와 하나님의 때를 알 수 있는 능력을 부여받은 자들이다. "하나님 나라의 비밀을 아는 것이 너희에게는 허락되었다."[12] "비밀은 … 이제 그의 거룩한 사도들과 선지자들에게 성령으로 나타내신 것 같이"[13] "하나님의 비밀이 그 종 선지자들에게 전하신 복음과 같이 이루리라."[14] 하나님은 비밀을 먼저 그 종 선지자들에게 드러내지 않고서는 아무것도 행하지 않으신다.[15]

지역 교회와 비영리단체에서 활동하는 예언자들이 있지만, 하나님 나라의 문화를 담당하는 예언자들도 있다. 《성도의 날》에서, 나는 사도들과 예언자들이라 불리는 자들은 강단 뒤가 아닌 전문적인 직업으로 그들의 소명을 성취한다고 썼다.[16] 다니엘은 예언자였지만, 바벨론 제국에서 최고 행정관으로 일했다(단 2:46-49). 다윗도 예언자였고, 이스라엘의 왕이었다(행 2:29-30). 모세와 아브라함도 사도들의 원형이 되었다. 구약성경의 예언자들 중 90퍼센트는 성막에서 일하지 않았고 레위 제사장 계열도 아니었다. 하나님께서는 땅의 기초를 예정하신 것 같이 이 세상의 변화를 위해 사도들과 예언자들에게 계시, 창조적 생각, 신의 전략을 주시도록 계획하셨다.

주 ⋯⋯⋯⋯⋯⋯⋯⋯⋯⋯⋯⋯⋯⋯⋯⋯⋯⋯⋯⋯⋯⋯⋯⋯⋯⋯⋯⋯⋯⋯⋯⋯⋯⋯⋯

1. 유다서 1장 14-15절; 창세기 5장 21-27절
2. 창세기 6장 13-14절
3. 창세기 12장 1-3절
4. 창세기 37장 40-41절
5. 출애굽기 3-4장
6. 출애굽기 7-11장, 33-40장
7. 여호수아 1장 2절
8. 여호수아 1장 6-9절, 7-13절
9. 고린도전서 14장 3절; 에베소서 4장 11절
10. 예레미야 1장 5절, 9-10절
11. 마태복음 25장 31-33절
12. 누가복음 8장 10절
13. 에베소서 3장 3-5절
14. 요한계시록 10장 7절
15. 아모스 3장 7절
16. 빌 해몬, 《성도의 날》(Shippensburg, PA: Destiny Image, 2002년), 252쪽

14

하나님의 신세계 질서 대 인간의 신세계 질서

사람의 계획과 하나님 계획의 관점

온 하늘과 땅의 통치자가 되려는 루시퍼의 시도는 결국 실패했다.[1] 그의 권력은 이 땅의 지배와 함께 내동댕이쳐졌고 그의 지배는 사라졌다. 사탄은 겨우 하나님께 반대했던 타락한 천사들을 거느리고 있다. 그의 영역은 악한 자들과 악한 영들의 나라다.[2] 인간은 하나님의 권세 아래에서 땅을 지배하도록 창조되었다.[3] 인간이 죄를 지음으로 모든 땅을 다스릴 수 있는 권위와 지배력을 상실했고, 사탄은 세상을 다스릴 그의 권세 하에서 인간의 내면에서 반란이 일어나도록 갈망하고 있다. 역사는 세상을 정복하고 통치하기를 갈망했던 사람들에 대해서 기록한다. 마호메트와 이슬람의 정신은 주후 600년에 세상을 다스리기를 갈망했고, 테러리즘을 통한 그 정신은 여전히 세상을 정복하고자 시도하고 지존, 최고의 종교, 그리고 절대 권력자가 되고자 한다.[4] 20

세기에 공산주의는 세상을 다스리기 위한 위대한 야망을 가지고 있었다. 사탄과 그의 왕국은 하나님을 반대하며 적그리스도와 예수 그리스도와 그분의 나라를 반대하는 사람들은 사탄의 지배와 권세 아래에 있다. 적그리스도는 하나님의 독생자 예수 그리스도를 반대하는 영이다.[5] 그 영은 오늘날 대부분의 세계 질서에 스며들어 있다.

사람의 계획 – 한 명의 세계 지도자와 종교 지도자

전천년설 신학자들과 설교자들은 이 시대의 종말에 일어날 일들에 대해 설교했다. 분명한 성경적 예언은 한 명의 지도자와 정부가 있어 세계를 하나의 통화通貨와 정부조직과 모든 종교를 하나의 집단으로 통합하고자 한다고 전한다. 세계의 종교는 적그리스도 지도자에게 복종하는 데 동의할 것이다. 그러나 참된 그리스도인들은 용납할 수 없는 종교 무리들로 배척할 것인데 그들은 신세계 종교와 손을 잡지 않을 것이다.

지난 백 년 동안, 많은 일이 이 세계를 지배하려는 사탄의 욕망에 영감을 받아 신세계 질서를 점진적으로 준비해 왔다. 그는 하나의 세상을 통치하는 절대 권력자가 되기 위해 인간의 몸을 소유하고 지배하기를 원한다. 그는 죄의 사람, 세계의 절대 권력자, 적그리스도라고 언급되었다.[6] 마귀의 욕망은 세상의 구원자로 비쳐지기를 갈망하며, 평화의 왕이 없는 이 세상에 평화를 가져오는 것처럼 보이고 싶어 한다.

많은 일이 한 지도자를 중심으로 국가를 연합하려는 욕망으로 움직이고 있다. 1, 2차 세계대전은 세계의식을 갖도록 만들었다. 비행기는 우리가 주에서 주로 여행하던 것처럼 국가에서 국가로 여행하기 쉽게 만들었다. 인공위성은 이웃집에게 말을 걸듯 지구 끝까지 통화할 수 있도록 만들었다. 위성 텔레비전과 인터넷은 세상 곳곳에서 일어나는 일들을 속속들이 볼 수 있게 했다. 최근 세계 경제 위기는 그들의 보호와 번영을 위해 세계적 연합과 협력이 필요하도록 만들었다. 이것에 관해 연구하고 글을 쓰고 설교하는 사역자들은 하나의 세계 지도자와 정부의 설립을 향한 점진적인 단계로 일루미니티협회Illuminati Society 국제연맹, 국제연합, 유럽연합을 지켜보았다.

인간의 신세계 질서는 적그리스도의 영과 강령에 따라서 진행될 것이다. 성경은 죄악의 잔이 가득 찰 때까지 세상은 더 어두워지고 악해질 것이라고 말한다. 하나님은 아브라함에게 아모리 사람들의 죄가 가득 차기까지는 그에게 준 예언을 이루지 않겠다고 말씀하셨다.[7] 하나님은 소돔과 고모라의 죄가 그분에게 보고된 것과 같이 가득 찼는지 직접 보기 위해 내려오셨다.[8] 그들의 죄의 잔이 가득 차고 넘치자, 하나님께서는 땅에 유황과 불을 비같이 내리심으로 그들을 멸하셨다.[9] 그것은 홍수 이전의 세대들과 동일했다.[10] 그들의 죄의 잔이 가득 찼을 때, 하나님께서 대홍수를 통해 땅에서 그들을 멸하셨다. 현재 세상의 죄의 잔은 넘치기 직전까지 왔다. 하나님께서 이 세상을 심판하시기 전에 세상의 죄의 잔은 넘칠 것이고 교회는 온전한 회복과 성취를 이룰 것이다.

원칙 - 더 좋아지기 직전에 더 나빠지는 것이다

성경과 자연 세계가 말하는 한 가지 원리가 있는데 그것은 더 좋아지기 직전에 더 나빠진다는 것이다. 동트기 전이 가장 어둡다. 해산하는 여인의 고통은 아이를 낳기 직전이 가장 극심하다. 씨앗은 새로운 생명으로 밝은 날에 움트기 직전에 어두운 땅 속에서 죽어야 한다.

주요 예언에 관한 원리는 이집트에 있는 하나님의 백성에게 전달하라고 모세에게 준 하나님의 예언에 잘 묘사되어 있다. 모세가 바로에게 하나님의 백성을 가게 하라는 예언의 말씀을 전한 후, 이스라엘의 상황은 전보다 더 나빠졌다.[11] 또한 심판은 그들이 이스라엘 백성을 보내겠다고 허락했을 때 좋았던 것보다 바로와 이집트 사람들에게 혹독해졌다. 그러나 가장 어두운 한밤중에, 최후 심판이 다가왔고, 새로운 날 이집트 사람들의 재물을 갖고 이스라엘 백성이 떠날 때 새 날은 밝아왔다.[12]

《다가온 이스라엘의 깨어남》[13]에서 제임스 골은 이스라엘이 1948년에 수립되기까지 백 년간의 일들을 상세히 기록했다. 1940년대 10년 동안, 그들은 가장 어두운 시간을 보냈는데, 육백만의 유대인들이 학살되던 때고, 그들이 승리하는 최고의 순간은 자신들의 국가를 설립하던 때였다. 예수 그리스도는 승리하시고 새 교회 시대를 깨우시기 전에 가장 고통스러운 시간과 십자가 형벌과 죽음을 통과하셨다.

마지막 제3 교회개혁 동안, 더 좋아지기 직전에 더 나빠질 것이다. 선지자 다니엘은 종말에 대한 환상을 보았다. 그는 말했다. "내가 본즉 이 뿔이 성도들로 더불어 싸워 이겼더니 옛적부터 항상 계신 이가 와서 지극히 높으신 이의 성도들을 위하여 원한을 풀어 주셨고 때가 이르매 성도들이 나라를 얻었더라."[14] 또한 다니엘은 교만과 야망을 가진 악한 루시퍼가 감히 지극히 높으신 하나님을 대적할 것이라고 보았다. 그는 성도들을 박해하고 모든 법과 도덕과 관습을 바꾸도록 시도할 것이다.[15] 하나님의 백성은 이 기간에 돕는 이가 하나도 없는 것처럼 보일 것이다. 그러나 갑자기 옛적부터 항상 계신 이가 오셨고 그분의 정의의 법정이 열리더니, 종말 때까지 그것을 소진하고 파멸한 사악한 왕국의 왕으로부터 모든 권력을 취하셨다. 그때, 하늘 아래 모든 나라와 그들의 모든 능력은 하나님의 백성에게 주어졌다. 그들은 모든 것을 영원히 통치할 것이고, 모든 통치자는 그들을 섬기며 복종할 것이다. 왜냐하면 종말에, 지극히 높으신 하나님의 백성은 영원토록 세상을 통치할 것이기 때문이다. 우리가 요한계시록 11장 15절에서 강조한 사건은 두 예언자의 증거와 함께 진행될 것이다. 순교자가 생기는 것과 이 세상에 거대한 지진과 재난이 발생하는 것이다.

어둠의 날 대 새 날의 여명

요엘 선지자는 내가 제3 개혁의 그날에 일어나리라 믿었던 것을 묘사하고 있다. "여호와의 날이 이르게 됨이니라 이제 임박하였으니 곧 어둡고 캄캄한 날이요 짙은 구름이 [세상에] 덮인 날이라 새벽 빛이 산 꼭대기에 [새로운 교회의 날의 여명] 덮인 것과 같으니."[16]

이사야 선지자도 세 번째 개혁에서 교회에 관해서 똑같이 예언한다. "일어나라 빛을 발하라 이는 네 빛이 이르렀고 여호와의 영광이 네 위에 임하였음이니라 보라 어둠이 땅을 덮을 것이며 캄캄함이 만민을 가리려니와 오직 여호와께서 네 위에 임하실 것이며 그의 영광이 네 위에 나타나리니 나라들은 네 빛으로, 왕들은 비치는 네 광명으로 나아오리라."[17]

아직도 이루어져야만 하는 수많은 예언의 말씀이 있다. 제3 개혁이 그것의 목적을 성취하는 그때에 모두 이루어질 것이다. 성도 운동을 통해서 성취될 일들이 아직 예언의 말씀 속에 있다. 그리고 주님의 군대 운동과 관련된 더욱 많은 것들이 성취될 것이고, 하나님 나라의 설립은 최고로 완성될 것이다.[18] 최후 성취의 절정은 예언의 말씀이 성취되는 가브리엘의 나팔 소리가 울릴 때가 될 것이며 예수님은 부활의 생명을 주시기 위해 큰 소리를 외치심으로 죽었던 의인들이 부활하게 되며 살았던 성도들은 순식간에 영원히 죽지 않을 몸으로 변하게 될 것이다.[19] 예수님과 그분의 교회는 이 땅 모든 곳에 하나님 나라를 세울 것이며, 하늘에서 큰 소리로 이 세상의 나라는 정확히 예수님과 그분의 교회의 나라가 되었다고 선언함으로 예언의 말씀을 성취할 것이다. 결국, 창세기에서 요한계시록까지 모든 예언의 말씀은 성취되었고 역사적 실재가 되었다. 그때 성도들은 말할 것이다.

"주 예수님이여, 과연 그와 같이 오시옵소서.[20] 그리고 지금 당신의 나라가 오게 하시고 당신의 뜻이 하늘에서 이루어진 것 같이 땅에서도 이루어지게 하소서. 당신의 것은 하나님 나라요, 권능이요 영광이요, 주 예수요, 영원토록 새로운 온 땅이요, 그것은 이제 새롭고, 끝이 없는 정의로운 세상이나이다.[21] 아멘, 아멘."

주 ···

1. 에스겔 28장 13-19절
2. 고린도후서 10장 4-5절; 골로새서 2장 15절
3. 창세기 1장 26-28절
4. 빌 해몬, 《영원한 교회》(Santa Rosa Beach, FL: Christian International, 1981

년), 107-110쪽

5. 요한일서 4장

6. 데살로니가후서 2장 3절

7. 창세기 15장 16절

8. 창세기 18상 21철

9. 창세기 19장 13절, 24-25절

10. 창세기 5장 11-13절

11. 출애굽기 5장

12. 출애굽기 12장 29-36절

13. 제임스 골, 《다가온 이스라엘의 깨어남》(Grand Rapids, MI: Chosen Publishing, 2001), 55-56쪽

14. 다니엘 7장 21-22절 참조

15. 다니엘 7장 25-27절

16. 요엘 2장 1-2절

17. 이사야 60장 1-3절

18. 빌 해몬, 《사도, 선지자, 그리고 하나님의 다가온 역사》(Santa Rosa Beach, FL: Christian International, 1997년), 269쪽

19. 데살로니가후서 4장 17-18절

20. 요한계시록 22장 20절

21. 베드로후서 3장 13절; 요한계시록 21장 1절

15

새로운 기독교 시대로의 전환

이 책을 읽은 뒤에, 당신은 예언의 때와 하나님의 목적에 관한 좋은 이해를 갖게 될 것이다. 다음의 글은 이 책에서 지금까지 상세하게 묘사했던 것을 좀더 간단히 부연한 것이다. 16장에서는 마지막 제3 교회개혁 동안 성취해야만 하는 수많은 예언의 말씀의 목록과 설명을 곁들였다.

예수님은 2008년에 그분의 적절한 목적이 활성화되는 것과 관련해서 성령께서 통찰력과 적용으로 드러내셨다. 나는 '성도 운동'이 그리스도의 몸에 이르렀음을 지난 10년 동안 예언했다. 성도 운동은 성도들이—예수 그리스도 안에 있는 신자들—그리스도께서 그들 각자에게 교회의 24/7이 되도록 권한을 주셨고 위임하셨다는 이해를 인정하고 행하는 때며, 그들이 살고 일하는 곳마다 하나님 나라를 증명해야한다는 것을 받아들이고 행동하는 때다. 모든 신자는 초자연적인 일을 증거할 능력을 갖고 있으며, 그들이 영향을 미칠 수 있는 곳마다 하나님 나라의 복음과 구원의 복음을 증거하도록 부름받았다. 나는 《성도의 날》에서 성도 운동의 수많은 진리와 사역이 될 것들을 예언했다, 이늘 숭의 일부다.

초자연적인 일을 증거하는 모든 성도, 시장과 사회 전 분야에서 나타난 사역자들, 교회의 24/7이 되는 성도, 단지 일요일만이 아니라 하루에 24시간, 일주일에 7일을 성도가 되는 것, 그리고 거룩한 그리스도의 사역자로 전 생애를 활발한 그리스도인으로 살기.[1]

나는 이러한 일들을 1997년에 예언하고 설교했다. 2000년에 책을 저술하기 시작해서 2002년 출판했다. 최후의 몇 년간, 우리는 시장 안에서 역사하는 표적과 이적, 기적이 나날이 증가됨을 통해 그리스도 몸 안에서 이 일들이 일어나는 것을 볼 것이다. 어떤 이들은 그들을 일터 성도, 시장 사역자라고 부른다.

개혁의 새로운 시기

2008년에, 하나님께서는 새로운 계시와 적용을 일으키셨다. 성도운동은 마지막 제3 교회개혁을 시작하는 기폭제가 되었다.

제1 교회개혁은 메시아께서 오신 1세기에 발생했고 신약 교회가 시작되는 시대임을 드높이 알렸다. 제2 교회개혁은 역사가들에게 종교개혁, 암흑 시대에서 이행한 교회, 교회가 회복으로 진입한 때로 알려져 있다.[2] 마지막 제3 교회개혁은 성도 운동과 함께 시작했다. 그것은 교회가 민족을 제자 삼고 일곱 세상 왕국을 변화시키는 하나님 나라의 복음을 증거하고 실천하도록 이행하였는데 '일곱 산'은 경제, 교육,

정부, 미디어, 가정, 종교, 축제다.

이 개혁은 교회의 목적과 목표의 새로운 변화를 가져올 것이다. 대부분의 복음주의, 오순절 신학자들은 교회의 목적은 그리스도께서 더 많은 영혼을 구원하여 그들이 하늘나라를 준비하는 것이다. 이제 우리는 하나님의 가슴과 마음에서 혁명적이고 개혁적인 생각을 받고 있다. 제3 교회개혁의 확장된 목표와 환상은 요한계시록 11장 15절의 성취를 위해 그분의 열정으로 그리스도와 함께 일하는 일꾼이 되는 것이다. "…하늘에 큰 음성들이 나서 이르되 '세상 나라가 우리 주와 그리스도의 나라가 되어 그가 세세토록 왕 노릇 하시리로다.'"

제1 교회개혁과 하나님의 목적은 죄인들을 구원하시기 위해 보혈을 흘리신 예수님이시다. 하나님은 그리스도 예수 안에서 보혈로 그들을 사심으로 세상과 직접 화해하시고 그들을 그리스도의 몸, 교회의 지체가 되게 하셨다.[3]

하나님의 제2 교회개혁과 목적은 그분의 교회를 장성한 분량까지 회복하고 예수 그리스도의 사역을 세우는 것이다. 이것은 그리스도의 오중 사역을 통해 성취되고 있다. 그중 마지막 예언자들과 사도들은 1988년부터 지금까지 예언자 사도 운동을 회복했고 충만한 사역을 시작했다. 오중 사역자들은 그리스도의 나라를 증거하기 위해 성도를 훈련하는 목적이 있다. 성도 운동은 이 세상의 일곱 산 왕국에서 성도들이 하나님 나라의 주창자가 되도록 활동하고 준비하고 임명받는 목적을 제시했다.

그리스도의 제3 교회개혁과 목적은 회복된 교회를 하나님의 최초 명령인 인간이 만물을 굴복하게 하는 성취를 위해 사용하시는 것이며,

하나님의 모양과 형상으로 인간이 이 땅을 다스리고 가득 채우도록 하는 것이며, 더욱 더 하나님의 나라와 뜻을 이 땅에 가져오는 것이며, 민족들을 양의 민족(그리스도의 사역을 행하는 이들, 마 25:31-46)으로 변화시키는 것이다. 이것은 요한계시록 11장 15절의 말씀이 정확히 이 땅에서 이루어지기까지 사회 모든 면에서 하나님 나라의 복음을 간직한 성도들의 종말의 결과다.

제3 개혁 동안, 더욱 많은 영혼이 구원받을 것이며 이전에 기록된 적이 없는 위대한 추수를 거두게 될 것이다. 모든 민족이 양의 민족이 될 것이며 그것은 그 민족의 대다수가 그리스도인으로 거듭나게 된다는 의미다. 아마도 지난 1900년 동안 교회의 지체가 된 사람들보다 지난 100년 동안 교회의 지체가 된 사람들이 훨씬 더 많을 것이다. 필요한 시간과 수고에 상관없이, 하나님은 그리스도의 몸이 영원히 담당하고 성취하도록 예정하신 영원한 목적을 이루기 위해 그리스도께서 필요로 하신 모든 사람의 수와 그들의 질을 분명히 갖게 하실 것이다. 예수님과 그분의 교회는 동일한 유산과 목적과 영원한 숙명을 가진 하나님의 공동 상속자다. 그리스도의 영원한 교회의 지체가 되는 것보다 중요한 것은 없다. 이 세대의 소명, 승리자의 상급, 그리스도와의 일치는 제3 개혁의 목적을 그리스도와 함께 얼마나 잘 행하는가에 따라 결정될 것이다.

때

2008년은 마지막 제3 교회개혁이 이 땅에서 시작되는 것을 하늘이 공식적으로 공표한 때다. 이제 제3 개혁은 제1, 제2 개혁이 행한 것보다, 더 많은 변화와 하나님의 목적을 성취할 것이고, 뿐만 아니라 생멸하는 교회의 마지막 세대를 위해 하나님의 목적을 이룰 것이다.

나는 오랫동안 이러한 흐름을 예언했고, 많은 사역자와 성도들이 주님의 재림의 날을 위해 오랫동안 중보했다. 내가 믿는 이 일들이 지금 충분히 일어날 만한 때가 되었다고 확신한다. 하나님께서 역사하시는 곳마다 '탄생' 과정과 더 위대한 활동들이 뒤따르는 동안 수많은 활동과 참여들이 이전에 있었다. 후에, 역사가들은 그들이 새로운 운동의 '공식적인' 시작이라 여긴 날을 지정했다. 교회 회복의 시작의 때라고 선언한 1517년 이전에 개혁을 향한 많은 흐름이 밀려왔다. 신교도 운동은 제2 교회개혁을 위한 발판이 되었다.

나는 2008년이 하나님께서 제3 개혁을 시작하시기 위해 정하신 때라고 믿으며 선포했다. 크리스천 인터내셔널에서 2007년 4월에 열린 파수꾼 중보자 회의에서 신디 제이콥스가 예언한 것처럼 성도 운동의 탄생을 보았다. 나는 그 말을 증거했고 우리가 공식적인 시작을 마침내 볼 수 있어서 매우 기뻤다. 이때는 다니엘이 예언(70주×1주일〔7일〕=490, 하루는 일 년을 상징한다)한 490년이라는 기간과 흥미로운 상호 관련이 있다. 다니엘은 메시아 도래의 시기를 교회의 시작과 관련하여 예언했다.[4]

그때의 마지막 시기는 곧 제1 개혁의 시작이었다. 주요 회복 운동의 종국은 제3 개혁의 시작이 되었다. 많은 이들이 교회 회복의 때부터 회복된 진리와 사역들이 하나님의 목적을 종말에 성취하도록 활성화되기까지 이때가 또 하나의 시기임을 믿는다. 교회 역사가들은 1517년이 신교도 운동이 탄생한 날로 설계되었다고 말하는데 그것은 교회 회복의 시기가 시작됨을 말한다. 주후 1517+490=주후 2007년. 이 시기는 신교도 운동으로부터 2007년 성도 운동의 탄생까지의 모든 회복 운동을 포함한다. 성도 운동은 만물의 성취와 회복을 위해 제3 교회개혁을 시작했는데 그것은 후에 간략히 요약하겠다.

우리는 다니엘이 말한 490년을 교회 회복의 490년이라는 시간에 예언적으로 적용해야 하는지를 알지 못한다. 그럼에도 불구하고 그것은 매우 유사하고 중요한 신적 조화를 이룬 시기임을 나타낸다. 그것은 예언자와 사도가 일어날 것이라고 예언한 교회 회복의 때다. 아마도 그것이 단지 신적 일치일지라도 이제 역사적 사실로 두 가지 때는 동일한 숫자의 해를 소유하게 되었다.

기독교의 새 시대

전 세계의 많은 사도와 예언자들은 우리가 진입한 새로운 기독교의 시대를 묘사하기 위해 비슷하지만 다른 용어들을 사용한다. 그러나 교회를 향한 종말의 최후 목적에 진입하고 있다는 데 모두가 동의한다. 나의 예언적 계시와 교회사에 대한 지식에서 일어날 일을 가장 잘 묘사한 용어는 바로 '마지막 제3 교회개혁'이다.

참여를 위한 하나님의 은총

하나님께서 교회개혁을 위해 준비되어 있고 기꺼이 행하는 이들에게 특별한 초월적 은혜와 능력을 부어 주시고 있다. 그들은 민족의 변화를 위해 하나님 나라를 증거하는 자들이 될 것이다. 많은 설교를 듣고 성도들의 통치, 하나님의 나라, 변혁, 하나님 나라 목적을 위한 물질, 마지막 제3 교회개혁, 교회를 향한 하나님의 목적, 그분의 나라, 지구에 관해 쓴 많은 책을 읽기를 권한다.

내가 알고 있는 수백 명의 예언자와 사도들은 비록 이것을 표현하는 데 다른 전문 용어를 사용할지라도 동일한 것을 느끼고 말한다. 나는 대변천의 이해와 참여의 중요성을 그리고 성령께서 오늘날 교회에 행하시려는 새로운 갈증을 아무리 강조해도 충분하지 않다.

종말과 관련한 지혜의 말씀

나는 이 책을 읽는 이들에게 지혜의 말씀을 추가하고 싶다. 가톨릭에서 카리스마파에 이르는 모든 기독교계는 주님의 재림을 믿는데, 그분은 살아 있는 성도들의 몸을 변화시키실 때 죽은 이들의 몸을 부활시킨다.

무천년주의자와 후천년주의자들은 교회 시대 말미에 그리스도의 한 번 오심으로 이 모든 일이 일어날 것이라 믿는다. 전천년주의자들은 두 번 오심을 믿는데, 첫 번째는 교회를 위해서, 두 번째는 전체의 부활을 위해서, 그리고 위대한 백 보좌 심판이 있으리라 믿는다. 대부분의 사람들은 성도들을 위해 그리스도의 오심과 그리스도 예수께서 성도들과 함께 다시 오시는 기간을 7년으로 본다. 어떤 이들은 7년이 시작될 때에 교회는 부활하고 승천할 것이라 믿고, 어떤 이들은 그 일은 종말에 일어날 것이라 믿는다. 만일 내가 그때까지 살아 있다면, 나는 우리가 모든 땅에 하나님 나라를 설립하기 위해 일하기 전에 하늘에서 7년의 안식을 취하는 것을 좋아할 것이다. 나는 삼 년 반 안식을 택할 것이고, 5분이라도 그렇게 할 것이다. 그러나 만일 그럴 수 없다면, 그

눈이 불꽃같고, 백마를 타고, 하늘 군대의 위대한 사령관이신 예수님과 함께 기쁘게 순간 변화할 것이다.[5]

우리는 첫 번째 하늘과 두 번째 하늘에 있던 결박당한 루시퍼와 그의 악한 무리를 무저갱으로 던질 것이다.[6] 그 다음에 적그리스도의 영을 섬겼던 자들을 이 땅에서 모두 제거할 것이다. 그때 우리는 "정의가 깃들여 있는 새 땅"에 거할 것이다.[7] 내가 비록 그때까지 이 땅에 살아 있을 특권이 없다면, 나는 에녹 선지자가 예언한 그들 중 하나가 될 것이다. "보라 주께서 그 수만의 거룩한 자와(빌 해몬을 포함해서) 함께 임하셨나니 이는 뭇 사람을 심판하사…."[8]

합의한 그리스도인들

놀랍고 신비한 것은 신자들이 하늘에서 7년 동안, 3년 반 동안, 혹은 5분 동안 하늘로 휴거될지도 모른다는 가르침이다. 그들 모두는 성도들이 모든 땅을 그리스도의 왕국으로 통치하기 위해서 다시 돌아올 것이라고 가르친다. 다른 종말론 신앙과 상관없이, 모든 그리스도인과 우리 주 그리스도의 나라가 되었던 세상 모든 나라는 새로운 땅이 될 것이다.

변화를 위한 준비

예수님은 하나님 앞에서 왕과 제사장으로 삼을 그들은 그리스도와 함께 이 땅을 통치할 승리자가 될 것이다.[9] 부디 7년 동안 발생할 것에 대해 열띤 토론이나 논쟁은 피하도록 하자. 우리의 비전과 목표를 요한계시록 11장 15절에 나타나듯이 7년 너머로 세우자. 승리자가 되고 변화하자.

신의 방문과 개혁의 이날에 참여하는 것을 막는 것이 있다면 단호히 거절하라. 이제 열렬히 기도를 시작하고 준비해서 하나님의 나라가 임하고 뜻이 하늘에서 이룬 것 같이 땅에서도 이루어지도록 하자. 참가자들은 하나님 나라의 원리와 모든 회복된 진리 안에서 세워져야만 한다. 그들은 제1 개혁에서 하나님의 진행 과정과 제2 개혁 동안 교회 회복을 위한 그리스도의 목적을 근본적으로 이해할 필요가 있으며, 제3 개혁을 향한 하나님의 목적을 이해할 수 있을 것이다.

성도들은 제3 개혁이 있을 것이라는 사실에 관해 계시를 받지 못하면 완전히 참여할 수 없다. 이 개혁을 개척한 자들은 마태복음 6장 10절과 요한계시록 11장 15절에 나오는 그분의 목적을 성취하기 위해 그리스도 예수와 함께 동역하는 하나님 나라의 주창자가 되기 위해 그분의 목적과 받아야만 하고 믿어야만 하는 것들을 이해할 필요가 있다.

당신의 나라가 오게 하시고 당신의 뜻이 하늘에서 이룬 것 같이 땅에서도 이루게 하소서. 이 세상 나라가 주 예수의 나라와 그분의 기름 부음받은 자, 교회가 될 때까지.

주

1. 빌 해몬, 《성도의 날》(Shippensburg, PA: Destiny Image, 2002년), 357-358쪽
2. 사도행전 3장 21절
3. 고린도후서 5장 18절; 고린도전서 12장 12절, 27절
4. 다니엘 9장 20-27절
5. 요한계시록 19장 11-16절

6. 요한계시록 20장 1-6절
7. 베드로후서 3장 13절
8. 유다서 1장 14-15절
9. 요한계시록 1장 5절, 5장 10절

16

PROPHETIC SCRIPTURES YET TO BE FULFILLED

아직 성취되지 않은 예언의 말씀

예언의 말씀은 인간의 교리와 상관없이 성취되어야 한다

인류와 지구와 교회의 미래에 관한 수많은 다양한 관점이 있다. 아마도 가장 대립하는 관점이 극단적 과거 신자(예언이 실현된 것으로 믿는 사람)와 미래 신자(예언이 실현될 것으로 믿는 사람)일 것이다. 미래 신자는 마지막 때에 교회는 휴거한 후 요한계시록 4장에서 22장의 모든 말씀이 성취될 것이라고 가르친다. 과거 신자는 요한계시록의 모든 말씀은 예루살렘이 파괴된 주후 70년 이후에 교회의 첫 세대인 그 짧은 기간에 완전히 성취되었다고 가르친다.

예언과 교리의 55년간의 발전과 경험

나는 목회의 과정 속에서 다양한 가르침을 받았다. 신학대학에서 종말론을 가르치는 동안 우리는 종말론적 가르침에 대한 많은 토의를 했다. 모든 것에는 강점과 약점이 있다. 반대 관점을 가진 제안자는 그들의 관점을 증명할 많은 성경 구절과 논리를 가지고 있다. 설득력이 뛰어난 교사는 보통의 그리스도인들에게 종말론이 모두 옳다고 믿게 할 수 있다. 더욱이 이름 없는 종말론적 관점은 100퍼센트 정확하다. 진리는 모든 극단의 중간 어디쯤에 있다. 이 책은 어떤 특별한 관점을 시도하지 않았다. 생멸하는 교회 시대의 끝에서 교회가 회복되고 승리한다는 후천년설의 관점의 일부가 보일 것이다. 또 전천년설의 관점의 일부가 보일 것인데 성도들이 부활하고 승천한 후에 그들은 그리스도와 함께 천 년 동안 이 땅을 다스리고 통치할 것이다. 또한 무천년설의 주장에 대해서도 동의하는데 진정한 신자는 그리스도와 함께 이미 하늘에 앉아 있고 인생은 그분이 다스린다는 것에 동의한다.

사탄은 패배한 적이고, 신자들은 그리스도와 함께 승리의 나팔을 울릴 것이다. 미래 신자의 가르침의 일부가 포함되었는데 많은 예언의 말씀은 교회, 이스라엘, 인류, 지구, 그리고 모든 피조물에 관한 아직 성취할 것들이 있다고 가르친다. 또한 과거 신자의 관점도 일부 보이는데 마태복음 24장에 나타난 예언의 몇몇 말씀은 예루살렘이 파괴된 주후 70년에 성취되었다고 주장한다.

하나님의 예언적 사도 목사의 한 사람으로, 나는 충분히 성취되지 않은 몇몇의 예언의 말씀을 본다. 교리적으로 한 가지 특별한 관점만을 전하려는 자들은 반드시 자신들의 방법을 100퍼센트 믿어야 된다고 선포한다. 그럼에도 불구하고, 나는 성경과 그리스도의 영 가운데 사실로 나타난 것을 발견하지 못했다. 어떤 그리스도의 교회는 성경이 말하는 곳에서 말하고 침묵하는 곳에서 침묵한다고 여러 해 동안 선언한 교파들도 있었다. 그들은 자신들의 가르침이 틀렸다고 증명하는 사람에게 돈까지 준다. 그것은 오늘날 어떤 기적도 없으며, 방언을 하는 성령의 어떤 선물도 없으며, 교회를 위해 어떤 초자연적인 현시도 없다는 것이다. 수많은 오순절 사역자들은 기적을 증명하는 많은 성경 구절을 보여 주면서 그들과 논쟁을 벌였다. 그들은 기적을 통해서 고침받고 초자연적인 언어로 성령께서 주시는 선물을 받았던 성도들의 증언을 그들에게 보여 주었다. 오늘날까지 그들은 기적이 일어나고 최근에도 하나님으로부터 어떤 이가 고침을 받았다고 누군가가 성경으로 그들에게 증언하는 것들을 결코 받아들이지 않는다. 그들의 신앙과 교리적으로 같은 사람들은 동일한 태도와 동일한 전문 용어를 사용하지만 그들은 항상 성경의 증거들을 취하며 진정한 교리로 자신들이 받아들인 그들의 관점으로만 해석한다.

예언으로 세워지지 않는 주요 교리

몇몇 사람은 예수님이 말씀하신 "이 세대가 지나가기 전에 이 일이 다 일어나리라"[1]는 예언을 자신들의 관점으로 증명하기 위해 노력한다. "곧 일어나야 할 일들" 그리고 "이리로 올라오라 이 후에 마땅히 일어날 일들을 내가 네게 보이리라"('이 후에' 라는 말씀은 큰 기쁨을 얻은 후로 해석되었다).[2] 50년 넘게 예언 사역을 감당하면서, 나는 예언과 예언 말씀에 관해 몇 가지를 배웠다. 성경은 예루살렘 공의회에서 사도들이 증명한 가장 위대한 진리를 가르친다. 주요 교리는 기록된 하나님의 말씀과 일치하거나 확증 없이는 예언이나 환상으로 결코 세워지지 않는다.

예언의 특성

성경은 대부분의 예언들이 점진적이고, 다원적이고, 비슷함을 드러낸다. 일반적인 예언과 개인적인 예언이 있다. 모든 개인적인 예언은 무문적이고 점진적이고 조건적이라는 세 가지 중요한 특성이 있다. 성경에는 무조건적인 몇몇 예언의 말씀이 있다. 그러나 대부분의 예언은 해석과 적용을 위한 동일한 예언적 원리와 해석의 지침을 가지고 있다.[3] 개인적으로 성취될 수 있고 공동의 성취를 가질 수도 있다. 해석과 예언의 원리를 바르게 사용해서 영적이고 육적인 성취를 할 수 있다. 구약의 예언은 점진적이고 다원적이다. 그것은 이스라엘을 향한 육적 성취와 적용을 할 수 있고, 메시아이신 예수님께 적용할 수 있고, 더 나아가 그리스도와 한 몸인 교회에도 적용할 수도 있다.

호세아 11장 1절의 예언을 예로 들어보자. "이스라엘이 어렸을 때에 내가 사랑하여 내 아들을 애굽에서 불러냈거늘." 이 말씀은 명확하게 하나님께서 이스라엘 어린이를 이집트에서 불러내신 그때를 말하고 있다. 그는 이집트에서 노예생활과 속박에서 구원하신 그분의 사랑을 보고 있다. 그러나 마태는 그의 책에서(마 2:15) "애굽으로부터 내 아들을 불렀다"라는 한 구절만 가져오는데 그것은 메시아이신 예수님에게 개인적 적용으로 증거하려는 것이다. 바리새인과 사두개인들은 마태는 성경 문맥을 벗어났고 하나님께서 결코 의도하지 않으셨던 것을 적용한다고 논쟁할 수 있을 것이다. 어떻게 그는 이스라엘 민족이라고 분명하게 말하면서 이 예수(그들은 믿지도 않는)가 메시아임을 증명할 수 있는가? 이스라엘에게 국한된 예언이라는 모순과 바리새인의 신앙으로 보지 않는다면, 성령께서는 이스라엘에 관해 예언하라고 호세아에게 영감을 주셨고 또한 마태에게도 그것을 예수께 적용하라고 영감을 주셨다.

같은 방법으로, 호세아 11장 1절은 예수님이 사랑하시고 사탄에게 묶여 있는 개인적 이집트에서 부르시는 죄인에게 개인적으로 적용할 수도 있다. 또한 한 몸인 교회에도 적용할 수 있는데 그것은 하나님의 많은 자녀들로 이루어져 있다. 이것은 매우 적용 가능하며 사실이 될 것이다. 왜냐하면 제2 개혁 초기에 하나님께서는 교회를 종교적 노예인 이집트에서 부르시고 암흑 시대 동안 존재했던 죽은 사역을 부르셨기 때문이다. 아들(교회)를 향한 그분의 사랑은 그분을 종교적 이집트에서 부르셔서 회복된 완전한 땅으로 옮기도록 하신다. 같은 예언의 원리를 증명하는 더 많은 예가 성경에 가득하다.

종말론적 관점보다 더 중요한 적절한 준비

종말론적 관점이나 그 교리가 얼마나 강력하게 전파되는지에 상관없이, 만약 개인이 준비되지 않으면 전파된 것에 참여할 수 없다. 하나님의 목적과 교회의 사역에 관한 우리의 신앙은 우리가 준비한 것과는 약간의 차이가 있다. 적은 것보다는 필요한 것 이상을 준비하라는 속담처럼 내가 1달러의 가치만을 준비해서 단지 4분의 1의 가치밖에 발견하지 못할지라도 4분의 1의 가치를 준비해서 마지막 순간에 1달러의 가치를 발견하는 것보다 더 낫다.

이것은 지혜로운 다섯 처녀와 미련한 다섯 처녀에 대한 예수님의 비유에 잘 나타나 있다. 지혜로운 다섯 처녀는 충분히 준비하고 기다렸고 결혼식에 참석하라는 허락을 받았다. 미련한 다섯 처녀는 충분히

준비하지 않았고, 결혼식에 참석할 수 없었다.[4]

예수님은 바리새인들은 성경에 대한 적절한 이해나 삶의 경험이나 하나님의 능력 없이 성경을 지식으로만 알았기 때문에 과녁을 놓쳤다고 말씀하셨다.[5] 계시는 예수 그리스도와 친밀한 관계를 맺게 하고 그분의 교회와 나라에 헌신하게 한다.

제3 교회개혁 기간에 성취될 것은 무엇인가

성취되어야 할 예언의 말씀

마태복음 24장 14절 : 성도들은 예수님은 유일하신 참 하나님이시며 인류의 유일한 구원자이심을 모든 민족에게 증거하기 위해 온 세상에 하나님 나라의 복음을 가지고 충분히 설교하고 증거해야 한다. 예수님은 이것이 성취되기까지는 끝이 오지 않을 것이라고 말씀하셨다.

사도행전 3장 21절 : 교회의 모든 성경적 진리는 회복될 것이다. 모든 사역는 교회 내에서 활발해질 것이며, 성도는 세상 모든 나라에서 일어날 것이며, 세상의 빛과 땅의 소금이 된 자들은 세상을 변화시키고, 일곱 산 명령을 성취할 것이다.

히브리서 6장 1-2절 : 제2 개혁은 그리스도께서 주신 여섯 가지 교리 중에 첫 네 가지를 회복하고 성취했다. 제3 개혁은 그리스도의 5번째와 6번째 그리스도의 교리, 생명의 부활과 영원한 심판을 성취하도록 교회에 계시와 활동을 가져올 것이다.

부활 생명으로 가는 3단계가 있다. 첫째, 하나님 나라를 증거하는 초자연적 부활 생명. 둘째, 성도들의 첫 번째 부활 승천. 셋째, 죽음으로 잠자고 있는 자들의 전면적 부활이다. 영원한 심판은 하나님의 성도들이 적힌 대로 심판을 실행하는 도구가 된다고 언급한다(시 149:6-9). 그 다음 최후의 위대한 백 보좌 심판이 일어날 것이고 모든 사람은 그리스도의 심판대 앞에 서야 할 것이다.

다니엘 7장 14절, 18절, 22절, 27절 : 이 시기에 하나님께서는 다니엘, 요셉, 드보라와 에스더 같은 하나님 나라의 영향력 있는 자들을 양육할 것이다. 그리고 모든 나라의 성도들은 그들의 세력권 내에서 하나님 나라의 영향력 있는 자들이 되라는 도전을 받게 될 것이다. 예수님은 우리가 증인과 영향력 있는 자들이 되기 위한 권능을 받게 될 것이라고 말씀하셨다(행 1:8).

마태복음 28장 18-19절 : 제3 개혁 성도들과 오중 사역자들은 예수께서 교회로 하여금 모든 민족을 제자로 삼아 하나님 나라의 민족이 되도록 교회에 주신 하늘과 땅의 모든 권세를 받고 실행할 것이다.

요한계시록 6장 11절, 시편 139편 16절, 에베소서 3장 10-11절, 21절 : 그들은 영원한 한 몸이 된 교회를 완성하기 위해 필요한 그리스도의 일원이 되려는 영혼들을 거두어 들이는 위대한 추수를 할 것이다.

요한계시록 10장 7절, 에베소서 3장 3-5절 : 예언자들과 사도들은 최후의 하나님의 비밀에 관한 계시를 받음으로 교회는 옛적부터 요한계시록 11장 15절에 나오는 그리스도의 예언의 말씀을 성취하도록 예언자들이 말한 만물을 회복하는 사역을 완성할 것이다.

에베소서 4장 11-16절 : 오중-승천-은사 사역자들은 교회가 그리스도의 사역과 장성한 분량에 이를 때까지 성도들을 계속 훈련해야 한다. 개인적으로 그리스도의 형상을 닮아가고 더 위대한 그리스도 예수의 사역을 행해야 한다.

예레미야 1장 5절, 10절, 요한계시록 11장 3-6절 : 하나님의 진정한 예언자들은 열방을 향한 사역을 시작할 것이다. 그들은 모든 악한 세력과 이 세상 나라를 뽑아 버리고, 넘어뜨리고, 내던지고, 파괴하는 권위를 집행하기 시작한다. 두 증인으로 상징된 예언자들과 사도들은 모세와 엘리야처럼 하나님의 권능과 심판을 증거할 것이다. 그들은 그때 세상 나라가 우리 주 예수의 나라와 공동 상속자인 교회가 될 때까지 성도들을 양육하며 이 땅에 하나님 나라를 세우도록 이끌 것이다.

마태복음 6장 10절 : 제3 개혁 성도들은 주의 기도를 영적인 것처럼 글자 그대로 이루어지도록 기도하기 시작할 것이다. 열방뿐만 아니라 개인적인 삶과 사역을 위해 기도하듯이 모든 민족을 위해서. 우리는 하나님의 나라가 오기를 기도하고 일하고 열망하고, 그분의 뜻이 하늘에서 이루어진 것처럼 땅에서도 이루어지기를 원한다. 요한계시록 11장 15절이 성취되는 하나님의 뜻이 드러날 때까지.

마태복음 25장 31-34절 : 교회는 이 땅의 모든 민족이 양 또는 염소 중의 한 민족이 되어 예수님께서 재림하실 때 염소의 민족에서 양의 민족을 분리하시는 그분의 사명을 성취하실 때까지 모든 민족에 변화를 가져옴으로 하나님 나라 증명하기를 계속할 것이다.

히브리서 1장 13절, 시편 110편 1절 : 교회와 공동 상속자인 예수님은 하나님께서 그리스도의 한 몸이신 교회를 통해 모든 적을 굴복시키기까지 아버지 우편에 앉아 계실 것이다.

로마서 8장 18-23절, 에베소서 1장 13-14절, 빌립보서 3장 21절 : 예수님은 십자가에서 죽으셨고 살아나사 우리의 육과 혼과 영을 다시 구속하셨다. 내 영혼은 구속받았고, 나를 위해 사는 삶이 아니라 그리스도를 위해 사는 존재가 되었고, 승천과 부활에 의해 몸도 구속함을 받을 것이다. 구속의 마지막 활동은 마지막 원수인 죽음을 파괴하는 것이다.[6] 사도 바울은 선언했다. "그리스도 예수께서는 우리의 낮은 몸을 자기 영광의 몸의 형체와 같이 변하게 하시리라."[7]

아버지 오른편에 앉아 계신 예수님의 몸은 처녀 마리아의 몸에서 태어났을 때, 사역을 하셨을 때, 십자가에 못 박히셨을 때와 같은 몸이고, 오직 영광과 불멸과 영원과 살과 뼈를 가진 몸으로 부활하셨다. 예수님은 모든 성도에게 자신과 같이 영광스러운 몸을 주실 것이라고 말씀하셨다. 예수님은 죽음을 통해 그들의 몸을 잃어버린 사람들과 그분이 오실 때 살아 있는 성도들의 몸을 부활시키고, 주님께서 재림하실 때, 순식간에 변할 것이다. 예수께서는 인간의 몸을 죽을 수밖에 없는 몸이 아닌 영원히 죽지 않는 몸으로 변화시킬 것이다. 예수께서 재림하실 때에 살아 있는 성도들의 몸은 불멸의 몸으로 변화될 것이다. 죽음으로 몸을 잃어버린 성도들은 인간의 몸으로 부활해야 하기 때문에 그들은 완전히 구속될 것이다.

예수님과 승천한 성도들은 이 땅의 몸이 죽지 않는 몸으로 변화되어 하늘의 몸과 영광스러운 몸으로 불릴 것이다. 몸을 잃어버린 성도들은 불멸의 몸으로 부활해야 한다. 그래서 그들은 예수님과 승천한 성도들과 같이 완전한 인간이 될 것이다. 태초에 하나님께서는 사람을 영, 혼, 육을 지닌 존재로 창조하셨다. 그분께서는 마지막 때에 그리고 영원토록 그리스도의 신부된 교회는 영원한 영, 혼, 육을 갖도록 예정하셨다. 아담이 죄로 잃어버린 모든 것을, 예수님은 그분의 것으로 모두

를 회복시키신다.[8]

성도들이 그들의 몸을 구속받을 때, 이 땅에 있는 모든 피조물에게 구속이 일어나는 연쇄 반응이 시작된다.[9] 주께서 모세에게 말씀하셨다. "진실로 내가 살아 있는 것과 여호와의 영광이 온 세계에 충만할 것을 두고 맹세하노니."[10] 그리고 예언자 하박국도 말한다. "이는 물이 바다를 덮음 같이 여호와의 영광을 인정하는 것이 세상에 가득함이니라."[11] 신약성경에서도 예수님은 하나님 아버지의 영광(표현)이고 교회는 그리스도 예수의 영광(표현)이라고 말씀한다.[12] 주님의 영광에 대한 지식이 땅에 충만해져서 교회는 영광스럽게 될 것이다. 지구와 성도들의 몸은 구속받게 될 것이다.

요한계시록 5장 10절, 11장 15절, 다니엘 7장 14절, 18절, 22절, 27절 : 이 성경 구절은 제3 개혁의 정점을 드러낸다. 지극히 높으신 하나님의 성도들은 요한계시록 11장 15절의 말씀이 성취될 때까지 이 모든 땅을 다스리시는 하나님 나라를 소유하고 세울 것이다. 그때 하나님께 왕과 제사장으로 감당한 믿음의 승리자는 그리스도와 함께 땅을 다스리고 통치할 것이다.

시편 49편 6-9절, 고린도전서 6장 2-3절, 요한계시록 2장 26-27절 : 이 성경 구절은 더 많은 곳에서, 하나님의 성도가 기록된 심판을 실행할 영광과 권세를 가지고 있음을 드러낸다. 이사야는 사악한 자들을 멸하는 진노의 병기를 교회가 사용할 것이라고 예언했다.[13] 예레미야는 만군의 주께서 성도들에게 "너는 나의 철퇴 곧 병기라"고 선포하심을 예언했다.[14] 유다서 1장 14-15절에 기록된 에녹의 예언은 주께서 다시 오셔서 수많은 성도와 함께 경건치 않은 자들을 심판하실 거라고 선포했다. 성도들은 주님의 군대가 되며 그분의 심판을 실행하는 하나님의 도구가 될 것이라고 말씀한 모든 성경의 예언은 성취되어야만 한다.[15]

요한계시록 19장 11-21절은 예수께서 크고 위대한 성도들의 군대를 이끄시는 것을 묘사하고 있다. 우리는 그들이 천사가 아니라 구속된 성도들임을 알 수 있는데 그것은 바로 성도들의 옳은 행실을 나타내는 희고 깨끗한 세마포를 입은 군대라고 말했기 때문이다(계 19:8, 14). 그들의 위대한 지도자는 왕 중의 왕이며 주 중의 주이고, 그분과 함께 있던 성도들을 어떻게 구속하였는지를 나타내는 피 뿌린 옷을 입고 계셨다.

에베소서 1장 10절, 사도행전 3장 21-25절 : 선지자들이 말한 것처럼 만물이 회복될 때 그리스도 예수 안에서 완성될 것이고 스스로 목적하신 모든 만물의 처음과 마지막이 되실 것이다.

하나님께서는 그분의 뜻의 비밀을 우리에게 알게 하셨고, 그분이 기뻐하시는 자신의 선하신 뜻에 따라서 스스로 계획하시며, 때가 충만히 차매 그리스도 안에서 모든 것을 하나 되게 하며 하늘에 있는 것이나 땅에 있는 것이나 모두 그분 안에 있게 하신다. 우리는 또한 하나님의 목적에 따라 예정하시고 그분의 뜻에 따라 모든 것을 행하시는 그리스도 안에서 상속을 받았다.

제3 교회개혁은 모든 성경 말씀이 완성되기까지 멈추지 않을 것이다. 우리는 그것들이 아직 모두 성취되지 않았다는 것을 알고 있다. 왜냐하면 사도행전 3장 21절은 최후의 예언의 말씀이 이루어질 때, 예수님은 그분과 하나 되어 이 땅을 영원히 통치하려는 그분의 교회(신부)

를 영접하러 다시 오시기 위해 하늘로부터 놓이게 될 것이라고 계시하기 때문이다.

주 ···

1. 마태복음 24장 34절
2. 요한계시록 1장 1-3절; 4장 1절
3. 빌 해몬, 《선지자와 개인적 예언》(Shippensburg, PA: Destiny Image, 1987년), 145-159쪽
4. 마태복음 25장 1-13절
5. 마태복음 22장 29절; 마가복음 12장 24절; 요한복음 5장 39절
6. 고린도전서 15장 26절
7. 빌립보서 3장 21절 참조
8. 고린도전서 15장 35-58절
9. 베드로후서 3장 13절; 로마서 8장 21절
10. 민수기 14장 21절
11. 하박국 2장 14절
12. 히브리서 1장 1-3절
13. 이사야 13장 4-5절
14. 예레미야 51장 20절
15. 시편 149편 6-9절; 요한계시록 19장 11-21절

17

PROPHETIC SCRIPTURES YET TO BE FULFILLED

현재와 종말 사건의 제3의 폭로

하나님은 모든 것을 삼위로 행하신다. 진정으로 신격은 하나이신 삼위이시다. 구약에 여호와 하나님은 우리 아버지 하나님이시다. 아들이신 예수님은 이스라엘의 메시아이며 인류의 구원자이며 하나님의 아들로 나타나시어 온 세상을 승리하신 2격이시다. 또한 예수님은 신격의 3격이신 성령을 보내시어 교회를 세우시고 성숙하게 하신다.

하나님께서 모세에게 세 구역으로 성막을 짓도록 명하셨다. 사람들이 하나님을 만날 수 있는 1구역은 성막뜰이며, 2구역은 성소, 3구역은 지성소다. 각 구역은 하나님과 그분의 현존을 잘 드러낸다. 3구역은 하나님의 가장 위대한 계시와 그분의 목적과 현존의 충만하심을 드러낸다.[1]

스가랴 13장 9절 : 스가랴는 3그룹과 관련하여 하나님께서 말씀하신 것을 예언했다. "내가 그 삼분의 일을 불 가운데에 던져 은 같이 연단하며 금 같이 시험할 것이라 그들이 내 이름을 부르리니 내가 들을 것이며 나는 말하기를 이는 '내 백성'이라 할 것이요 그들은 말하기를 여호와는 '내 하나님'이시라 하리라."

지금 제3 개혁에 참여하기 위해 준비하는 자들은 이 시험과 정결과 정화 과정을 통과하고 있다. 참여자들과 증거자들은 예수 그리스도의 의로우심과 정금 같은 성품에 순응해야만 한다.

제1 장막은 모세의 장막이며, 제2 장막은 다윗의 장막이고, 제3 장막은 사람과 함께 세운 하나님의 장막이다. 제3 개혁의 성취와 최후의 결과는 인간과 함께 세운 하나님의 장막이 될 것이다.[2]

인류는 첫째 2000년은 타락한 종족이다. 둘째 2000년은 특별히 선택하신 이스라엘 백성의 아브라함의 종족이다. 셋째 2000년은 예수님과 그분 교회의 종족이다. 셋째는 세상을 창조하신 이래 하나님께서 계획하신 뜻과 목적을 성취하는 자들이다.[3]

첫 천 년간의 교회는 찬란하고 영광스럽게 시작했지만, 암흑 시대 중간에서 끝났다. 둘째 천 년간의 교회는 암흑 시대 중간에서 시작했지만, 교회의 회복으로 끝났다. 셋째 천 년간의 교회는 교회 회복으로 시작했고, 예수 그리스도의 발아래 만물이 복종하도록 예정되었고 새 땅을 그분과 함께 통치하고 다스리며 이 세상의 왕국은 주 예수와 그의 교회의 왕국이 될 것이다.[4]

제3의 축복과 능력

하나님께서는 제3의 축복을 창조하셨다. 하나님의 제3의 목적은 하나님의 제3 성막을 세우면서 제3 개혁 동안 성취될 것이다. 그분은 강력한 300명의 용사를 기드온의 제3의 군대를 만드실 것이다. 제1 군대는 전장에서 고향으로 돌아간 22,000명이다. 제2 군대는 강에서 거부된 9,700명이다. 제3 군대는 3단계를 극복한 300명의 용사다. 제1 단계는 어린양의 피로 극복하고, 제2 단계는 자신들의 증언의 말씀으로 극복하고, 3단계는 죽기까지 자신들의 생명을 아끼지 아니함으로 극복했다.⁵ 이것이 스스로 완전히 죽은 세대다.⁶ 그들은 그리스도 외에는 모든 것에 대해 죽었고, 그리스도와 하나님 안에 감춰진 생명과 함께 산다.⁷ 제3 개혁의 성도들은 사는 날까지 가장 철저히 하나님께 자신을 위탁하며 헌신할 것이다. 두려움 없이 담대하게, 이 땅에 지금까지 살았던 사람들 중에서 가장 예수를 사랑하며 하나님을 경외하며, 마귀를 미워하는 성도들이 될 것이다. 하나님 나라의 통치 하에서 만물을 극복하고 굴복시킬 것이다. 그들의 열정은 하나님 나라가 오게 할 것이며 그분의 뜻이 하늘에서와 같이 땅에서도 이루어질 것이다.

갈렙과 여호수아의 신앙을 가진 최후의 세대

하나님은 이스라엘을 이집트에서 열 가지 재앙으로 구원하셨다. 그분은 그들에게 젖과 꿀이 흐르는 땅을 약속하셨다. 그들은 이제 땅과 민족을 갖게 될 것이며 정의로 자신들을 통치할 것이다. 앞장에서 밝혔듯이, 하나님은 백성에게 사람이 살지 않는 땅으로 가게 될 것이라고 말씀하지 않으셨다. 왜냐하면 약속의 땅을 차지하고 있는 일곱 족속이 있기 때문이다. 하나님께서 이 족속들이 이스라엘보다 더 크고 강하지만, 대항하여 싸우심으로 그들과 균등하게 할 것이라고 말씀하셨다.

이스라엘 백성은 모세가 정탐꾼을 보내서 그 땅에 대해 알아보기 원했다. 모세는 그 땅에 보낼 사람들을 열두 지파에서 각각 뽑도록 명했다.[8] 여호수아는 에브라임 지파이고 갈렙은 유다 지파다. 열두 명의 정탐꾼은 40일 동안 그 땅을 조사한 후에 그 땅의 과일을 가지고 돌아왔다.

우리는 '잘 할 수 있는' 개혁가들이다

열 명의 정탐꾼은 하나님께서 악한 보고서라고 칭한 부정적인 설명을 했다.[9] 하지만 여호수아와 갈렙은 긍정적이고 승리에 찬 보고를 했다. 다른 정탐꾼들처럼 여호수아와 갈렙도 거인들을 보았고, 견고한 장벽으로 둘러싸인 도시를 보았고, 잘 무장된 용맹한 전사들을 보았다. 열 명의 정탐꾼은 무시무시한 거민들과 대항하여 그 땅을 차지하고 승리한다는 것은 불가능하다고 이스라엘 백성에게 전했다. 그럼에도 불구하고, 여호수아와 갈렙은 이렇게 말했다. "우리가 곧 올라가서 그 땅을 취하자 능히 이기리라."[10] 그때 열 명의 정탐꾼들이 일어나서 말했다. "우리는 능히 올라가서 그 백성을 치지 못하리라 그들은 우리보다 강하니라."[11] 이것은 새로운 계시가 아니다. 하나님께서 이미 약속의 땅에 사는 사람들이 더 강하다고 말씀하셨기 때문이다. 하지만 하나님께서는 그들과 싸울 다른 것을 계획하고 계셨다.

제3 교회개혁도 이와 똑같은 상황에 직면해 있다. 하나님 나라를 증거하고 이 세상의 민족들을 변화시켜야 하는 교회의 도전은 가나안 족속의 소유를 빼앗고 그들을 이스라엘의 민족으로 바꾸는 도전보다 결코 크지 않다. 논리적으로는 둘 다 불가능해 보인다. 둘 다 하나님의 초자연적 도움과 거룩한 천군 천사가 필요하다. 둘 다 하나님께서 우리를 위해 대신 싸워주셔야 한다. 예언의 말씀은 이런 확증을 우리에게 준다. "그 이방 나라들을 치시되 이왕의 전쟁 날에 싸운 것 같이 하시리라."[12]

이스라엘이 불가능한 것에 도전하도록 시험하시는 하나님의 이야기는 단지 이스라엘에게 역사적 기사를 주기 위해 쓴 것이 아니다. 그 일어난 일은 우리의 것으로, 도전에 직면하게 될 말세를 살아가는 자들을 위해 실례를 주기 위해서다. "그들에게 일어난 이런 일은 본보기가 되고 또한 말세를 만난 우리를 깨우치기 위하여 기록되었느니라."[13] "무엇이든지 전에 기록된 바는 우리의 교훈을 위하여 기록된 것이니 우리로 하여금 인내로 또는 성경의 위로로 소망을 가지게 함이니라."[14] 이러한 성경 말씀에 기초해서 우리는 민족에 변혁을 가져올 수 있다고 말하는 두 명의 사역자를 기대할 수 있지만 그것은 불가능하다고 말하는 열 명 역시 존재할 것이다. 새로운 것을 개척하는 개척자들은 소수의 주요 지도자들이다. 개혁가들이 그 길을 준비한 후에 대다수의 사람들이 따를 것이다.

하나님께서는 오늘날 무엇을 말씀하시는가

하나님께서는 오늘날 우리에게 말씀하신다. "나는 이스라엘 자녀들이 그 경험을 통과하여 너희들이 그들의 실수와 성공을 통해 배울 수 있도록 하였다. 너희는 여호수아와 갈렙의 태도를 본받음으로 성공할 수 있을 것이다." 이러한 성경 말씀을 통해 교회는 모든 민족에게 하나님 나라를 충만히 선포할 수 있고 변혁을 가져올 수 있다는 소망과 확신을 얻을 수 있다. 그 '마지막 날들'은 예수 그리스도가 이 땅에 처음 오심으로 1세기 교회와 함께 시작되었다.[15] 이제 21세기 교회와 제3 개혁의 백성들은 '시대의 마지막을 오게 하는' 유일한 자들이다. 인류는 생명나무를 먹음으로 영원히 살 수 있는 능력을 갖고 에덴동산에서 삶을 시작했다. 그러나 죄를 지었고 죽을 수밖에 없는 삶은 시작되었다. 인류가 죽음을 면할 수 없는 운명이 시작된 것이 한순간이었듯 죽음을 면할 수 없는 운명이 끝나는 것도 한순간이 될 것이다. 죽을 수밖에 없는 종말의 때가 오고 있으며 모든 사람은 부활할 것이고 죽지 않는 존재가 될 것이며 지옥 혹은 예수 그리스도와 영원히 살게 될 것이다. 제3 개혁은 교회와 인류를 죽을 수밖에 없는 인간의 종말의 때로 나아가도록 한다.

마지막 권고와 격려

나는 하나님께서 행하도록 예언적으로 약속하시고 명령하신 모든 것을 우리가 충분히 잘 성취하기 위해 갈렙의 태도를 본받으려는 이 책을 읽는 사람들을 격려함으로 마무리한다. 나는 약속의 땅에 이르렀을 때, 갈렙이 말했던 그 태도를 갖고 있다. 그는 모세가 정탐을 보낸 땅이 약속한 땅의 기업이 될 것이라는 약속을 여호수아에게 상기시켰다. 그는 분명히 말했다. "이 산지를 내게 주소서."[16] 그는 가장 큰 거민들과 모든 거민의 우두머리가 실제로 그 산지에 본부를 두고 있다는 것을 잘 알고 있었다. 그러나 그는 여전히 승리자의 태도를 취했다. 그가 분명히 말했다. "오늘날 내가 팔십 오세이지만, 마흔 살에 모세가 내게 약속을 한 때와 같이 지금도 여전히 나는 강한 용사다."

여호수아와 갈렙 같은 개혁자들

하나님은 여호수아와 갈렙 같은 선배 지도자들을 보내서 개척자들에게 계시, 믿음, 환상과 헌신을 주고 마지막 제3 교회개혁을 성취하는 데 일부를 감당하도록 하신다. 개인적으로 나는 갈렙의 태도를 본받는다. 나는 갈렙이 선언했을 때보다 아직 열 살이나 젊다. 나는 많은 예언자에게 갈렙과 같이 될 거라는 예언을 받았기에, 앞으로의 날들도 그렇게 강할 것이다. 또한 성전을 세우기를 원했던 다윗처럼, 나도 제3 개혁을 세우기를 원한다. 더욱이 내 삶이 더 연장된다면, 성전 건축의 청사진을 받았고 건축에 필요한 모든 재료를 제공했던 다윗처럼 될 것이다. 나는 계시와 지혜를 주길 원하며 하나님의 목적인 제3 개혁을 성취하는 사명을 감당하고 싶다.

이 책의 목적

이 책은 주로 청사진과 계시를 담고 있고, 제3 개혁이 하나님의 제3 목적을 교회를 통해, 교회 안에서 교회와 함께 성취하기 위해 행했던 것들이 있다. 나는 이 사명을 교회가 잘 감당하도록 큰 힘을 불어넣을 전략과 방법을 위해 더 많은 계시를 받을 것으로 확신하는데 그것은 이 세대를 위해 책으로 집필될 것이다. 또 다른 사도들과 예언자들이 이 내용을 담은 책을 집필하고 있다.

그리스도께서 인도하시고, 계시하시고, 나누어 주심으로, 우리는 교회를 향한 하나님의 제3의 목적을 성취할 것이다. 나에게 있어서, 얼마나 오래 이 일이 걸릴지, 얼마나 일이 많을지는 상관없다. 우리는 죽을 수밖에 없는 성도들만큼 행할 것이며, 죽지 않는 성도들만큼 많이 행할 것이다. 나는 그리스도와 함께 공동 상속자가 되었고 나는 죽든지 살든지, 이 죽을 수밖에 없는 몸 안에 있든지 혹은 하늘의 영적 존재로서 몸 밖에 있든지 예수님과 함께 영원히 일할 것이다. 그중 어느 싯노 예수 그리스도와 나의 관계를 혹은 그분의 영구하며 영원한 사역을 변화시킬 수 없다.[17]

새로운 여호수아 세대

더 젊은 세대인 당신에게 하나님께서 요한계시록 11장 15절에 계시하신 예언의 말씀이 성취될 때까지 당신은 일곱 산 왕국을 변혁하라는 명령과 함께 하나님 나라를 증거하기 위해 준비된 자다. 용기를 가지고 하나님께서 새로운 여호수아 세대를 양육하고 계심을 신뢰하라. 그들은 하나님 나라를 기꺼이 증거하며 준비한 자들로 모든 나라가 양의 민족, 염소의 민족으로 세워질 때까지 민족의 변혁을 가져올 것이다.[18]

이 땅은 하나님에게 속하며 모든 것은 그 위에 있다.[19] 하나님은 이 세상을 너무나 사랑하셔서 독생자 예수 그리스도를 주심으로 예수님을 영접하는 사람들은 구원받고 회복되며, 이 지구도 구속의 역사 속에 편입되었다. 우리 모두는 예수님께서 기도하라고 말씀하신 기도가 성취되도록 믿음과 열정이 배가 되도록 힘써야 한다.

"나라가 임하시오며 뜻이 하늘에서 이루어진 것 같이 땅에서도 이루어지이다. 말씀대로 내게 이루어지이다. 아멘 주 예수여 오시옵소서!"[20]

주

1. 출애굽기 26장 33-34절, 25장 40절
2. 요한계시록 21장 3절
3. 에베소서 3장 3-5절, 9-11절
4. 요한계시록 11장 15절
5. 요한계시록 12장 11절
6. 요한계시록 6장 11절
7. 골로새서 3장 1-3절
8. 민수기 13장 1-2절
9. 민수기 13장 27-29절
10. 민수기 13장 30절
11. 민수기 13장 31절
12. 스가랴 14장 3절
13. 고린도전서 10장 11절
14. 로마서 15장 4절
15. 히브리서 1장 2절
16. 여호수아 14장 6-15절
17. 로마서 8장 17절, 35-39절
18. 마태복음 25장 31-33절
19. 시편 24편 1절; 고린도전서 10장 26-28절
20. 마태복음 6장 9-11절; 누가복음 1장 38절